本书由福建省黄檗山万福寺资助出版

禅与文明丛书

主编　定明

执行主编　孙国柱　能仁

Seeing Through Zen
Encounter, Transformation, and Genealogy
in Chinese Chan Buddhism

中国禅宗史

[美] 马克瑞　著

蒋海怒　译

王丰硕　校译

中国大百科全书出版社

图书在版编目（CIP）数据

中国禅宗史 /（美）马克瑞著；蒋海怒译 . -- 北京：
中国大百科全书出版社，2024.8
　　书名原文：Seeing Through Zen
　　ISBN 978-7-5202-1443-8

　　Ⅰ . ①中… Ⅱ . ①马… ②蒋… Ⅲ . ①禅宗—佛教史
—中国 Ⅳ . ① B946.5

中国国家版本馆 CIP 数据核字（2024）第 035283 号

著作权合同登记号 图字：01-2023-4828

出 版 人　刘祚臣
策 划 人　曾　辉
责任编辑　程　园
责任校对　齐　芳
责任印制　李宝丰
封面设计　周　晓
出版发行　中国大百科全书出版社
地　　址　北京阜成门北大街 17 号
邮　　编　100037
网　　址　http://www.ecph.com.cn
电　　话　010-88390635
印　　刷　北京利丰雅高长城印刷有限公司
开　　本　880 毫米 ×1230 毫米　1/32
印　　张　9.75
字　　数　232 千字
版　　次　2024 年 8 月第 1 版
印　　次　2024 年 8 月第 1 次印刷
书　　号　ISBN 978-7-5202-1443-8
定　　价　88.00 元

谨将此书献给柳田圣山

对他的感激我无以言述

总序

　　"禅为佛心，教为佛语"，禅源自佛教，却又超越了佛教。从释尊灵山拈花示众、迦叶破颜微笑，到东土花开五叶，禅花一脉相承不坠。在过去，作为中华优秀传统文化的重要组成部分，禅宗具有突出的创造性、包容性、灵活性等特性，彰显了中华文明的精神内涵，深刻影响了东亚文明形态，甚至进入欧美国家开启了深层的文明对话。在未来，禅将使人类拥有通向生命觉醒的内向途径。故吾人可说，禅是象征东方文化的文明瑰宝，更是导向人类自我觉醒的精神高峰。

　　首先应该指出的是，禅在中国文化语境里具有非同寻常的意义。太虚大师说："中国佛学的特质在禅。"这是对中国佛教思想底蕴、观行与僧寺制度进行深刻观察得出的洞见。在宗门，禅以开悟见性为宗旨，强调教外别传，以心传心。在教下，如天台、华严皆以禅观为立宗之"纲骨"。天台、华严等初期祖师或从禅出教，示己心中所证法门；或从教入禅，证如来所授法门，从而创建出中国教观圆融的天台宗、华严宗。这些中国化的佛教派别，不仅代表着中国佛教思想的高度，也是佛教在世界哲学史、思想史领域的一座丰碑。

非常有必要重新回顾禅学的黄金时代，这也是今天重启禅与文明关系思考的基础起点。钱穆先生曾大赞唐代禅师乃盛世之豪杰。总括而言，禅宗的兴起体现了佛教声闻解脱精神与菩萨入世情怀的完美结合，实现了对佛教本真精神的回归。如果说四祖道信、五祖弘忍所处的东山法门时代尚是禅宗的雏形阶段，那么以神秀禅师为代表的努力则为北宗禅进入帝王和士大夫阶层的精神世界做出卓越贡献，也为后续南宗禅的发展铺垫了社会基础。惠能南宗一脉经过南岳怀让、青原行思二师的数代相传，蔚然大观。在唐五代以至北宋时期，禅宗发展迎来全盛时期，出现了五家七宗的发展格局。从此，禅宗成为中国佛教发展的脊梁，也是维系中国佛教法运的根基。禅宗五家宗风各异。临济宗继承百丈、黄檗的大机大用禅风，采用三玄三要、四照用、四料简、四宾主的方法，棒喝齐施，禅风险峻，具有"临济将军"之誉，直指人心。至有宋一代，临济禅风转而变为文字禅、看话禅，对宋明士大夫群体影响深远。曹洞宗则提倡五位君臣、内外回互，重视理事圆融。到南宋时期曹洞禅演变为默照禅，禅风隐秘、殷实、绵密，素有"曹洞土民"之称。沩仰宗的沩山灵佑和仰山慧寂二人师资唱和，语默不露，体露双彰，以十九门之法（仰山）接引后学，方圆默契，灵活运用华严无碍圆融思想。云门三句之涵盖乾坤、截断众流、随波逐浪的禅法，风驰禅林，有"云门天子"之誉。法眼禅风强调一切现成，引导学人见色明心，闻声悟道，举一心为宗，照万法如镜，真可谓圆同太虚，无欠无余。

诚如太虚大师所总结的，中国禅学史在南宗禅发展以前，有着数百年依据佛经而修禅观的"依教修心禅"发展阶段。而从禅宗的兴起到五家分灯，则历经了悟心成佛禅、超佛祖师禅和越祖分灯禅等不同时期。在禅宗五家形成以前，澄观、宗密等禅师曾努力融合禅教理念；五代十国以后的禅宗五家，则更重视教外别传的直指禅风。纵观历史，禅宗五家七宗丰富多彩的独特教学方法论也是人类教育史上一朵朵绚丽的"奇葩"。需要特别指出的是，五代、两宋开启了禅学与儒学切磋琢磨的新阶段——独特的禅学思想对宋明新儒学产生了很大影响。"儒门淡薄，收拾不住，皆归释氏耳。"这句北宋张文定与王安石交流时的感慨之语，足以说明佛教之兴盛、禅宗影响之广大。儒家思想以"内圣外王"为核心宗旨，纵观历史，"外王"治世一直以来是儒家的强项，然而"内圣"修证部分则常取径禅学。禅宗心性论与功夫论为士大夫群体开通了儒家"内圣"的路径，并在思想与实践方法上提供了支持。因此儒家在宋明时期创发出程朱理学、陆王心学，这些学说不仅影响了近世以来的中华文明形态，还影响了东亚文明史和思想史，形成了有别于西方哲学的纯粹哲思。

　　禅对中华文明的贡献当然不止于此，事实上，随着两宋以来禅宗五家的全面发展，禅宗随之便有文字禅、公案禅、看话禅、默照禅等不同形态的发展，在诗词、书画、建筑等领域也产生了全面影响。如在中国文学史上，北宋时期的范温在《潜溪诗眼》一书中提出"学者先以识为主，禅家所谓正法眼，直须具此眼目，方可入道"。其后，南宋著名诗论家严羽在《沧浪诗话》中更是继承了这一观点，提出"论诗如论禅"——"大抵禅道惟在妙悟，诗道亦在妙悟"。严羽以禅喻诗，提出诗文创作如同禅道妙悟，是自性流露、妙语天成，而非思量计度所成，形成独特的"禅诗一味"诗论，对后世产生较大影响。这种禅与诗的相遇催生了许多经典佳句，如黄檗希运禅师的"不经一番寒彻骨，怎得梅花扑鼻香"，广为传颂；照堂了一禅师的"若无闲事挂心头，便是人间好时节"的四时歌，经由无门慧开改造成为耳熟能详的经典。毫无疑问，黄檗祖师的这两首诗偈，传递着中华民族奋进拼搏的精神和追求生活美好的愿景。不仅是诗词，书画、建筑、园林、茶道等也深受中国禅学影响。总之，禅文化实为中华民族构筑社会和谐图景的远山——在多少次悠然心会时，总是可以发现其默默的身影。

禅，在根本上是不与世间的生活、文化隔绝的，可以随处落地生根。如今，禅早已不再为中国所独有，而为世界所共享了。禅源于印度佛教，禅花却盛开于中国，远播于东亚汉语文化圈，弘传于欧美世界，历经千年的传播史，体现了禅不断蜕变发展的强大生命力。当然，这里的禅也不能仅仅指中国的禅宗。如果从世界佛教史来讲，禅可概括为传统的止观禅，华严、天台大乘佛教的圆顿禅和禅宗的教外别传之宗门禅。传统的止观禅，即阿含佛经中所传授的禅观内容——四念处禅观。围绕四念处禅观的修学需要，还开演出戒定慧三学乃至三十七菩提分的教法。南传佛教，即以斯里兰卡、泰国、缅甸等为中心的东南亚和南亚佛教，传承了阿含佛经的佛教传统，重视四念处与阿毗达摩相结合的禅观实践传统。中国佛教则继承了印度佛教的阿含佛教、部派佛教以及大乘佛教，因此禅法传承内容丰富，具备不同时期佛教的禅观经典。隋唐时期形成的天台、华严则是以大乘圆教的立场，开创出独特的次第禅、非次第禅和圆顿禅观，形成中国佛教独特的禅观思想与实践。承前所述，禅宗更是独树一帜，强调直承灵山拈花之旨，一花五叶，蔚为壮观。如今，禅宗、天台、华严远传邻国朝鲜、韩国、日本，可谓花开异域，影响卓著。

这里不妨以日本为例，考察一下禅的文化输出能力。一言以蔽之，禅对于日本的影响不仅是宗教的，更是文化的。以"五山文学"为例，日本镰仓乃至室町时期模仿中国南宋时期的五山十刹官寺制度，设立了日本佛教的五山禅寺制度。从禅寺的"五山制度"到日本"五山文学"的出现，表明了宗教、哲学思想意义上的禅已被社会大众所接受，并进一步转化为文学层面的禅，被日本社会所推崇。这一禅学新进展深刻影响了日本社会文化的发展。可以这样说，由临济宗、曹洞宗、黄檗宗构成的日本禅宗三大派，在思想、文学、艺术、生活等领域对日本社会产生了全面的影响，构筑了日本独特的禅意美学。

至于禅在欧美国家的因缘际会，更是昭示了禅在人类文明进程中的无穷潜能。在20世纪，禅成为东方心性文明与西方基督文明沟通对话的桥梁。通过日本铃木大拙、阿部正雄、铃木俊隆、前角博雄等禅学代表性人物与西方宗教、哲学、心理学界的对话，催生出"基督禅"这样带有鲜明欧美基督文化背景的精神潮流。这体现了禅作为东方佛教的象征，可以作为一种跨宗教、跨学科、跨文化的独特存在。毫无疑问，禅的学科价值亟待发掘。由于禅对思想、社会精英产生一定的影响，一些西方心理学家甚至在思考如何运用禅学思想与禅修方法破解精神分析学的理论困境。在这方面,以荣格、弗洛姆为代表的精神病学家、心理学家致力于借用禅宗"无念"等方法来挖掘精神治疗的积极意义。还有一部分人在东南亚和南亚国家如泰国、缅甸、斯里兰卡等学禅,以杰克·康菲尔德为代表,他们学习南传佛教的禅修,将之与心理学结合起来运用于治疗实践。而乔·卡巴金则运用禅修内观方法,创立了正念减压的心理治疗学,在欧美形成一定的影响力。

在欧美地区,禅还开启了具有社会实践意义的和平运动。宣化上人(中国禅宗沩仰宗)于 20 世纪 60 年代初赴美传法,建立万佛城等道场,传播中国禅的思想,致力于世界和平运动。被西方称为"正念之父"的一行禅师肩负越南临济宗法脉传承重任,于 20 世纪 80 年代初以法国梅村为中心,融合中国禅和南传念处禅修,一生致力于和平主义运动。他运用禅修正念的方法提倡"和平在每个人心中,和平在这个世界上",深受欧美社会人士的认同。

时光轮转,人类社会已经进入第四次工业革命,智能社会即将全面到来,但世界并没有因此获得和平,人类也并没有因此获得幸福,普罗大众反而生活得越加焦虑,乃至虚无不安;更为麻烦的是,社会矛盾加剧、战争频繁、危机四起……此情此景,不由让人想起泰戈尔来华时的感言:"梵语中的'dharma'一词,也许是和'文明'一词意思最接近的。"泰戈尔还指出:"dharma 是对一个人的本质的最好表达。"这些具有高度智慧洞见的概括,非常有助于我们理解禅在未来人类世界的功能乃至贡献。那么,人类如何在科技昌明的时代保持理性的觉照，避免因科技发展无边界而使人类文明走向自我毁灭？如何在智能虚拟的世界中依然保持心性的觉照，使生命回归于真现实，获得精神世界的独立与自由？如何在日趋激烈的竞争中，发掘在缘起世界中本应彼此各美其美、长久和谐共生的可能？这种种的问题，都需要我们深思，乃至付出行动。

以上我们梳理了禅宗波澜壮阔、多彩多姿的传播史、接受史，这些已经足以给我们力量与希望。在历史上，禅佛教乃是构建亚洲文明的重要载体，在整个人类文明史中亦占据着重要的地位。反观今日由科技推动的迅速发展与矛盾危机并存的世界，我们更需具有观照与反思的能力。这又不得不乞力于禅了。禅悟的方法抓住了根本——化解一切矛盾，从心出发。这是因为，自我的觉醒与内心的和平才是我们与这个世界和平相处的根源。于是乎，禅悟直指自心，内而观之，从而照见自我问题，与自我和解，进而与外在世界达到无我共生的圆融境界。

2023年辞京回闽之初，我曾与京中师友畅聊如何着眼于禅与文明的视域，服务社会，贡献世界，以为当今有情众生之鉴，遂决意出版"禅与文明"系列丛书。从文明的高度理解禅，其实就是从最为普遍的公共层次重新寻找禅的根基与潜能。换言之，从文明的视域理解禅，不仅是寻找禅在当下的应然适应，更是致力于禅在未来时代的可能贡献。毫无疑问，禅与文明的视域，必然包罗甚夥——禅学思想，禅修方法，禅史的研究，禅对东亚思想、文学、艺术、生活等领域的多重影响，禅与东方文明的互动，禅与西方文明的对话，禅与现代精神分析学、心理学等领域的结合，如此等等当然皆在关注之列。

时光荏苒，岁月流逝，转眼已然多年。山居闲暇之际，心心念念当时在京华后海湖畔畅谈此事的喜悦心情。如今因缘际会，在各位师友的推动下，终于缘成当初一念心愿。本次出版"禅与文明"系列丛书第一辑，分别是洪修平教授的《中国禅学思想史》、马克瑞教授的《中国禅宗史》、何燕生教授的《道元与中国禅思想》，更多跨文化、跨学科的高水平大作亦将陆续推出。

行文至此，请容许我再次确认内心的信念——禅，是佛陀留给人世间的瑰宝；禅，是人类世界高度自省的文明；禅，是觉照自我与沟通世界不同文明的重要纽带……这一伟大的传统需要我们继承并加以弘扬！是为序！

黄檗住山 定明

甲辰谷雨 于丈室

自序

　　本书尝试批判性和创造性地再现中国中古时期禅宗的整体面貌。此后篇章里的解释代表了我本人对这个重要宗教传统最好，因而也是最珍爱的洞察，我也期待着针对我的解释的批判性评价，这些评价将来自于本书的阅读者，包括普通读者、学生以及学术同人。然而比所呈现的具体内容更为重要的，是本书的"分析风格"和所描述的"人类行为进程"（human processes）的类型。换句话说，本书的主要目标，并非是要呈现任何关于中国禅宗的熟悉和单一的描述，而是要去改变我们所有人思考该对象的方式。

　　我预想中的读者包括禅和其他佛教修行者、中国宗教和佛教专业等相关领域的学生和学者们，也包括对亚洲宗教和人类文化感兴趣的一般读者。普通读者将会在此发现，如果要对目前国际文化里看待禅宗的方式进行广泛批评，这本书可以提供足够多的内容。此外，我对中国禅宗本质上"系谱学的"（genealogical）宗教修行展开的分析，可以为现代和当前，特别是出现在北美和欧洲的禅学研究进展，提供某种新的、比较的视角。

也就是说，如果禅的修行从来都是系谱性的，我的意思是说，是祖师的、世代的及关系性的话，并且这种系谱性是如此契合中国中古社会，那么它在21世纪扩展至全球的过程中将以或正以何种方式发生变化，正如其在20世纪已经表现出的那样？换言之，随着禅在全球化和西方化语境中的发展和传播，禅学正发生着哪些改变，以及未来还将发生哪些改变？

学者、学生和普通读者构成了本书的自然阅读群体。那么问题来了，为何宗教修行者需要阅读这部作品？如果佛教精神修行的目标是"如其所是"地看待万物，那么关于禅宗，我们或许有可能去克服围绕它的愚蠢的阐释、荒谬的过度简化，以及混乱的臆断。上面就是我对于该问题的简要回答，更为具体的回答则需要做出一些解释。

我第一次就中国禅面向修行者群体的演说，发生在1987年一次佛典暑期研习班上，地点是美国新墨西哥州赫梅斯斯普林斯的"菩提道场"禅修中心。[1]这是一个由临济宗禅师佐佐木承周主持的佛教研修团体。参加者中有一位年长的美国禅僧坚决反对我的讲义（演说），反复质问："这对于我修行有什么好处？！"研讨会的组织者为他的冒犯性态度稍感尴尬，对我说，作为一名前轻重量级的拳击手，他自己也在多个场合被重拳不止一次击打过。就我自己而言，我享受这种挑战，它迫使我以某种在大学演讲场合从来也不会发生的方式，迎头面对这个问题。在这次演说之后的时间里，我在研修班上磨砺出自己的回应。如果读者愿

---

1 "菩提道场"禅修中心，位于美国新墨西哥州。——译者注

意，可以将它看成是某种防卫性回应！

上述此类回应在如下场合也分别进行过：（1）纽约上州的大菩提禅堂（Dai Bosatsu in upstate New York），由已故去的临济宗嶋野荣道[1]禅师住持；（2）洛杉矶禅修中心（the Zen Center of Los Angeles），由已故去的曹洞宗禅师前角博雄[2]创建；（3）纽约州特伦普山的禅山修道院（Zen Mountain Monastery），其住持是前角博雄已故去的弟子约翰·戴多·卢里（John Daido Loori）[3]禅师；（4）旧金山禅修中心（San Francisco Zen Center），由铃木俊隆[4]禅师创建；（5）衡平山禅堂（Mount Equity Zen Center），住持是大圆·班那格（Dai-En Bennage）[5]；（6）禅山（Zen Mountain Center），住持是弗莱彻（Charles Tenshin Fletcher）[6]禅师，他是前角博雄的继承人；（7）法雨禅修中心（Dharma Rain Zen Center, Dharma Rain and the Zen Community），位于俄勒冈州的波特兰，由香严·玉光·卡尔森夫妻（Kyogen and Gyokuko Carlson）及澄禅·法元·贝茨夫妻（Chozen and Hogen Bays）分别住持。[7]除了上述美国禅修中心，在两次独立的场合，我也

1　嶋野荣道（1932—2018），日本临济宗僧侣。——译者注

2　前角博雄（1931—1995），日本曹洞宗僧侣。——译者注

3　约翰·戴多·卢里（John Daido Loori，1931—2009），美国禅宗（临济和曹洞）僧侣。——译者注

4　铃木俊隆（1904—1971），日本曹洞宗僧侣。——译者注

5　大圆·班那格（Dai-En Bennage），美国宾夕法尼亚州禅修中心曹洞宗修行者，比丘尼。——译者注

6　弗莱彻（Charles Tenshin Fletcher），美籍英裔禅师，曹洞宗僧侣。——译者注

7　这几位皆为美国禅宗修行者。——译者注

在中国台湾高雄佛光山教授过两周的集中培训班。其一是 1992年，参加者大多是年轻的台湾尼众；而 2002 年第二次培训班成员由东南亚汉族尼众与非洲、美国和印度来的僧人组成。（印度来的是一位那烂陀寺本地出家的僧人。）

这些章节最初是为独照·比利亚尔瓦（Dokushē Villalba）先生住持的西班牙巴伦西亚万象山和光禅寺准备的讲义。本书的撰写深深地受惠于笔者与各种修行团体听讲者之间的互动，我从心底感激他们的参与、质疑和建议。

本书没有任何直接帮助宗教修行的内容。我并非是一位禅师，甚至不是一位禅修指导者，本书也不是一本禅修自助手册。用烹饪学的术语来说，我不是朱莉娅·柴尔德，教导大家如何调制禅生活。[1]相反，我更类似一位艺术批评家，评论她的烹饪教学方法和激动人心的表演；我甚至可以是一位化学家，在其所使用的食谱配料从平底锅漫游到碟子的过程中，分析它们的动态演化过程。艺术批评家自身并不必然是一位优秀的表演者，化学家也并不必然是一位美食厨师。

尽管我确实是一位佛教信徒（在自传式的吹嘘里，我通常加上如下一句：是一位长期然而"无常性"的佛教修行者），尽管我作为早期皈依者的宗教身份令我对自己的研究对象抱有某种同情，我却是一位学者而非"古鲁"（guru）。在长期担任一所极端世俗（反宗教）的州立大学的教授之职后，我已经学会将类似于传教之事排除在我的课堂讲授之外，这也是我撰写本书的态度。

1　朱莉娅·柴尔德（Julia Child），美国资深烹饪女作家。——译者注

我的目标并非令读者皈依佛教，除非这种"皈依"意味着某种智识的、渗透到读者存在核心的转变。

本书确实是关于禅宗的著作，却并不是如何开展禅修行的著作。因此，它与其他多数英文禅学著作的区别在于：本书并没有假设读者是一位潜在的禅修者。情况甚至可以是这样，即使作为最虔诚的修行者，经由超越自己选定的修行传统来阅读本书，也会受益良多。我相信，我们作为学者和读者，也参与了对中国禅在中古中国演化的积极的和批判的想象。"积极的"，指我们应该时常致力于想象禅宗是如何在中古中国社会及知识语境里出现的；"批判的"，指我们应该尝试从所有可能的角度来思考所有可利用的证据，提出某个假设，并正确评价该假设的反面意见（这与人们时下所称的"批判佛教"并无关涉）。

从各种意义上说，我的佛教研究训练过程开始于接受威斯坦因（Stanley Weinstein）指导的研究生时期，我曾经把自己的第二部关于8世纪禅宗的研究著作献给他，该著作的临时性名称是《禅的布教师：荷泽神会——顿悟思想与中国禅的南宗》[*Zen Evangelist: Shenhui (684-758), Sudden Enlightenment, and the Southern School of Chinese Chan Buddhism*]，该书由黑田基金会赞助，近期将由夏威夷大学出版社出版。[1] 我受惠于威斯坦因教

---

[1] 作者所著《禅的布教师：荷泽神会——顿悟思想与中国禅的南宗》一书近期已由夏威夷大学出版社出版，出版信息如下：*Zen Evangelist: Shenhui, Sudden Enlightenment, and the Southern School of Chan Buddhism*, Kuroda Classics in East Asian Buddhism, 12, University of Hawaii Press, August 31, 2023。该书的编辑是佛教学者詹姆斯·罗伯逊（James Robson）、夏富（Robert H. Sharf）和费德·弗里斯（Fedde de Vries）。——译者注

授，他用自己的学术生涯训练出美国最好的一批佛教学者，我从他那里承受的恩惠无法计算。

放在读者面前的这本书实际上是我试图对柳田圣山先生的创造性工作进行模仿的结果。在博士论文撰写期间，我有幸跟随柳田圣山先生学习。作为 20 世纪最出色的中国禅宗领域内的学者，柳田圣山教授在自己的作品里倾注了博洽而权威的知识与深刻的感受性。尽管本书的构思距离我接受柳田教授的指导已经过去很多年了，我依旧能清晰地回忆起我们共坐于其书房的愉快场景：端起一碗碗美味的抹茶，研讨中国禅的文本。甚至我在谈话期间脑海中搜求日语的日常词汇，在"共同阅读"期间误用了中国文言文语法时，教授也报以不知疲倦的同情式耐心。然而我必须承认，我所参加的临济宗名下的花园大学每周一次的中国禅文本的研讨班的时间，如果与学院的吹奏乐部演练约翰·菲力浦·苏萨（John Philip Sousa）进行曲的时间不重叠的话，效果将会是极佳的。

柳田圣山先生占据着日本学术研究新浪潮的前沿——经由对中国敦煌所发现的石窟写本的分析，该研究将我们关于禅的理解革命化了。柳田先生始终如一地展现出某种解释才华，激励了整整一代自西方而至的学生。如果让我继承哪怕只是他的一小部分遗产，我期待他的风趣的人文精神在本书的页面上熠熠生辉。我带着深深的感激之情将本书奉献给柳田圣山教授，这种感激只能在字里行间流露出来，却无法形诸文字。

我也应向其他许多人表达谢意。如上所述，除了上文提到的诸位先生外，这些章节首先是以西班牙译文讲稿形式，在 1999 年 6 月 19 日至 21 日，为独照·比利亚尔瓦先生（Dokushē

Villalba）住持的西班牙巴伦西亚万象山和光禅寺授课准备的。这次邀请受到了日本曹洞宗的襄助，最初的翻译来自露西亚·维拉莫女士（Lucía Huélamo）和雷夫·卡斯特罗（Rev. Aigo Castro），他们也共同承担了演说中的口译任务。我深为感谢比利亚尔塔先生（Villalba Sensei）、卡斯特罗和维拉莫女士以及和光禅寺的所有成员，他们令我在那儿的访问如此愉快，收益甚丰。在之后的时间里，本书的第一章以中文刊登在《中华佛学学报》（2000年第13期）上，中文译稿由关则富完成，标题是《审视传承——陈述禅宗的另一种方式》。我也要向张圣严师（圣严法师）、李志夫教授、陈秀兰书记以及研究所成员表达深深的感谢，他们在我1998年12月至1999年8月暂留中国台湾研究期间提供了和善的帮助。同样，第四章的部分内容也以《中国禅宗"机缘问答"的先例》（*The Antecedents of Encounter Dialogue in Chinese Ch'an Buddhism*）为题在斯蒂夫·海因（Steven Heine）和戴尔·怀特（Dale S. Wright）主编的《公案：禅宗的文本和语境》（*The Kêan: Texts and Contexts in Zen Buddhism*）一书里发表过。

那体慧（Jan Nattier）通读了全部手稿，用墨水不拘地覆盖我珍爱的文字，我非常感激她，即使只是为了让她能将自己的注意力从3世纪中国佛经翻译上移开片刻。[1] 威廉姆·贝德福

---

[1] 那体慧（Jan Nattier），美国佛教文献学家，哈佛大学内亚与阿尔泰研究（Inner Asian and Altaic Studies）博士（1988），印第安纳大学教授（1992—2005），并曾执教于夏威夷大学（1988—1990）、斯坦福大学（1990—1992）及日本创价大学（2006—2010）等高校，近年曾在加州大学伯克利分校、华盛顿大学等美国高校担任访问教授或访问研究员职务。那体慧著述多种，译为中文的有《汉文佛教文献研究》（纪赟译，广西师范大学出版社，2018）。马克瑞的妻子。——译者注

特（William Bodiford）、柏夷（Stephen R. Bokenkamp）、罗伯特·巴斯韦尔（Robert E. Buswell Jr.）、罗伯特·康儒博（Robert F. Campany）和艾可（Malcolm David Eckel）也审查了书稿，给予我有意义及有助益的建议。尽管得到了他们的帮助，本书的文字编辑尼克·默里（Nick Murray）还是发现了许多可以改进的地方。我发自内心地、诚挚地感谢这些朋友和同僚。尤其要向瑞德·马尔科姆（Reed Malcolm）致以特殊的谢意。作为本书英文版的编辑，他理解本书的价值，并且妥善安排该书于夏威夷大学出版社出版期间所涉的各项事务。感谢他参与本书英文版的命名，[1] 这个书名听起来具有非常精彩的多重内涵。

除了上面提及的禅修中心的研讨会和研讨班之外，多年来我还把自己的这些关于中国禅的解释"强加"给如下群体：他们是哈佛大学、康奈尔大学、印第安纳大学和夏威夷大学的本科生和研究生，也包括斯坦福大学、印第安纳大学和耶鲁大学的学术听众。参加讨论的教员和学生对问题的探讨，极大地推动我从不同的视角去考察熟悉的材料，我要向他们表示感谢。尽管得到人们的许多帮助，如有未曾听闻的方家高论，或存在没有改正的错误，其原因只能归结于我自身的见识限制。

夏威夷檀香山天ヶ小箱

2002 年 6 月

1　指本书英文书名 *Seeing Through Zen: Encounter, Transformation, and Genealogy in Chinese Chan Buddhism*。——译者注

凡例

本书撰写的目的是满足所有目标阅读对象的不同需求，这些阅读对象包括该领域的初学者、非此专业领域的专家。然而，本书的注释、词汇表、参考文献则是为了满足该专业的学生和学者的使用需求而撰写。本书采用的具体标准如下：

1. 我在本书里经常采取内容相互参照的方式，读者可轻易地凭借这些参照回忆不同的讨论内容，我们都知道，能动式阅读通常需要前后频繁地翻阅书页。

2. 书中的 T 指的是《大正新修大藏经》(简称《大正藏》)，高楠顺次郎、渡边海旭主持编辑，东京：日本大正一切经刊行会出版，1922—1934 年。

3. 书中的 X 指的是前田慧云、中野达慧所编《续藏经》，150 卷，京都：藏经书院刊行，1905—1912 年；重印本，150 卷，中国台北：新文丰出版公司，1968—1970 年。

4. 本书英文书名为 *Seeing Through Zen: Encounter, Transformation, and Genealogy in Chinese Chan Buddhism*；日文版书名为《虚構ゆえの

真实——新中国禅宗史》（大藏出版社，2012 年）；根据各方面意见，中文版书名确定为《中国禅宗史》。

5. 英文禅学著作译成汉语过程中会有译名不同的现象，本次译名力求统一。

6. 本译本对某些英文禅学术语的汉译名做了统一调整，以求更准确地反映英文禅学界对于禅宗概念的理解。主要包括如下概念：Chan Buddhism（通译为"禅宗"，不再使用"禅佛教"的译名）、Proto Chan（通译为"原型禅"，不使用"原始禅"的译名）、Early Chan Buddhism（通译为"初期禅"，不再使用"早期禅"或"早期禅宗"等译名）、Classical Chan（通译为"古典禅"，不再使用"经典禅"的译名）、Northern School（通译为"北宗"，不再使用"北宗禅"等译名）、Lineage（通译为"法系"，不再使用"家系""世系"等译名）、Teaching（通译为"禅法"，不再使用"教法"的译名）。此外，如 Bodhidharma 通译为"菩提达摩"；Huineng 通译为"惠能"，不使用"慧能"之名。Encounter Dialogue 是马克瑞首度使用的术语，通译为"机缘问答"。

7. 中译本是先以英文版为基础翻译成帙，后以日文版作为校译蓝本的，其对不同之处采取如下措施：

（1）英文版、日文版各自表述略有不同，意思接近的，依据英文版翻译。

（2）史实、文献等事实性证据，英文版误，日文版已改正确的，据日文版翻译。

（3）日文版含有必要增补内容的，如文献出处等，据日文版翻译。

（4）日文版对论证有所补充，论证更完善处，据日文版翻译。

8. 日文版前有小川隆教授所撰本书解说，标题为《破家散宅の書——

"Seeing through Zen"日本語版解説》，读者如有需要，请阅读原文。

9. 脚注中所提及著作，其版权信息请查阅参考文献，脚注依从原著（即英语学界出版物惯例），只保留作者、书名和页码。

马克瑞禅学研究四原则

一、因其非事实，反而更为重要[1]

禅文本内容不应该用幼稚的新闻精确性标准来评价，也就是说："这件事确实发生过吗？"因为任何已出现的事件和言语，都将成为某种不重要的现实。它们只是发生在某个想象的时刻的少数人的行为，并将被多个世纪内成千上万卷入"禅传说"创作的人所淹没。禅文献的"神话式创作"显示出中国人的宗教想象力，这是一种规模巨大且内涵深刻的现象。

二、法系声明愈强烈，距离事实愈远[2]

禅宗内部关于法系的身份和历史的表述是"自我主张"的论战工具，而非基于某种现代历史学精确性概念所做出的、对于编年史事实的

---

1 英文版原文为：It's not true, and therefore it's more important. 日文版为"事実ではない、それゆえに、より重要である"。——译者注

2 英文版原文为：Lineage assertions are as wrong as they are strong. 日文版为"法系の主張は、それが強力であればあるほど、真実から離れている"。——译者注

批判性评价。这意味着，任何法系声明都是重要的，同时又是一种歪曲。法系声明可以展示出历史学的精确性，同样也不可避免地成为不合理的宗教身份的表述。

三、详尽意味着不准确[1]

数字、日期以及其他细节为故事提供了逼真的氛围，然而它们累积得愈多，我们就更应该将其视为文学修辞。尤其在禅宗研究领域里，大量的细节不过是"长时间差"之后"人为"制造出来的。较早时期记录的模糊性应该因其诚实而安于这种模糊。在避免参与误导性的"起源追溯"的同时，我们也应迅速地将"好的资料"和"粉饰性添加物"明晰区分开来。即使在考察中古时期论辩术时，我们也应如此行事。

四、浪漫情怀孕育义愤精神[2]

故事的讲述者不可避免地创造英雄和恶棍。此前对禅的早期祖师和偶像的描述，削弱了我们关于唐代禅的"黄金时代"及被设想为"形式主义的停滞"的宋代禅的理解。如果其中一个侧面被浪漫化，另外一个侧面则被贬抑，因而这两个侧面的真相都隐匿不见。禅的浪漫派与新儒学必胜信念的维护者之间的联合，构成了我们理解禅和中国本土思想的障碍，而新儒学正是在佛教衰弱之后兴起的。因而我们的结论如下：清醒的现实主义精神将会清除此类贬抑性的误解。

1　英文版原文为：Precision implies inaccuracy. 日文版为"記述の詳細さは、不明確さを意味する"。——译者注

2　英文版原文为：Romanticism breeds cynicism. 日文版为"ロマン主義は、シニシズムを生み育てる"。直译应为"浪漫主义孕育犬儒主义"，中文翻译据作者论述语境改为"浪漫情怀孕育义愤精神"。——译者注

第一章

法系：禅宗新视角

关于禅宗的讨论应该如何开始？

策略之一是从故事出发，它包括一些吸引眼球的、激发读者好奇心的"逸闻"（anecdote）。自然，在禅宗的灯史里存在许多此类佳例，其中之一来自某位诚挚的汉族求法者，也就是最终成为中国禅宗二祖的惠可。据记载，为了从高深莫测的印度圣僧菩提达摩那里求得法义，惠可砍掉了自己的胳膊。为了激励初学者愈益精进禅修，这个故事在中国以及全世界禅堂里被重复了无数遍！

或者，我们可以找到某些不那么阴森可怕的内容，它可以是庞居士的传说：这位居士将自己的家财直沉河底，因他已懂得追逐世俗财富的无益。那么自然地，这个关于无牵挂、自由的事例，是要告诉我们某些深邃的心灵信息吗？这些传奇叙事可以被无尽地使用下去，每一种叙述都存在含义的细微变化。

同样地，也存在其他一些可能的起点。许多禅宗史的作者有自己喜好的方式，并以此描绘他所认识到的禅的最根本的特质——提交某个短小的人物名单，用它概括整个禅的传统。

或许，我们可以避免如此乏味的概述，而仅是去赞美禅传统在悠久的时间跨度里所保持的创造力，赞叹其活力，并称之为宗教传统里的"现象"。

在将这些关注点展示给读者之后，本书采取的方法是以质疑开始的。这不仅仅出于自发的好奇，而且包括某种批判的审思。具体而言，让我们径直从思考应该如何审视禅宗史开始：应该采取何种研究方法，并避免哪一种？也就是说，哪一种分析形式是富有成效的？哪一种则不过是简单重复那些众所周知的陈词滥调？

如何审视禅传统？这是我们无法回避的问题。对该问题的简单回避，并复述那些历史上的事实和概念，无异于在沉默中下结论。也就是说，采取否认的方式，实际上也在回答问题。然而，以简要和浅显的术语来表述它，也并非适宜之举：当我于 20 世纪行将结束之际在中国台北近郊区撰写、于 21 世纪之初在美国夏威夷校订此部分时，我意识到撰述过程中潜藏的巨大的义化身份的多元性——对于我自己和那些意向读者而言都是如此。

也就是说，我曾经在不同的时间、以各种不同的方式拥有了研究者和实践者身份。有时是教师，有时是学生。有时是爱人，有时又变成了隐士。我即将在这里提供的这本书，是我在一系列广泛和不间断的世界各地教学经历中学到的，包括在美国、日本和中国台湾的教学经历。本书的使用者也并非仅限于中国，还包括欧洲国家、美国和日本的读者。

那么，我怎么能够表明审视禅的传统只能有"唯一的"方式呢？实际上，在世界的"后现代"时期，多元视角和流动的类型学分析将是本书采取的方式。

一、禅宗法系图的解构

出于便捷考虑，我的分析将起始于界定某种我意欲解构并因此刻意避免的禅宗史视角。应该坦承的是，我仅是要漫画式反讽这个视角。在这样做的过程中，我们所做的观察可以用来形成杠杆，以将我们推进到某种思考类型中去。在此，我们可以套用实证主义哲学家杜威（John Dewey）和他的学生胡适的表述。胡适宣称"探索过去"，是为了创造出一个杠杆，以期将中国推进到某种"未来阶段"。

我在此所说的视角是某种传统主义者的研究路径，在下面的禅宗法系图里，它被生动地描述了出来。

此类法系图几乎可见于现存每一种关于禅宗的著作，并作为历史叙述的框架呈现出来。然而，在直接跳入此类叙述，并以该图式为基础构建理论之前，我们应该首先思考该图式作为某种解释和交流"媒介"的"符号学影响"。如果"媒介"是一种信息的话——这是麦克卢汉（Marshall McLuhan）推广开来的一种流行说法——那么该图式结构传达了什么样的信息？

一般认为禅是宣称"不立文字"并且是"教外别传"的，然而，正如我在此将要分析的那样，这些短语，如"不立文字"或"教外别传"之类，经常迫使我们反讽性地观察到：禅宗却使用了大量术语来描述自身的教义。这一点无可置疑。

稍后，我们将回到对禅宗关于语言的使用以及其不"立"文字的分析，然而在此处，我们也能观察到：该法系图为禅宗提供了某种理解自身历史背景的基本模式。

也就是说，禅宗并没有把自身界定为依赖于特定的佛经而成立的许多个佛教宗派里的一种，如天台宗对《妙法莲华经》的重视。相反，禅的文本声称，其宗派（禅宗）就是佛教自身，或者说是佛

过去七佛

释迦牟尼佛

印度祖师　　　　摩诃迦叶　　印度初祖

阿难陀

中国祖师　　　　菩提达摩　　印度第二十八祖、中国初祖

惠可

僧璨

道信

弘忍　　　　　牛头宗

惠能　　　　　神秀
（南宗）　　　　（北宗）

南岳怀让　　　青原行思

马祖道一　　　石头希迁

临济义玄　　　洞山与曹山
五家：临济宗、曹洞宗、沩仰宗、云门宗、法眼宗

大慧宗杲　　　宏智正觉
（临济宗）　　　（曹洞宗）

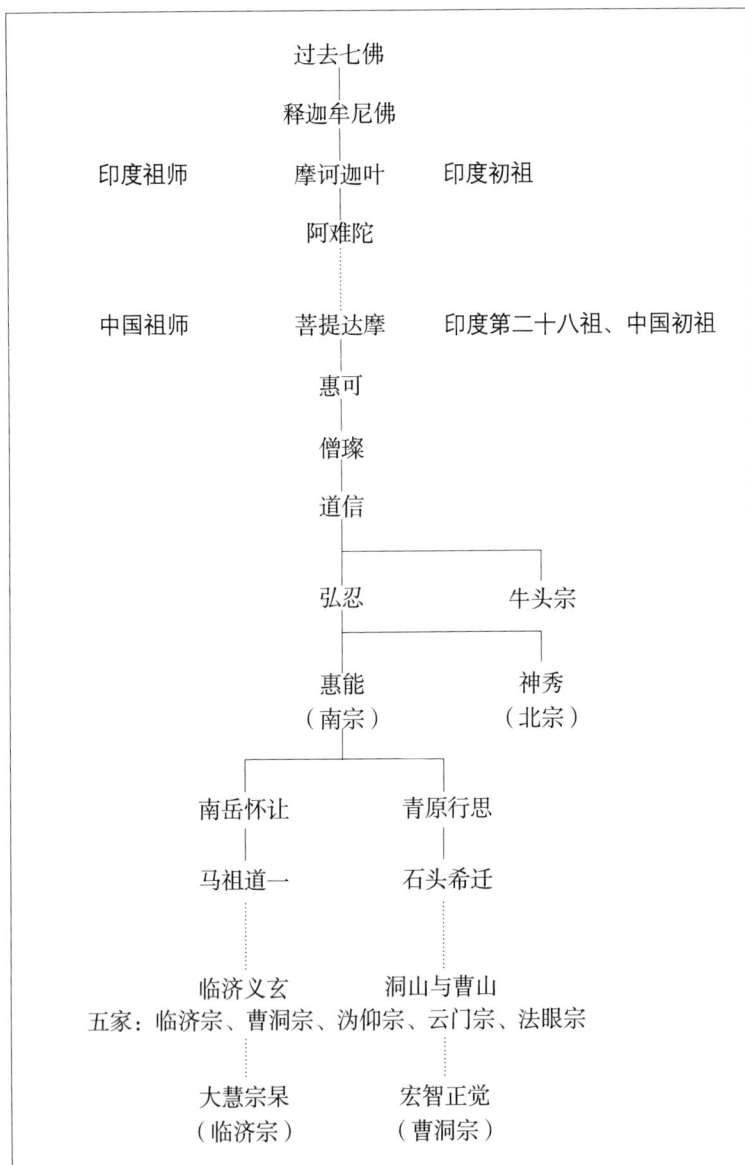

图一　中国禅宗法系图

教的核心。这种"佛教的核心"从"过去七佛"一直传承到"西天二十八祖"和"东土六祖",并一直流传到中国和日本的每一代禅师那里。在其中,菩提达摩占据了枢纽性地位,他既是印度第二十八祖,也是东土初祖。

该图谱的演化历经数个世纪。它最初奠基于7世纪末,而作为完整的体系呈现于世,或许会回溯至801年(《宝林传》),至少不会迟于952年(《祖堂集》)。

毫无疑问,以法系图的考察作为分析起点有如下优势:该图包括了故事情节中最重要的一些角色(人物)。由于"过去七佛"仅属于传说性人物,我们仅需付以寥寥的考察。尽管禅宗文本在某种程度上增强并调整了"过去七佛"的宗教身份,但我们在此提及他们,仅是因为他们可以证明:禅宗继承了东亚大乘佛教这个"大传统",是这个"全景剧"里的一部分。当然,禅宗继承了释迦牟尼的"秘密藏",这里的释迦牟尼,完全不同于我们意识中的、"历史的"佛陀。但这是一个应该在其他场合讨论的议题。

本书也不会使用太多篇幅讨论"二十八祖",其在"圣徒传"(hagiography)里的解释方式,是一个引人入胜且过于复杂的研究课题,而我们在此也没有篇幅来讨论他们。[1]

另外一个方面,相较于其他人物而言,更多地出现在这个舞台上的,是菩提达摩以下直至惠能和神秀,以及他们二人的数世代弟

---

1 在扬波斯基(Philip B.Yampolsky)的著作里,有一张便于使用的、给出了迄至801年各种文献里禅宗的祖师图表。参见扬波斯基所著《敦煌写本〈六祖坛经〉及英译》(*The Platform Sutra of the Sixth Patriarch: The Text of the Tun-Huang Manuscript with Translation*),第8—9页。

子。读者会注意到神秀的弟子没有被列在此法系图中，很显然他们是被图谱自身删除了。[1]

出现在这个舞台上的，也包括临济和曹洞宗祖师，他们令这个图谱呈现出修饰性平衡状态。当然，这些祖师也是禅宗传统里最重要的部分之一。

我们可以从禅宗传承图里获得一些最重要的、基本的推断。

第一，需要注意到它的历史起源：禅宗法系图是印度文化和中国文化相互结合的产物。通常，禅宗被称为汉传佛教诸宗派里最具有中国特征的宗派，含义之一正是指禅宗的谱系模式。

实际上，这种法系传承图可以在印度佛教和 4 至 5 世纪克什米尔禅修传统那里找到源头。此外，禅宗的传承图和中国 8 世纪及其后的"家族"存在若干平行关系。[2] 但是我们也应该想到，印度佛教徒也有自己的父母、师父、家族系谱和传承世系——正如中国人所做的那样。[3]

尽管如此，作为印度和中国元素的一种融合，中国禅宗的传承图是在中国佛教语境中发展出来的，并且对这种环境适应得非常好。

第二，利用此法系图，禅宗宣传者将自身界定为"教外别传"，借此宣称禅宗迥异于其他一切宗派，并且在根本上胜过其他一切宗派：其他宗派仅仅代表对佛教的解释，而"禅"则是"真实"，

1　参见本书第 22 页。我将在后文中马上讨论这个问题。

2　"家族"，指其他佛教宗派传承图。——译者注

3　肖彭（Gregory Schopen）指出，"孝道"观念并非总是来自东亚思想的影响。参见其《孝道与印度佛教修行僧》（*Filial Piety and the Monk in the practice of India Buddhism*）。

即佛教自身。

这是一种挑起论争的行动，因为它意味着要将禅宗置于其他宗派之上。其他东亚大乘佛教宗派回应了禅宗的这种做法，也部分地修改了自己宗派的法系传承图，同时也宣称：禅宗仅仅重视"戒、定、慧"三学里的一种，即"定"而已。

无论我们是把中古时代的中国佛教徒视为只关心最高智慧的人，还是汲汲于获得皇室襄助和其他世俗利益的人，或是同时在这两方面下功夫的人，至少他们是在与同时代的人竞逐知识与文化上的领导权。因此，我们不应忽略该法系理论的好战本质。需要附带提及的是，以好战和竞争等术语来刻画禅宗，并非是要去进行价值判断，更不是去诋毁这个宗派，而仅是要认识到这个历史事实。

第三，在禅宗传承图里，重要的不是释迦牟尼、菩提达摩、惠能和其他人生命中有哪些事件发生了这种"事实"，而是这些人物在"禅的神话"里如何被看待的方式。该观点在本书中将不断出现，而且我将站在一个相当复杂的立场上宣称：依据直接而朴素的"新闻报道精确性"的标准，禅宗文献里所宣称的一次又一次发生的事件，几乎可以肯定地说，从未发生过。

然而我们应该注意到，恰恰应该是该神话创作过程里的动力系统，不能被限制在"事实"和"虚构"这两个观念上。禅宗逸闻里所宣称的"真实说过的话"或"肯定发生了的事件"，是否真实地发生过，仅仅是某种历史的偶然，因为在任何情况下，被设想中的"原初"事件仅有很少的一部分人参与，至多只是单一的本地团体的成员参与而已。

而远为重要的是，逸闻被生产、流通、编纂和发展，并由此在禅宗修行者和信众里传播了，直至它成为颇具流动性的"禅传说传统"的一部分，而正是通过这种传说，禅师才能够在整个中国文化里被认识。这就是马克瑞禅学研究原则的第一条：

——因其非事实，反而更为重要。

言下之意即，"虚构"比"它真的发生了吗"等简单判断更为重要。[1] 并且，"虚构"实际上是某种不同类型的"真实"。

第四，基于对"空"（śūnyatā）的修辞，[2] 在此传法体制中，实际上"没有一物"真的传承下去。出现在每一位祖师与他的继承人之间的，只是对继承者达到完全开悟的"印可"[3]。这首先是禅宗自身的一个教义原理。

然而我们应该认识到，该图谱最重要的部分并非每位祖师个体的独立的姓名，而是他们之间的内容，也就是将他们联系起来的线条。也就是说，呈现出来的不仅仅是一系列人物，而且包括每位人

---

1 马克瑞禅学研究第一条原则的修辞回应了胡适的如下表述："禅传说里百分之九十九都是虚构的。"我认为，胡适暗示了"正因为它是虚构的，所以应该被抛弃"的态度。禅传说材料的重要性之关键显然并非因其是虚构的，而是因为它是文化的创造品，这令其在幼稚的历史学家视角里变成"虚构"。

2 "空"是大乘佛教的基本概念，并将在本书里反复出现。对这个概念的优秀综述，请参见威廉姆斯（Paul Williams）所著《大乘佛教的基础教义》（*Mahāyāna Buddhism: The Doctrinal Foundations*），第 60—63 页。

3 中文"印可"字面意思是"盖上印章，以示某人被批准"。该词来源于梵文 mudrā。"印可"这个带有"批准"含义的中文复合词出现在《俱舍论》和《维摩经》的翻译中，而在 8 世纪初禅文献《楞伽师资记》里，对该词的使用存在细微差别。

物与其师父和继承者的"遭逢"。

禅的文本里频繁强调的是：实际上并无一"物"从一位祖师传递到另外一位祖师，如开悟、佛心或任何其他事物。这是因为，承认"实体"的存在，将与佛教基本思想，即"诸行无常"和"诸法无我"，产生冲突。就人而言，这种思想主题被称作"无我"；就各种不同的存在要素而言，包括人在内，则被称作"空"。

这并非仅是某种哲学化思考，而更是某种将产生深刻的系谱学影响的存在姿态：其焦点并不放在"某物"被传递这一点上，而是放在佛陀和祖师们之间的"相遇"这种联系上。传承的行为因此不包括将"物"从一位禅师传递到另外一位，而是对共同的精神成熟性的肯认。这是某种需要一组特殊舞伴的"宇宙之舞"，是一种相遇的关系，是最深的精神层面的会面。

第五，既然佛陀和每位祖师的开悟完成了，那么佛陀与印度和中国的祖师之间的宗教地位就没有高下区别，这也许就是以法系为基础的阐述。对中国中古佛教徒产生吸引力的最重要的原因，就是因为它将中国本土人物的权威性提升到与他们的印度先驱同等的地位。从佛教适应中国文化角度而言，这非常重要。

对于中国宗教及更普遍意义上的中国研究而言，这个主题极具相关性，并且范围宽广。

然而当前我想强调的，是该图式中最显著，然而却最常被忽略的特征：正是这种极为简单的传承线条，将祖师"同质化"（homologizing）了。

经由将禅宗呈现为从过去七佛直线传承至东土六祖，此类图谱被用来对复杂的宗教文化现象进行惊人地"减化"。每当两位禅师间的直线关系被安置在禅宗法系图上时，一个复杂性世界，一个由错综复杂的人际关系和人类经验构成的宇宙，就从视野中被有效地抹去了。难道任何一位宗教人物的身份，都可以经由挑选整个人生关系里的仅有的一个，而被足够地概括？甚至于，对中国禅宗祖师传记进行一次快速浏览，都可以看到它的扭曲程度：在资料充足的情形下，我们有时可看见由不同的师父和事件所促成的多种开悟经验，然而在法系图里，这些都被简化成"单线条"传承。[1]

尽管法系图的使用与禅宗传统本身一样悠久，并且正是透过对法系图的解释，禅宗传统才得以存在，然而，使用法系图来呈现禅

---

[1] 夏富（Robert H. Sharf）于 1995 年、1998 年分别在《佛教现代主义与禅修经验的修辞》（*Buddhist Modernism and the Rhetoric of Meditative Experience*）和《经验》（*Experience*）这两篇论文里，反对将"开悟经验"作为人类宗教的一种自然类型。考察明显出自现代知识背景的现代的"经验"一词，夏富的观察尤为重要，它意味着：现代意义上的"经验"一词不可不加分别地用于对前现代宗教文献的描述，而清晰明白的哲学分析也不适用于对开悟的种种阶段的描述。然而如下情况并非事实：中国佛教（或印度佛教，我猜测）没有类似的、夏富所讨论的个人经验的变化这一近似的类型。就禅文献在描述开悟经验时所表现出的显著的沉默而言，至少有两个原因：其一，具足戒里就开悟后神通的获得有沉默的规定，参见本书第 184 页及第 179 页注释 2；其二，东亚传统里没有写自传的倾向。关于这一点，请参见吴百益（Wu Pei-yi）所著《儒者的历程：中国古代的自传写作》（*The Confucian's Progress: Autobiographical Writings in Traditional China*）一书。此外，吉梅罗（Robert M. Gimello）观察到，佛教冥想并非一套完备的通往神秘经验的修行，而是某种沉思式的分析，经由冥想经验增强了对信仰的身心投入。吉梅罗的观察对中国禅研究也具有潜在的应用价值，尽管他的分析可以被进一步完善，至少可以用于分析修行者是否将冥想的状态看作表面上是否存在这一点。参见其《禅修与神秘主义》（*Mysticism and Meditation*）。未来我希望更细致地处理禅的非合理性和禅的开悟经验方面的论题，然而这超出了本书的研究范围。

宗传统，却是某种争夺霸权的表达策略，是故意扩展某一种视察世界的方式，而排除其他一切观点。[1]

第六，系谱模式的重要性，不仅在于禅宗正是通过它进行对自我的历史认识，认识"从释迦牟尼传承至菩提达摩及由此以降"的传承过程，而且在于系谱模式解释了禅宗自身精神修行的开展方式。也就是说，与印度人将"禅定"视为自我净化，以及面向"佛果"的持续前进的个体性"瑜伽式"努力这个基本观念相反，禅宗的系谱模式表明，精神修行的最重要的方面发生在师徒之间的"遭遇"场合。

禅的修行者依旧需要花大量时间在"禅堂"里——尽管禅宗的文本并没有费心于确认这个事实，然而我们可以确定事实就是如此。但是，本书对禅修辞和文献的考察，焦点将放在每位禅匠与无名弟子，或将来会成为禅匠的修行者与他的某些师父之间的"问答"和"应对"方面。

因此，不只禅宗对自身宗教史的自我认识在本质上是系谱性的，禅宗的修行本身也是如此。之所以认为禅的修行本质上是系谱性的，我的意思是说，它来源于对"相遇"经验的"系谱性"理解，这种经验是"关联性的""代际的"和"可重复的"。[2]无论中国禅宗与较早类型的印度佛教"禅定"之间异同或关系如何，这种

---

1 我将简要地讨论各种支派与划分，从下文第19页开始。

2 "关联性的"（relational），指个体之间的互动，而非仅以个体努力为基础；"代际的"（generational），指组织方式是亲子，或更确切地说，是师徒的世代关系；"可重复的"（reiterative），指为当前及未来师徒生涯提供效法对象。

独特的"复合性"在其他类型的佛教修行中是见不到的。[1]

然而必须承认,禅宗法系图里的"同质化"现象导致对历史的极端扭曲。这就是马克瑞禅学研究原则的第二条:

——法系声明愈强烈,距离事实愈远。

用更规范的语言说,这意味着法系声明的存疑程度,与其重要程度呈正比例关系。也就是说,当我们每次读到这样或那样的团体以线性传承相联系,该表述在某种意义上或许是不准确的。个体的宗教身份愈重要,对其的描述距离事实愈远。而如果这种联系没有附加很多东西,则法系的声明愈倾向于正确。

当然,情况总是如下面这般:名单里最后一位人物,甚至该人物的弟子,其关于法系的声明愈加利害攸关。而如果其宗教身份必须被界定在法系传承的基础上,如果他的历史地位依赖于对特定一组先驱累积的"克里斯玛"(Charisma)的接受,那么看上去总是会发生某些对历史"事实"的意味深长的扭曲。

当然,我使用"事实"这个词或许会让大家想起马克瑞禅学研究原则的第一条,该原则在此也具有相关性:禅宗法系图对"真实"的描述代表着某种类型的"神话创作",而"不真实"自身无疑更重要。

第七,我在上文提到"每一位祖师与他的继承人",这个指称

---

1 笔者《机缘问答:中国禅宗里的精神传承之道》(*Encounter Dialogue and the Transformation of the Spiritual Path in Chinese Ch'an*)一文对此做了更为详细的先行分析。

特定性别的措辞（他）在此非常适宜。[1]

禅宗传统是压倒性的男性统治领域，而具有强烈暗示意味的"祖师"一词的英译名 Patriarchal 在英文书写中完全适合。Patriarchal 在此，既指禅宗代表性人物，也指男性中心的意识形态。杰伊（Nancy B. Jay）曾经分析系谱体系是如何有助于"把女人排除在权力与生产力的环节之外"的合理化。[2] 在后面的章节里，我将探讨禅宗在中国佛教寺院制度内权力的组织方式。

当然也存在与禅宗有关的、一个更宽泛的与性别相关联的议题——将"禅"看作是家长制思想体系。坦率地说，"禅"是中国社会里用来压制妇女的一个武器吗？唉！我无法在本书里深入思考这个议题。然而，当这个主题出现的时候，学者自然不应该从该处退缩。

然而，这种意识或许在一个不同的、可能更广大的意义上有其用处。我确实发现它与如下多种问题的解决密切相关：禅是整体上压制中国宗教修行者的工具吗？它有助于压制他们之中某些特定的团体吗？确切地说，这是一个令人震惊的问题，但是我认为，知识被建构起来的任何方式，似乎既容许又同时压制不同种类的观点，法系模式当然也属此类。

我绝非对禅宗传统，或对一般领域的佛教禅修与精神修炼有任

1　参见本书第 10 页的分析。

2　参见杰伊（Nancy B. Jay）所著《代代相传：祭献、宗教与父权》（*Throughout Your Generations Forever: Sacrifice, Religion, and Paternity*）。我非常感激安德鲁·容克（Andrew Junker）指引我去阅读杰伊的作品，以及他就该议题与中国宗教的联系的论述，请参见他的硕士论文《僧侣、禅宗与国家：唐代的君权与祭祀宗教》（*Clergy, Clan, and Country: Tang Dynasty Monastic Obeisance and Sacrificial Religion*）。

何偏见，但是思考"禅宗在中国佛教的支配地位，如何削弱其他替代者"这个现象，显然似乎是我们知识分子的责任的一个方面。

在此，大家可能会惊讶地发现，我们从一个简单的图中得到了如此多的推论。如果篇幅允许的话，我们可以从中诱发出大量的其他洞见。不过，让我们稍后再对禅宗法系图和禅宗的系谱特征做进一步评论，在此，请让我解释一下以此为讨论开端的理由。

二、避免"珠链式"谬误

此前对于禅宗法系图的观察某种程度上是个预防——预先阻止需要避免的某种解释类型。简而言之，我的意思是：将禅宗以"与法系图相配"的方式表达出来，将冒着没有说出任何本质的洞见，而仅是复述传统的危险。这种方式并没有进行合理的分析性考察，而仅是对固有象征系统的简单重复。

在该语境里，其所看重的知识体系的细微差别，不过是对系谱模式的细微调整而已。

在此区分"局内人/局外人"（inside/outside）是有用的：禅宗法系图对于那些在禅的知识框架内部运作的宗教修行者而言，是"预期的"和"自然的"行为，对于祖师法系团体成员资格的获取而言，它也是必要的内容。然而，对于置身禅宗领域"外部"的观察者与分析者来说，却都变成了知性的衰弱，即使只是短暂地居于"外部"。也就是说，从禅宗修行立场来看可能是绝对必要的内容，若改换以知性分析的立场，却是对霸权被动的屈从，是知性病理学中未经觉察的紧缩现象。

那么我们不应该做什么？换句话说，当一种模式阻碍我们看到禅宗历史的丰富复杂性的时候，我们怎样才能认识到，我们正在陷入这种模式，或者有陷入这种模式的危险性？

从这种视角看，议题确实非常简单。无论在何种情况下，当我们假装以伟大禅师之间的法系传承去解释，我们就会冒着犯下"珠链式"谬误的风险。在其中，禅宗的演化以一系列祖师的联结表现出来，如同链条上的珍珠。

这是历史书写里"英雄史观"的变化形式，它力图解释历史书写中不可避免的纷繁杂乱过去事实之细节，认为历史是少数"伟大的男性们"主观努力的结果，特定性别的用词（Patriarchal）在此又一次被正当化了。

如果要以更简明的逻辑说，这也是"原型"谬误的范例之一："某种根源性原型存在于时间之外，却以'概念化'方式不断变化着，并且不断重复这个过程"。[1]

就禅宗研究而言，这种倾向以如下方式表现得甚为清晰：敦煌写本被用来补充，而非根本性地改变许多作品里对禅的理解。

类似于文化宝藏"死海古卷"（Dead Sea Scrolls）重现于世，

1　此处的引用来自费舍尔（David Hackett Fischer）所著《历史学家的推理谬误：寻找史学思维的逻辑》（*Historians' Fallacies: Toward a Logic of Historical Thought*）一书第 151 页。关于"珠链式"（string of pearls）谬误的较早讨论，请参见笔者著《北宗与初期禅的形成》（*The Northern School and the Formation of Early Ch'an Buddhism*）。（本书已有译名不同的中译本《北宗禅与早期禅宗的形成》，韩传强译，上海：上海古籍出版社，2015 年。——译者注）

20世纪初在中国的一个被堵塞的洞窟里，敦煌写本被发现了，继而流散到世界各地的图书馆里。敦煌写本提供了8至10世纪禅宗文献的横断面，其时间恰在宋代之前。而正是在宋代，禅宗史编纂过程中出现了大规模的"同质化"（homogenization）现象。[1]

接触这些写本，令学者们得以探索中国禅的早期阶段的内容——如果没有敦煌写本的话，这种探索是绝无可能的。

而且，对这个重现于世的辉煌宝藏的分析占据了整个20世纪学者们的注意力。当然，发展起来的不仅有禅宗研究，还包括其他领域的佛教和道教研究，以及各种领域内的史学和社会学的分析。

然而，就禅宗研究而言，敦煌写本里的证据仅是被经常性地使用于为原有的传统图像涂抹些更美的特色，仅是在前述的系谱模式上添加一些更具吸引力的细节。这种研究路径的结果就是：学者们将敦煌写本联结到其他证据上，从而发明出下列人物更生动的图像，包括菩提达摩、惠能以及其他"个体的"人物。这样做并没有以任何实质性的方式，改变用以呈现这些人物的框架，当然也没有首先试图找出导致这些个体被纳入系谱模式的文化与宗教动力。当然也有例外，但它们相当少见，并且彼此之间相距甚远。

我并非在此建议，绝不能把法系传承的描述纳入我们的禅宗史

1　当然，敦煌石窟及在此发现的抄本所包含的内容远甚于此，它们提供了对范围非常广阔的对象的洞察，包括中国和中亚的宗教文化、社会经济史、绘画与雕塑艺术。关于对这次发现的生动叙述及对敦煌文献的利用，参见霍普科克（Peter Hopkirk）所著《劫掠丝绸之路》（*Foreign Devils on the Silk Road*）。就这些文本自身的信息而言，请参见"国际敦煌工程"网站。

书写。并非如此。笔者只是认为：当我们在这样做时，应该意识到利用它的原因，并且对其间的风险保持清醒。如果不使用与谱系相关的概念，就不可能讨论禅宗。在某种程度上，可以把谱系描述为一系列连续的过程；在最深层面上说，禅宗就是一种系谱学现象。然而当我们深入思考证据的时候，我们将通过反复转移注意力和视角来获得最大的利益。"珠链式"谬误就是以同样一个姿态防守，并且自身没有察觉到这一点。

然而，与其简单地在静态位置之间移动，不如从多个角度阐明主题，并以多种解释能力来面对它。

三、一个临时性策略：禅宗史的阶段划分

笔者的"中国禅宗分期表"（下文图二）以迥然相异于"中国禅宗法系图"（上文图一）的方式描述了禅宗史。传统的禅宗法系图将个体人物的姓名列出来，与此不同，中国禅宗分期表则列出禅宗"演化"过程中的各个阶段或潮流的名称。[1] 当然，此处对这些阶段或潮流的命名并没有被目前的禅学撰述普遍接受，对于各个阶段或潮流之间的分界，学者间也存在争议。

我保留了这些模糊之处，并没有在本书里将这些术语和时期划

---

[1] 在此处和其他地方，我用"演化"（evolution）指代某种时间变化的一般性过程，没有任何达尔文生物进化论或神学的意涵。

分不加疑问地采纳。我们反而需要细致考察在本表中那些独特的、毫无模糊之处的阶段的命名。

也许，只有当人们意识到禅宗的历史不能用这些随意给出的名称来严格把握时，本表里的禅宗史分期才会变得有用吧。

每个阶段并非仅指一组人物本身——尽管他们中一些代表性的人物被列了出来——而是指经由对不同文献来源的分析所得的宗教活动的风格或结构。当然，每个阶段特征描述的主要模式之一，是列出一系列禅师，他们在传统的法系图里被称作祖师，他们发挥作为具有特定宗教特征的僧团的代表性人物的功能。

作为开悟行动的典范，这些人——大部分是男性，偶尔有女性——的故事一再被叙述或再叙述，以便依照它，将其后世代的弟子们的行为模式化。[1]然而，即使在禅宗演化的过程中，也包含了超越既有行为模式的自发性开悟的行为。但这种对既有模式的拒绝，本身也必须被模式化，以便被理解、建构，然后才能被模仿、解构和重构。

有关这些代表性人物的信息，以及教义解释与其他种类的信息，是同时以口传及书写的典籍来流传的。因此禅宗的各阶段可以从多个维度来描述：人物代表范型、他们活动的地域和时间、叙述他们的活动及传播他们禅法的文本，等等。图二中每个阶段的

1　这个概念可以与奥特娜（Sherry B. Ortner）的"关键场景"（Key Scenarios）进行比较。参见其所著《主要象征》（*On Key Symbols*）一书的第 60 页以下内容和《夏尔巴人宗教制度建立过程中的文化图式》（*Patterns of History: Cultural Schemas in the Foundings of Sherpa Religious Institutions*）第 60 页以下内容。我很感谢罗伯特·康儒博（Robert F. Campany）对这一问题的观察。

概述会以简要的方式提供此类信息。

因此图二与禅宗法系图的基本差别是：禅宗法系图倾向于把所有人物"同质化"，作为单一僧团中同等开悟的代表呈现出来，以便能够依据一种富有意涵然而单一的宗教模式来理解他们，并且同时限制他们；笔者的中国禅宗分期表则寻求沿着时间编年的轴线来区分各阶段性质的差别，致力于促进多元化的观点和理解模式的产生。中国禅宗分期表的目的是对那些有意义的区别进行世代区分，而非宣称某种不间断的祖师权威的连续性。

读者将注意到，禅宗法系图并非单一直线发展的，在许多点上存在双线之间的区分，如南岳系和青原系的区分，"五家"，也就是五种禅宗的法系由此被确定。在承认禅宗法系图的同质化影响及其潜在的宗教设定的同时，我们何以能够解释这些区分？

我们将在后文里细致考察这些例子中的大部分，然而除了某种程度的例外情况，他们都证明了这条原则。

长期以来，惠能和神秀被认为是所谓南宗和北宗的代表人物。在传统禅宗思想体系里，他们并非作为两个孤立的个体发挥作用，而是作为相关联的、解不开的"一对"，以协作和竞争的关系联系在一起。

原型禅 约500—600年	菩提达摩（—约530年） 惠可（约485—约555年，或574年后去世） 典范文本：《二入四行论》（645年前撰） 概略：中国北部多个处所；以佛性为基础的修行；法系理论不详；仅能通过传统文献和少数敦煌抄本了解。
初期禅 约600—900年	弘忍（601—674） 神秀（606？—706）惠能（638—713） 神会（684—758） 北宗、南宗、牛头宗的分派 典范文本：《六祖坛经》（约780年撰） 概略：以不同"观心"方法为基础的多种松散的禅派（或僧团）；与原型禅之间的关系不太清晰；689年后，作为统一的意识形态的法系理论出现；通过许多敦煌抄本和传统文献可了解。
中期禅 约750—1000年	马祖（709—788）石头（710—790） 临济（867年去世）雪峰义存（822—908） 以洪州和湖南支派为开端的五家禅 典范文本：《祖堂集》（952年撰） 概略：作为主要修行和说法形态的"机缘问答"出现；大量语录刊行于952年；宗教修行以系谱模式进行；该阶段在敦煌抄本里没有出现，仅能经由宋代文本知晓；在宋代，被理想化为禅的"黄金时代"。
宋代禅 约950—1300年	大慧（1089—1163）宏智（1091—1157） 五家，临济宗和曹洞宗 典范文本：《碧岩录》（1130年撰） 概略：禅的最盛期，并作为管理意识形态笼罩中国寺院制度；唐代禅僧自发觉悟的形象被记述在宋代高度仪式化的环境里；短小的机缘问答被收集、编纂，作为开悟活动的公案，并当作冥想修行的题目使用。
注：如果要将宋代末期迄今的禅宗发展包含进来，本图还应该包括至少一个后古典时期，或许也要包括后续多个发展时期。但是，既然本书并没有论述到这些后续发展时期，在此我将不再对之进行分期。	

图二　中国禅宗分期表

他们共同构成了某种文学和宗教的"两极性"，被表达为两个范型人物之间的关系。

这种复杂的"双峰性"（bimodality）的一个方便的"速记法"是法语里的 *duel*，该法语词汇在英语里具有"二元"与"竞争"两种含义。[1] 因此，与南宗相联系的"顿教"思想，不能在北宗的"渐教"思想缺席的情况下被单独解释。

此类对"顿教/渐教"的简单化理解实在不足以解释历史事实，但是它在向修行僧解释关于禅定开悟的简单化观念时非常有效果。

需要注意的是，这两支禅派与牛头禅（牛头宗）一起都归属于 8 世纪的"初期禅"阶段。这是笔者有意识的分组，意欲表明这三支禅派的相似性多于区别性，或至少它们的宗教特征是如此紧密相连，以至于必须一起介绍它们。

没有一位神秀弟子被纳入禅宗法系图，这要归因于他们被传统的禅宗史叙述排除在考虑范围之外这一事实。[2] 他们在此处的"有意涵的"缺席，也有助于彰显可上溯到传说中的惠能的"正统"世系单线发展，这也符合马克瑞禅学研究四原则的第一条：因其非事实，反而更为重要。

在第六章，我们将思考：是否临济宗和曹洞宗的区别暗示出类似的两极性，也就是说，这两个团体以 duel 或 binary 关系一起构成了一对，同时具有"竞争"和"对比"两种意涵。[3]

1　参见佛尔（Bernard Faure）所著《作为文本与宗教范式的菩提达摩》（*Bodhidharma as Textual and Religious Paradigm*）一文，尤其是第 193—195 页内容。

2　上文已经注意到这一点，参见本书第 8 页。

3　参见本书第 227 页。

读者或许会设想：中国禅宗分期表是在描述某个历史因果性的链条。然而，"分期表"实际上却将禅宗演化各阶段上的回溯性特征描述出来。对过去任何一套事件的分期都代表了某种重构行动，这并非重新组织和排序信息，而是把过去重新制作为关于我们想象的结构性图像。

我相信我们确实负有类似历史学家——无论是职业的还是业余的——的责任，以我们目前所知的最佳方式将过去形象化。然而我们应该对如下情况保持清醒的意识：禅宗的发展在5至13世纪的排序，不可避免地包括"再创造"（re-creation）的过程。我们无法脱离如下窘境：天真地确信我们只是基于方便考虑为信息进行排序，而在此过程中并没有做实际更动。

这种回溯性特征遍布禅的传统。我们一次又一次地发现，我们在处理的不是在某个给定时间点上看到了什么，而是人们认为以前发生了什么事。

我们处理的与其说是事实和事件，不如说是传说和重构；与其说是禅僧的成就与贡献，不如说是事实和事件归因于谁。

此处所说的传说和重构，决定了后世的社会和宗教实践，而它们并非人们设想中的"真实"事件。这种观察可以应用到中国禅之外的领域，用来描述是什么使"传统"成为"传统"。[1]

这种观察当然也可以应用于中国禅自身，请参考马克瑞禅学研究四原则的第一条：因其非事实，反而更为重要。

1　参见霍布斯鲍姆（Eric Hobsbawm）和朗格（Terence O. Ranger）所著《传统的发明》（*The Invention of Tradition*）。

基于上述考虑，那么接下来，为了更好地理解余下章节中所要涉及的主题，让我们更详细地观察中国禅宗分期表中所列的禅宗史阶段。在此我仅提供一点点引导性的评价，以帮助读者面对材料，并由此为之后的内容提供更详尽的分析。[1]

（一）原型禅

　　原型禅这个名称，指的是以菩提达摩和惠可为中心的、一组以致力于苦行和禅定实践而为世所知的修行者。他们的具体活动究竟有哪些，已难以明确。原型禅的开端在约 500 年，一直持续到 7 世纪，甚至至 8 世纪初。因此，原型禅在时间上与下文所说的初期禅阶段有部分重叠。该僧团在华北几个地方活动，然而，原型禅里的个体在何种程度上意识到自己是某个僧团或运动的参与者，这一点并不明确。而且，他们无从知晓其僧团活动以后会发展成"禅宗"，所以，即使"原型禅"是个为了方便而提出的术语，也经不起细致审查。

　　他们的活动之为"原型"的，仅是对那些已经知道以后将发生什么的人而言。事实上我们知道，仅有极少数的人有在菩提达摩门下学习的经历。或许有更多的人主要与惠可联系起来，这种情况或许是在菩提达摩圆寂之后出现的。虽然在一定数量的传记中，对原型禅的修行人进行了记载，表明了参与者的背景多样性，但是，他

---

[1] 关于中国禅历史的详尽叙述，请参考杜默林（Heinrich Dumoulin）所著两卷本《禅佛教史》（*Zen Buddhism: A History*），尤其请参考该书第一卷的修订本。尽管杜默林的著作是有用的文献来源，但我在本书第 168 页起，批评了他关于禅的简单化和浪漫化图像。

们是否有僧团的群体认同感，现有资料仅传达出一个模糊图像。

原型禅最重要的一个特征——至少这个特征对该宗派其后的演化非常重要——是共同强调一个以菩提达摩之名流传的文本《二入四行论》。随着该文本的流传，那些将自己归属于菩提达摩思想的修行者将他们自身的评论附加在文本上，从而使该文本成为禅宗最早教义的扩展选集。[1]

虽然我们无法精确描述原型禅的活动，但《二入四行论》提供了对构成之后禅修行思想体系的观点的洞察。此外，《二入四行论》描述了强调佛性，即存在众生本具的觉悟潜能的基本立场，以及如何将这种对于佛教的理解付诸实践。[2]

---

[1] 这些附加评论，没有一个可以确定时间，甚至没有一个可以与已知的历史人物联系起来。这些文本里的一些判断可以上溯至 8 世纪中叶。关于这些文本的特征和内容（不能简单地将它们归属于菩提达摩）的讨论及开头部分的英译，请参见笔者所著《北宗与初期禅的形成》(*The Northern School and the Formation of Early Ch'an Buddhism*) 一书第 101—117 页。关于这些文本的近期的全文翻译，请参考布劳顿（Jeffrey L. Broughton）的《菩提达摩集：禅的最早记录》(*The Bodhidharma Anthology: The Earliest Records of Zen*)，同时也请参考我发表在《中国宗教》(*Journal of Chinese Religion*) 杂志上的该书书评。

[2] 存在许多需要进一步研究的重要议题，其中之一是关于中国禅宗的禅定修行与早期佛教及中国本土固有的冥想传统之间的关系。我部分关注了第一个议题，请参见笔者所著《中国禅的北宗》(*The Northern School of Chinese Ch'an Buddhism*) 一文。读者最好也参考山部能宜（Nobuyoshi Yamabe）最近的一个杰出贡献，即其博士论文《〈观佛三昧海经〉：一部 5 世纪伪经里反映的中印文化在中亚地区的融合》(*"The Sūtra on the Ocean-like Samādhi of the Visualization of the Buddha": The Interfusion of the Chinese and Indian Cultures in Central Asia as Reflected in a Fifth-Century Apocryphal Sūtra*)。关于禅定修行、中国佛教冥想传统，以及中国本土固有修行之间的联系，参见罗浩（Harold D. Roth）所著《原道：内业与道家神秘主义的基础》(*Original Tao: Inward Training and the Foundations of Taoist Mysticism*)。罗浩认为，汉代以前曾出现过某种神秘的冥想传统，非常类似于后来禅宗所强调的"无分别观"。然而，他忽略了"神"与"神明"（罗浩将它们翻译为"numen"或"shenming"），以及被界定为某种抽象能量类型的事物之间的类似性。后者仅指早

（二）初期禅

初期禅这个名称指的是这样一个阶段：该宗派或最终形成宗派的那些内容，首次以清晰和涉及面广泛的形式，产生了以法系为基础的思想体系。[1] 实际上，敦煌写本和传统禅记录文献涵括了初期禅诸多不同的教义，其种类之多令人吃惊。并且随着禅运动在长时间内的成熟和结晶，在初期禅里，似乎也明显产生了大量的禅修实践，涉及一些常见主题的变化。

这些主题里的一部分，描述了禅定修行的具体方法，有些时候是以次第修行的方式呈现出来的。其他部分描述了本自具足的佛性或清净心，以及因幻觉，或称为错误知见或"染污心"，而造作的种种行为。它们遮蔽了我们内在的清净本性，令其无法显现。

与后期禅文本相比较，这些表述经常会引起人们奇怪的感觉，然而并不特别神秘或艰涩。在初期禅的时间点上，只强调了这种新的佛教教义的表述的清晰性，而没有试图创造某种完全不同的表述形式。

与原型禅相比，初期禅阶段显示出活动地点的极为稳定性：

期中国思想里所说的居住在人体和宇宙里的"灵魂"（spirits），而非某种抽象的非二元论的先例。罗浩这本书应该被当作道教式冥想修行的概要来阅读，在道教式修行里，冥想的目标是将人里的"灵魂"（spirits）形象化，让它们安心于彼处。关于这个议题，请参考贺碧来（Isabelle Robinet）《茅山正宗》（*Taoist Meditation: The Mao-Shan Tradition of Great Purity*）一书。

1　我之所以使用"宗"（school）这个词，正因为它具有模糊性效果。重要的是要记住，中国佛教宗派几乎没有制度化的维度，因此我严格地避免使用"宗派"（sect），甚至"教派"（denomination）这个术语——尽管我使用了"教派"（sectarian）这个概念。参见本书第 102 页开始对这个议题的探讨。

道信和弘忍几乎有半个世纪（624—674），居住在湖北黄梅同一个寺院群落里。同样，将神秀居住了四分之一世纪（675—701）的、距此地不甚遥远的玉泉寺纳入这个阶段也不是不合理的，玉泉寺位于横跨湖北和湖南两省的荆州。

随着禅在8世纪长安和洛阳两京的爆发式发展，情况变得更复杂了。因此，与对原型禅的考察给我们留下了一个无法定义的"火之幻影"的印象相较，对初期禅文献来源的分析给我们一种团体性连续发展的感觉，以及其在7世纪大部分时间里呈几何级增长，到8世纪时呈爆发式扩张的发展模式。

同理，原型禅指的是单个的、虽然有凝聚力然而难以定义的宗教风格，初期禅则可以被理解为不同僧团、集团和派别的集合。

在最直接的意义上，"东山法门"这个标识同时指代道信和弘忍的僧团与思想。然而我有一个重要感觉是，这些内容仅是经由他们的继承者的信息传播而形成的，那些弟子将自己界定为并非自身思想革新的承担者，而是东山法门禅法的传播者。我们需要认识到，与道信和弘忍之名相联系的思想，主要来自他们继承者的后期重构。这种识别并未有助于在这些思想与东山法门领导者自身之间建立联系，然而它确实为该过程赋予了重要的回溯性特征。

那些继承者在8世纪最初几十年活跃在长安和洛阳，逐渐以"北宗"的标签为世所知，这是一个奇怪的历史细节。"南宗"之名归功于8世纪中叶神会（684—758）的活动，尽管这个标签后来为禅宗总体上使用了。牛头宗的发展有些滞后，经由《坛经》的编辑，牛头宗成为一支扮演重要历史角色的法系或派别。《坛经》是初期禅的典范和高峰文本。

我们将在第二章开始讨论东山法门，并一起讨论菩提达摩和原型禅。北宗、南宗和牛头宗作为最重要的"都会禅"潮流，将在第三章一起处理。所谓"都会禅"，也就是说，这些禅派在长安和洛阳两都发展。[1] 将这最后三支禅派放在一起探讨是适宜的，因为它们彼此之间互相对话。在禅宗传说里，这三派人物的历史身份一开始就被截然区分开来，这并非事实。在此，笔者并没有将东山法门作为完全独立的阶段来处理，也是适宜的做法。然而，我希望就此附加一个评论：在本书的表格和章节里，这三个禅派以不同的方式被组织起来论述，这也足以表明，它们之间界限的区分具有临时性的特质。例如，此处使用的"初期禅"和"都会禅"，是不同类型用语，这种"非一致性"是笔者有意为之。

（三）中期禅

一个具有极端重要意义的事件发生在中期禅阶段："机缘问答"（Encounter Dialogue）的出现。这是一种描述禅师与其弟子们展开"问答"的一种特殊方式。[2]

"机缘问答"最初与如下杰出人物联系起来：马祖道一（709—788）与他的继承者百丈怀海（749—814）、南泉普愿（748—834）

1　就"都会禅"这个术语而言，我要感谢布劳顿（Jeffrey L. Broughton）。

2　Encounter Dialogue 这个英文术语是我首先在翻译柳田聖山的论文《禅宗語録の形成》（《印度学仏教学研究》，vol.18）时首次使用的，它对应着汉字（和日文）的"机缘问答"。可惜的是，这个术语在禅原典文献里很少出现，因此应该被理解为现代描述语。

和临济义玄（867 年去世），也包括石头希迁和他的继承人洞山良价（807—869）与曹山本寂（840—901）。这是禅真正呈现为"禅宗"的时期，是一个禅师真正"像一个禅师"那样行动的时期。作为看似自相矛盾然而已获开悟的例子，中期禅的逸闻里所描绘的"机缘问答"故事极为频繁地出现在禅（Chan / Zen）的流行读物里。

在此，宗教修行的轨迹被坚定地移出僧众在其中"冥想"的禅堂，取而代之的是（室外的）苛刻"审问"，目的是破坏思维惯性和逻辑模式的平衡态。就"机缘问答"（审问）而言，其原则是自发性，其标准是偶像破坏行为。

或者大概是这样，在此我们不得不纳入思考过程的，不仅包括机缘问答被作为宗教修行的主流模式被引入禅宗的重要性，而且包括如下疑难问题：这种自发性的互动事实上是从何时开始付诸宗教修行的，其发展的精确过程是什么？

我们将会看到，在禅宗内最有名的故事被设想发生的时间，与它们首次以书写形式出现在我们眼前，在时间上存在大量空白。我们也将会看到，这些故事有其复杂起源，同时展现出口头和书写文献的特征。学者们，也包括我自己，过去将"中期禅"时期命名为禅的"黄金时代"（Golden Age）或"古典禅"（Classical Chan）。上述术语里的第一个，即"黄金时代"，因其浪漫的外衣而可以被轻易抛弃。[1] 后者，即"古典禅"，或者可以被继续使用，然而必须附

1　如果在另外一个语境里，将禅和禅师在中古和现代时期的理想化图像进行比较，应该是非常有趣的。我在此是从非技术性角度使用浪漫化术语这个概念的，并没有更宽泛的历史意味。对该术语的另外一种不同的使用方式，请参考怀特（Dale S. Wright）所著《禅佛教的哲学思考》（*Philosophical Meditations on Zen Buddhism*）。

加如下规定：它所指代的不是 8 至 10 世纪内实际上已经发生的某种行动或事件的集合，而是对上述活动和事件及唐代神奇人物的想象性特征，在宋代禅修行僧脑海里的"回溯式"的"重新制作"。

马祖道一与其他唐代人物成为古典时代的代表，只是发生在他们的时代已经过去的时候，他们的身份被重新设计，以适应宋代禅的需求。虽然"中期禅"也可以被认为是一个历史阶段，"古典禅"却是后期"机缘问答"文本内部对该阶段禅活动的浪漫化描述。

（四）宋代禅

宋代禅宗设定的轮廓代表了某种成熟模式，其对于禅的设定影响迄至现代。

如果用生态学的比喻，我将这种模式称为"巅峰范式"（climax paradigm），它描述出成熟的森林或生态系统里的动态平衡。

早期的作者——包括学者和护教者——有忽视这个时代的倾向，其原因部分地来自他们要研究唐代更具"创造力"的禅师，或者直接越过海洋，强调日本禅宗的诞生。在教科书里，宋代也被贬低为中国佛教衰弱的开端，宋代佛教被定位为僵化的僧团形式主义。

情况正在发生变化，至少是经由欧美学者的努力，宋代宗教或许已经成为前现代中国宗教研究的焦点。跟随着这种变化的是，我

附带地说，怀特在文本阅读行为上体现出来的敏锐，对于每位学生而言，都有阅读的必要。

们关于宋代禅的印象也发生了转换。人们已经越来越多地认识到，宋代见证了某种禅的基本结构的出现，该结构传播到整个东亚地区，而今则散布到全球。

禅的基本结构以鲜明且戏剧化的方式，出现在大慧宗杲（1089—1163）的生涯和禅法里。宗杲是中国禅历史上禅法修行的革新者，也是"看话"或"公案"修行的倡导者。然而如果没有仔细考察宏智正觉（1091—1157）与其他曹洞宗法系禅师"冥想的内观"的禅定风格，用他们自己的术语来评价他们自身的教义，而非仅将其置于有着好战特征的大慧宗杲的视线里，将他们称为"默照禅"，那么这种关于宋代禅的图像就是不完整的。最终我们将会看到，临济和曹洞的禅法代表了对8世纪"顿/渐"之争进行模仿的不可分离的"一对"，它们也是菩提达摩《二入四行论》里的"二入"在宋代禅里的回响。

然而这超出了我们的故事进度，现在，还是让我们回到菩提达摩本人，首先去考察一下禅宗在历史上的开端问题。

第二章

开端：菩提达摩
与东山法门之间
的联系与区别

根据传统记载，菩提达摩是南印度大婆罗门国王的第三子，后离家过着佛教僧侣的生活。[1] 受大乘佛教奥义的吸引，菩提达摩最终成为禅宗自释迦牟尼佛之后的第二十八祖。在此之后，菩提达摩从海路到达中国，以传播大乘佛教的真义。他与梁武帝（502—549年在位）有如下的对话，梁武帝以建造寺院、图绘佛像和赞助僧人的教学活动而知名。

　　　　武帝问："如何是圣谛第一义？"
　　　　师曰："廓然无圣。"
　　　　帝曰："对朕者谁？"
　　　　师曰："不识。"[2]

　　菩提达摩观察到中国南方的环境并不适合他传授教义，于是站立在一根芦苇上，渡越长江，最后来到嵩山脚下，而此山正位于洛阳这个大都会的南面。菩提达摩定居于此山的少林寺，但是他并没

1　下面是菩提达摩传说的简略版（这些都不可避免地经过我的选择）。正如《景德传灯录》（T 51. 217a9–20b25）里所记载，菩提达摩与梁武帝的会面（T 51. 219a26 及以下部分），惠可砍掉自己的胳膊（T 51. 219b17）。菩提达摩的一些信息在惠可部分也出现过，这方面的记录始自 220b26。
2　参见静筠二禅师：《祖堂集》，孙昌武、［日］衣川贤次译，［日］西口芳男点校，北京：中华书局，2007 年，第 96 页。——译者注

有参与僧侣们的日常活动，相反他花了九年时间在一个洞穴里面壁坐禅。菩提达摩非同寻常的修行，最终引起了一位名为惠可的弟子的注意，而他将成为菩提达摩的继承者，也就是禅宗的东土二祖。

惠可并非没有做过证明自己全身心献于佛法的举动，并借此获得中国禅宗二祖的身份，因为我们看到了如下典故：因为菩提达摩将全副精神投入禅修而无从认识他，于是，惠可跪在菩提达摩身后默默祝祷，身陷于北方冬天的鹅毛大雪之中。最终，菩提达摩打破了沉默，问惠可所求为何，后者回答："唯愿和尚开甘露门，广度群品。"这种过于普通的回答只能使惠可再度被无视。

在绝望的心态下，为了显示自己舍身求法之深切，惠可自断左臂，置于菩提达摩面前。见到这种情景，菩提达摩最终理解了这位弟子的至诚，允许他向自己询问佛法真义：

问："请和尚安心！"

师曰："将心来，与汝安心。"

进曰："觅心了不可得。"

师曰："觅得岂是汝心？与汝安心竟。"[1]

惠可听到此句后瞬间觉悟了，他继续在菩提达摩门下学习，最终成为东土禅宗第二祖。

菩提达摩后来成为那些饱含嫉妒心僧侣们的批评对象，这些僧

---

[1] 参见静筠二禅师：《祖堂集》，孙昌武、［日］衣川贤次译，［日］西口芳男点校，北京：中华书局，2007年，第98页。——译者注

侣也并不理解菩提达摩的佛法真义。尽管他们屡次尝试毒害菩提达摩，但只是到了菩提达摩自己决定让他们毒害的时候，毒害行为才成功。惠可在洛阳之南的一条河边主持了菩提达摩的葬礼。然而，后来菩提达摩禅师自己又回到了印度，仅留了一只鞋子在其墓穴里，有人看到菩提达摩携带另外一只鞋子穿越了中国的边境。[1]

此后，惠可继续把菩提达摩的佛法真义传授给僧璨。在僧璨这里，菩提达摩的佛法真义又继续传递下去，从道信、弘忍直至六祖惠能。

这就是禅宗内部代代相承的菩提达摩传说梗概。无疑，该传统在于提供了古典禅教义精髓的连贯性：菩提达摩这位业已觉悟然而"反偶像崇拜"者将佛教真义传至中国，然而彼时彼地的人们，只是以某种肤浅和个体盲求的方式来理解它。菩提达摩禅法的深邃，在少林寺"面壁九年"这一点上表现了出来，甚至也从惠可的明确要求及不惜以任何代价来获取佛法真义这一恐怖证明方式上表现了出来。"面壁九年"及惠可的要求，也暗示出某种对传统佛教表现形式的抛弃和对"弟子不付出任何努力和牺牲即可得到解脱"的否定。

这个故事应该在中、日、韩及现在的欧洲，乃至美国禅堂里被重复讲述了无数次，以激励修行者付出更多的努力！

菩提达摩和惠可之间关于"安心"的对话（安心问答）实际

1　用仿制尸体代替自己，而个人自身却得以从尸体中解放出来，这种能力很早就在中国的文献里出现了，在时间上远早于禅宗的肇始。参见康儒博（Robert F. Campany）所著《寿与天齐：葛洪〈神仙传〉翻译与研究》(To Live as Long as Heaven and Earth: A Translation and Study of Ge Hong's Traditions of Divine Transcendents) 第52—60页的解释。

上是禅自身精神修行的一个原型形式。它是一种人和人之间的"相互交涉"行动，更少个人努力的色彩，这类人和人之间的"相互交涉"行动，在禅宗系谱语境里，实际上就是师徒私人间的"问答"。

僧侣们对菩提达摩的攻击，实际上有助于彰显菩提达摩是佛法真义"唯一传授者"这个独特地位。菩提达摩对自己死亡的自主控制及其随后返回故乡的行动，为其非凡能力增添了神秘气息。

实际上，对菩提达摩的描述，代表了"禅信息"的一种高度综合的精华形式，由此它将自己置身于长久以来禅宗"说法"和"问答"所取用的最珍贵的宝藏之内。在此处，我宁可用"描述"这一词汇，因为其过程不过是从一些呈散发状态、各种意涵歧异的文献来源里获得的大致轮廓而已，其实只是一些传说。

然而这个"故事"却并非"事实"。

一、菩提达摩圣徒传的发展

就菩提达摩的故事而言，并非只有部分遭到质疑，或只有部分精确，或只是个别受到认可成分的错误组合。所有这些选择项在某种程度上都是真实的，然而把它们结合在一起时，并没有精确地表达出某种真实情况。这是问题的根本。

流传到现在的菩提达摩形象是长时间"圣徒传"（hagiographical）制作过程的结果，在某种程度上，它并非"传记式的"（biographical），并非是对某人生涯或多或少精确的描述。毋宁说这是一个理想化的圣人，是肉身化的业已觉悟的"克里斯玛"，是中国土地上生活的印度圣人的图像，因而我们最终无法重建任何原初的或精确的菩提达摩传记。

菩提达摩的生涯构成"圣徒传"里所谓的原初"踪迹"（trace）。本处所使用的"踪迹"一词来自德里达（Jacques Derrida），它的意思是某种现象的"无起源的起源"，某种想象的、知性无法抵达的起点。因此任何诸如来自现代传记家重建菩提达摩一生的精确叙述的努力注定会失败。从潜在的意图看，这无异于"前现代"（premodern，一译"前近代"）作家的书写圣徒传的努力。[1] 当然，这并不意味着我们应该弃绝考查文献来源和圣徒传演化过程的行为，只是说，我们在如此行事时应该清醒地意识到圣徒传的"原动力"有哪些内容。

菩提达摩传记的最早证据来自那些完全无法稽考的文献来源。

---

[1] 参见佛尔（Bernard Faure）所著《顿之修辞：禅佛教的文化批判》（The Rhetoric of Immediacy: A Cultural Critique of Chan/Zen Buddhism）一书第 25、27 页对德里达所著《论文字学》（Of Grammatology）一书的引用。在佛尔的《作为文本和宗教范式的菩提达摩》（Bodhidharma as Textual and Religious Paradigm）的第 197 页，也以类似的方式引用了列维－斯特劳斯（Lévi-Strauss）作为某种神话的"虚焦"（virtual focus）特性这个概念，认为它起到了模糊的起源的功能，围绕着这个模糊的起源，传记的细节大量激增，然而只有它的阴影部分是真实的。（佛尔在此处指的是列维－斯特劳斯《生食和熟食》第 5 页的说法）。在《作为文本和宗教范式的菩提达摩》里，佛尔将那种寻找精确传记内容的努力嘲笑为某种"尸体净浴"（mortuary washing）（第 188 页），在这种"净浴"之后，仅剩下一个骨架被分离出来，而一些取自他者骨架的"遗骨"也会被拿来，和它放在一起，以完成"展示"。我并不相信这种参与是不可避免的：我之所以将"因其非事实，反而更为重要"作为马克瑞禅学研究的第一原则，就是要区分学术探求里的恰当分析与圣徒传制作过程里的太平间的"尸体净浴"。

也就是说，菩提达摩的"圣徒传"图像根本上不同于——无论何种意义上的——曾在某个时期内存在过的"历史的"（historical）菩提达摩。

上述对禅的传说中菩提达摩"圣徒传"本质的理解，并非是微不足道的学术上的琐碎细节，而是理解作为文化和宗教传统的中国禅的一个深刻和重要的关键点。

然而，在思考与菩提达摩相关的"圣徒传"程序的影响之前，我们应该建立一条起点线，也就是故事的开端。当然并不是把它作为传记的真实内核，而是作为关于他的神话原动力的最早证据。[1]

关于菩提达摩最早的"圣人像"，我们有把握去做出下面的、按年代顺序排列的合理断言：根据 7 世纪中叶及更早的文献来源，人们认为菩提达摩（A）于 495 年以前，或大约 480 年前后，从中亚经由丝绸之路到达中国北方；（B）于 516—526 年间在洛阳待过一段时间；（C）于 530 年左右去世，即 524—534 年间。此外，关于菩提达摩最早的图像，我们还有部分肯定的描述。这就是，他（D）是南印度婆罗门种姓，或许是某个皇室成员；（E）信奉大乘佛教，教导禅定，活动中心在洛阳；（F）有少数弟子为人所知，包括惠可，他是菩提达摩追随者中的杰出人物；（G）一位名为昙林的僧人以菩提达摩之名（时间或许在菩提达摩去世后）编纂了一个文

---

[1] 林肯（Bruce Lincoln）在其《神学化神话：叙事、意识形态和学术》（*Theorizing Myth: Narrative, Ideology, and Scholarship*）一书里指出，与传统上将神话看成是"自我复写的逻辑结构"相反，神话最终来自某种描述的过程，在其中许多人拥有著作权。请同时参考同书对"非个人过程"的讨论。

本，即《二入四行论》。[1]

尽管上面七个陈述都有文献依据，具有不同程度的可靠性，然而我们必须拒绝将其作为这位禅宗初祖单一的、概括性图像的集体贡献之诱惑。这七个断言有不同的文献来源，撰作于不同的年代，作者也不同。除了精确性这个问题外，我们甚至也不确定它们是否可以归属于禅宗的创始者，而非同时代的其他人物。对于（C）项而言，情况尤其如此。

综合考察最初三种说法，略加思考，则可推断出菩提达摩在中国居住了三十五年。然而，根据流传的说法，菩提达摩在479年前从海上到达中国南部，这样，菩提达摩就在中国居住了长达半个世纪——这并非不可能，但是那就意味着他到达中国时要相对年轻，这就与传说告诉我们的他活了150岁相矛盾。这个说法也可以在文献来源（B）里找到。同样地，依靠该证据提供的时间范围，菩提达摩与梁武帝会面这个故事，也显然具有年代错误的缺陷，因为后者的在位时间是502—549年。考察菩提达摩生涯的现有证据，需要处理的是数不清的微妙和矛盾之处。

实际上，禅宗传说人物的图像随时代变化而呈现流动性，菩提达摩的圣徒传是一个很好的例子。

理解禅圣徒传最简易的方法就是去考察菩提达摩的图像是如何随着时间而演化的。下面这个早期文本序列里，圣徒传里的每个

---

1 对菩提达摩传记、禅法及其弟子的详细考察，请参见笔者著《北宗与初期禅的形成》（*The Northern School and the Formation of Early Ch'an Buddhism*）一书第15—29页。在此略提及一下7世纪中叶道宣的《续高僧传》，该书完成于645年，我在此并未将该书的扩充版本纳入考虑，该扩充版在道宣去世（667年）前才得以完成。

元素都出现了，它们展示出圣徒传增补和改变的整体模式。也就是说，不仅菩提达摩作为禅宗祖师的形象随着时间的推移而不断细腻化，新的圣徒传撰作动机也取代了以往的动机，从而改变了这位"宗教圣人图像"（圣徒像）的特质。[1]

547年：据言来自中亚地区的波斯国。但其于516—526年间的某一年到达洛阳，年龄已经150岁了。（《洛阳伽蓝记》）

645年：被描述为一个来自南天竺的婆罗门僧人，并于南朝的宋代（420—479）到达中国南方；惠可的手臂据说被土匪或抢劫犯砍掉。（《续高僧传》）

667年：据记载将《楞伽经》传授给惠可。（《续高僧传》增补部分）

689年：菩提达摩—惠可—僧粲—道信—弘忍这个传法系谱形成了。（《法如禅师行状》）

710年前后：与嵩山少林寺联系起来；出现了惠可啄臂的故事。[2] 菩提达摩被描述为自愿被毒死，接着在中国边境被看到返回

---

[1] 下面的研究细目很大程度上是以关口真大对菩提达摩圣徒传文献演化的细致研究，即《達磨の研究》为基础的。

[2] 这个关于惠可的神话找不到清晰或具体的原型，然而它或许可以与《涅槃经》里释迦牟尼的前世"雪山童子"的故事挂起钩来。上述这位"雪山童子"将其身体掷出悬崖，以期听到后半句偈颂。原文请参考 T 374, 449b7–51b5。亦请参考戴路德（Hubert Durt）的如下研究："Du lambeau de chair au démembrement: Le renoncement au corps dans le bouddhisme ancien." 尤其是该文第8页。对这种自我献祭仪式的研究，请参考柯嘉豪（John Kieschnick）的《高僧：中古中国圣传里的佛教理念》（The Eminent Monk: Buddhist Ideals in Medieval Chinese Hagiography）一书的第35—50页。其中，关于惠可逸闻的讨论位于该书第41页。柯嘉豪采纳了特纳（Victor Turner）的"根本范型"（root-paradigm）概念，将其定义为"与特定的符号联合体相关联的一套特定的行为模式"。参见特纳：《戏剧、田野与隐喻：人类社会中的象征行动》（Dramas, Fields, and Metaphors: Symbolic Action in Human

印度，只留下空荡荡的墓穴。（《传法宝纪》）

715 年前后：出现了菩提达摩系南印度婆罗门国王第三子的记载；被认为是《楞伽经》的翻译者求那跋陀罗后第二祖。（《楞伽师资记》）

730 年前后：出现了菩提达摩面见梁武帝的故事；据说在惠可砍掉自己的臂膀后传袈裟给他。（《菩提达摩南宗定是非论》）

758 年或之后不久：被特别标明为初祖；将《金刚经》传授给惠可。（石井本《神会语录》）

801 年：被描述为临死之际背诵"传法偈"。（《宝林传》）

952 年：出现了菩提达摩与惠可就"安心"的问答。（《祖堂集》）

988 年：据说坐禅"面壁"。（《宋高僧传》）

1200 年前后：菩提达摩"舍利"（一般是火葬后所留！）受到日本菩提达摩宗崇奉。[1]

1224 年：提及菩提达摩如何"面壁九年"。[2]

13 世纪：少林寺与中国武术传统联系起来。

Society）。我更愿意从多样根本范型的视角来进行思考，将手指和胳膊自我献祭的行为对应于在中国国情里的某种潜在的适用可能性。柯嘉豪写道："在佛陀遗迹前自我献祭不仅是某种牺牲，同时也是一种皈依行为。经由焚烧自己，狂热的信徒从佛陀的身体里获得了力量，并净化了自己的身体，将自身转换成某种神圣的、活着的遗迹。"（第 44 页）惠可的传说无疑是由类似的动力推动发展的，它以如下的努力为基础：原型禅或初期禅僧团为类似的力量归于他们选定的祖师。相关的讨论请参考贝剑铭（James A. Benn）的《为佛而焚：中国佛教里的烧身》（*Where Text Meets Flesh: Burning the Body as an Apocryphal Practice in Chinese Buddhism*）。该书仅包含对自我牺牲的献祭行为的研究。

1　参见佛尔（Bernard Faure）所著《达摩宗、道元与曹洞禅》（*The Daruma-shū, Dōgen, and Sōtō Zen*）。尽管舍利也会自发产生，然而它主要是经由火葬才能获得。

2　我猜测未来的研究会将这种说法（面壁九年）推迟至 12 世纪。

1642 年：据说菩提达摩写了一本中国武术类书籍。[1]

若以新闻报道的精确度来看，上述菩提达摩生涯的诸多细节没有一个是"真实"的，然而正因如此，每一个却比仅仅是"事实"可能更为重要。

那种不合理的、细节化的菩提达摩传记表述——如杜默林为《不列颠百科全书》撰写的"菩提达摩"条目，将其确定为"马德拉斯附近的康吉布勒姆人"，则正好体现了我的禅学原则第三条"详尽意味着不准确"。[2] 在此，最引人注目的并非是"真实"和"虚构"之间的对立，而是圣徒传在演化过程中产生的、具有创造性的整体构架。

事实上，如果我们更细致地审视该问题，将会发现：菩提达摩图像的演化是禅自身发展的真实索引。就是说，如果我们能对不同时间点做一个横断面分析，可以看到：在每一个特定的年代里，禅宗的成员均重新规划了菩提达摩的个性特征，以配合他们自己的宗教圣人形象。因此，每一次大规模的重构都暗示了中国禅宗宗教身份方面质的变化。

当然，这是某种一直延续到今天的"动态过程"：在 1994 年

1　这里提及的书是《易筋经》，有时也英译为"Muscle Relaxing Scripture"。该文本的最早木刻本可上溯至 1642 年。在中国武术史领域，很少有有批判头脑的作家将这本书的两篇序文看作是真实的，它们各自宣称被创作于唐代和宋代。周剑南的定论是：这两篇序文都是伪造的。参见其所著《形意拳之研究》的第 88—89 页和《武术中少林派之研究》的第 156—157 页。

2　参见《不列颠百科全书》第 15 版（网络版）里的"菩提达摩"条目。

中国香港制作的一部记述菩提达摩生涯的电影《达摩祖师》（*Master of Zen*）里，不仅把菩提达摩表现为石头般坚硬的禅定者形象（面壁九年，连一块肌肉都没有运动！），而且有牙齿咬箭头和空中飞翔的神奇武术技艺，两脚如电影《卧虎藏龙》（*Crouching Tiger, Hidden Dragon*）里表现的那样急速划动！现代武侠电影按照自己的需要对菩提达摩图像进行重新制作，这也正如中古时期中国禅所做的那样。结果虽然相异，但过程基本不变。

换句话说，中古时期的中国禅宗派和现代武侠电影都按照自身的"开悟圣人"观念，创造出自身的"菩提达摩的图像"，这些"想象出的圣人"服务于每个禅系或宗派的需求，"他们"只是一些"挂名领袖"的人格化而已，由此，特定的精神或肢体运动方式被合法化了。

如果把如此多样的圣徒传里的菩提达摩图像中的任何一种看成是精确的，这就等于在一系列持续不断改变的传奇图像中选择唯一的一个。换句话说，对任何一种菩提达摩圣徒传版本的表述，就是去提供某个中国禅的"主日学校"图像。对于这个传统自身的参与者而言，如此这般行事当然是可以接受的，但如果将这种如此简化的故事作为禅宗史著作中的历史学意义上的"准确图像"呈现出来，就会造成不可避免的"珠链式"谬误。

另外一方面，精细的菩提达摩图像是一代代禅修者圣徒传制作的结果，否认整个过程的宗教和文化意义，比"珠链式"谬误还要愚蠢。这些图像已经被禅修者代代使用了。这些图像不是历史真实，然而他们却因此更为重要。

更确切地说，那些图像为代代禅修者和信奉者使用，因此，这些图像或许比"简单重建历史事件"更为重要。

二、原型禅与《二入四行论》

由此，我们可获得一个可坚持的、有益的观点：菩提达摩的初期信奉者乃是通过一个短小然而极具影响力的文本《二入四行论》，从而牢记他的教义的。该文本出现的时间下限是 645 年（《续高僧传》），但是在这个时间点上，该文本已经包含了有关惠可生涯的一些材料。因此，如果并非必定产生于菩提达摩在世时的话，该文本至少可以毫无疑义地追溯到 6 世纪下半叶。

就我个人阅读感觉来看，该文本不像是翻译作品。在其产生之时，"历史的菩提达摩"在这部作品里的作用，已经超出了我们的认知范围。

或许它的作者是代表菩提达摩的昙林，后者以其从惠可那里听到的菩提达摩教义所提供的信息为基础，创作出了该文本。因此，该文本具有禅宗传统内普遍存在的"可回溯的真实性"（retrospective authenticity）。

然而，重要的是，《二入四行论》为菩提达摩信奉者所构成的僧团所接受，他们认为该文本体现了菩提达摩的教义。

在讨论《二入四行论》自身的内容之前，让我对以菩提达摩之名发展起来的"原型禅"僧团的特征做一些简要的评议。

首先，从历史证据中所获得的一个整体印象是，这个由禅修者构成的松散联系的僧团，其中心人物与其说是菩提达摩，毋宁说是惠可。当惠可跟随菩提达摩修行时，已经不是个新鲜面孔的年轻禅修者，而是个成年人了。有种观点认为，菩提达摩对于惠可而言，主要承担着后者自身开悟水准的"印证"作用，并为后者自己的教学活动提供了合法的途径。

其次，那些与菩提达摩和惠可存在私人联系的人包括游方的苦行者、（某种神秘类型的）儒学实践者，最后则是《楞伽经》研究专家。

再次，惠可与那些与他产生联系的人物无论处于何种程度的疏远状态，都可以确定他们都位于中国北方的不同地点，并非只在洛阳一地。这种状况某种程度上可以归结为时代的盛衰变迁：北周统治时期的 574 年，出台了一项针对佛教的迫害行动。然而无论原因何在，他们没有建立一个固定的、持续的活动基地。

如果要对"原型禅"运动中这些男人（或许包括少数女性）做出判断，一个重要特征是他们都对《二入四行论》保持兴趣。他们在书信中研讨这个文本，并将其内容作为书面问答框架。随着时间的推移，这些讨论的内容也构成了该文本的附录。

尽管我在此只论及文本的开头"本论"部分，然而当该文本以敦煌写本的形式传递到我们手中的时候，因含有大量附录内容，其文字数量比原初的篇章更多。这些材料中没有一篇能够确定其被撰写的时间，尽管我们知道增补的过程一直持续到 8 世纪。[1]

《二入四行论》的核心，同时也确实是许多（如果不是全部的

1　全文翻译见布劳顿（Jeffrey L. Broughton）所著《菩提达摩集：禅的最早记录》（*The Bodhidharma Anthology: The Earliest Records of Zen*）。

话）后期禅理论的教义的枢要部分，其内容如下：

> 藉教悟宗。深信含生同一真性，（就凡夫而言，因）客尘障故。令舍伪归真，疑住壁观，无自无他，凡圣等一，坚住不移，不随他教，与道冥符，寂然无为，名理入也。[1]

在最直接的意味上，本段是对佛性观念的精心阐述。佛性是我们本具的觉悟潜能或特质。佛和凡夫唯一的区别，在于后者因"无明"产生的颠倒分别和感觉行动，没有洞察到这个内在力量的本源。除了下文将要讨论的几个令人费解的术语之外，本处所使用的术语并不艰涩。"真性"或"佛性"，在被理解为"根本空"或非存在的"无"的情况下，是完美或绝对的实体，尽管它只是被我们基于通常意识和错误的观念化而得出的错误见解所蒙蔽。

20 世纪最伟大的中国禅学者柳田圣山告诫我们，不应该忽略佛性（或真性）与感觉分别的世界之间联系的一个重要线索，这就是第二句话末尾的"故"字。

这个不显眼的限定词表示出两种真实之间的数量级差距，通俗地讲，可以说是量子论里不同程度的重要性。佛性被理解为本质上更为重要的和深奥的，比我们日常生活不断变幻的外表更为真实。也就是说，不能被我们意识的表面现象，以及被我们通常更密切地依赖的个人认同所迷惑。相反，修行者应该更坚信，佛性在我们的

1　T 2060, 50. 551c7–12；参见笔者所著《北宗与初期禅的形成》（*The Northern School and the Formation of Early Ch'an Buddhism*）一书第 103 页的英译。

内心深处占有重要位置。在佛教里，"信"的正确理解恰恰是"一动不动地固定于某处"，而在汉语中，该佛教术语的意思是"与真性神秘地同一"。也就是说，"与佛性同一"，是与潜藏于我们日常见解之下的无差别的真实相结合的，它是"无分别的"的"真实的基地"，虽然并不鲜明，但散发出灵妙的冷光。[1]

尽管这个特别的汉语修辞看起来不寻常，然而它们实际上是相当简单的，除了我上面提到的令人费解的情况之外。

这个例外情况就是"壁观"，其给整个禅宗传统内的人带来的困惑，一直延续到笔者在此处写下这个词汇的时刻。极端地说，没有任何人知道这个词汇的确切含义。"壁观"仅出现在另外一个大约是同时代的文献来源里，这个文献包含一个向禅修初学者推荐的禅定方法序列。但是关于"壁观"，作者并没有做出解释。[2]序列里的这个术语并不非常有用，尤其是当它被评估为推荐给初学者的修行方式时，这与佛教史学家南山道宣（596—667）对它的评论并不一致，后者认为："大乘壁观，功业最高。"[3]

在禅宗传统里，"壁观"最终被诠释为面壁禅定的姿势，然而正如上文在讨论菩提达摩圣徒传演化时所表达的那样，需要花一些时间掌握其含义。应该提及的是，在菩提达摩图像演化过程中，与面壁相关的最初的重要语句仅仅出现于988—1224年间。[4]

---

1 参见柳田圣山：《北宗禅の思想》，第71—72页。其解释见《北宗与初期禅的形成》（*The Northern School and the Formation of Early Ch'an Buddhism*）的第111页。

2 智俨：《华严经内章门等杂孔目章》，T 1870, 45. 559a28–b3。

3 道宣：《续高僧传》，T 2060, 50.596c9。

4 参见本书第43页。

斯旺森（Paul Swanson）最近提出，"壁观"这个复合词或许是两个字的连接，它们都意指梵文"止观（或内观）"（vipaśyanā）一词。根据他的说法，"壁"这个字并不能理解为其通用的含义（"墙"），更应该被音译为梵文 vipaśyanā 一词的第一个音节，而这个梵文词汇通常被汉译为"观"，即壁观这个复合词的第二个字。当然，"观"这个字有多种不同的汉语释义，然而此处的复合词"壁观"，其所欲表达的是"观的意思对应于 vipaśyanā"。很遗憾，斯旺森的语音学分析并不适用。

在中国的中古时期，汉字"壁"发音以"k"结尾（在现代日语里，汉字"壁"的发音是 heki），并且似乎从未作为音译被使用过。[1] 最后，壁观与 vipaśyanā 一词的连接看起来并不正确。"理入"一词也没有"观察"和"识别"的含义。[2]

天台智顗（538—597）关于禅定理论和修行的巨著《摩诃止观》包含了我猜测的一种更大的可能性："止是壁定，八风恶觉所不能入；止是净水，荡于贪淫八倒。"[3]

---

1 斯旺森（Paul Swanson）：《壁观、止观，以及它们的复合词》（*Wall-gazing, Vipaś-yanā, and Mixed Binomes*）。

2 据 CBETA（中华电子佛典协会）的一项研究，"壁"只有一次被使用于汉语音译（T 85. 1205b7），它来自某个敦煌抄本里的佛经"说法"篡集里，这或许是抄写或印刷的错误所致，然而该音译所对应的原文是"辟支佛"。根据音位转换原则，t 是 k 的反转，在中古初期汉语里也可以发音为 bi（壁），关于这种语音重构现象，请参见蒲立本（Edwin G. Pulleyblank）所著《早期中古、晚期中古与早期普通话里汉语重构发音词汇集》（*Lexicon of Reconstructed Pronunciation in Early Middle Chinese, Late Middle Chinese, and Early Mandarin*）的第 34 页。

3 智顗：《摩诃止观》，T 1911, 46. 58a18-19。我并不知晓在此之前将"壁定"与菩提达摩"壁观"相联系的事例。

在注释"壁定"一词时，智顗的后继者湛然（711—782）所言如下：

> 壁定者，室有四壁，则八风不入。若得止已，离界内外，违顺恶觉。八风只是四违四顺……室壁亦免此之八风，故以为喻。[1]

智顗和湛然对"壁定"的使用似乎适宜解释《二入四行论》里的"壁观"一词。依据智顗和湛然的解释，在《二入四行论》这个文本里，可以认为"壁观"表达如下内涵：在完全排除善恶"八风"影响的情况下，聚精会神于"止"或"冥想"。姑不论这里的善恶"八风"是否可以直接适用于菩提达摩的《二入四行论》，但"壁观"是对散乱心志的坚定排除，它正好体现了菩提达摩"理入"的内涵。

尽管这个隐喻性解释看起来是合理的，但很显然，它的意涵对于后期禅运动里的成员并不透明。这些成员最终引入了一个更形象化的、面对着洞穴墙壁的菩提达摩形象。而由于这个问题根本无法解决，我们需要做的就是清醒地面对这个不确定性。

无论如何，"理入"是菩提达摩的思想命题，或更确切地说，是原型禅运动的思想命题，并将其回溯至菩提达摩这里，被认为是禅修者应该持有的基本态度。不幸的是，同样尚未在总体上明晰的是，这个基本立场是如何精确地体现在实际修行中的。它指的是

1　湛然：《止观辅行传弘决》，T 1912, 46. 305c21–27 及以下部分。

某种"瑜伽行"的"三昧",或强制性的令心"止灭",还是指某种"静止状态"？在该文本里,这个问题是难以捉摸的,其具体细节是一个留待初期禅的东山法门阶段探索的课题。

在此,让我们简略了解一下《二入四行论》的整体结构和内容。

首先,什么是"二入"？我们不应该将这种二元性摒弃为无足轻重的方便的说明,因为在两种"分离的"进入宗教真理的路径中,《二入四行论》表述出中国禅宗传统里极为普遍的"双峰性"(bimodality)特征。有时,这种"双峰性"在激烈论辩场合会被否定,但其普遍存在状况是值得注意的。就《二入四行论》文本自身而言,"理入"和"行入"之间的联系是对立,同时又是统一的:彼此对立,但是最终融为一体,此处不过是中国禅传统里"斗争"(duel)关系的最早表现而已。[1]我们关于菩提达摩的最早描述部分地将其刻画成与另一位早期禅修者僧稠(480—560)处于"斗争"(duel)关系中,在此,菩提达摩以其教义无可比拟的深刻性而知名,僧稠则以其苦行努力的效验和纯粹性为人所知。[2]

此所言"行入"包括下面四种活动(四行):

1. 报怨行:甘心忍受,都无怨雠。经云"逢苦不忧"也。

---

1 我们可以回想起,*duel* 是在令人疑惑的法语含义上使用的,在英语里,它与 duel 和 dual 都形成对应关系。

2 僧稠是一个非常重要的人物,他是当时国家禅定修行中心体系的领导者,该体系是中国开元寺和日本国分寺的寺院制度的重要前身。参见笔者的博士论文《中国禅的北宗》(*The Northern School of Chinese Ch'an Buddhism*)第 31—50 页。

2. 随缘行：众生无我，并缘业所转，苦乐齐受，皆从缘生。

3. 无所求行：故于诸有，息想无求。经云"有求皆苦，无求乃乐"也。

4. 称法行：为除妄想，修行六度，而无所行。

为了使这四阶段的内容明确，术语"行"在此不仅指向作为持续进行的宗教努力之精神修养，更指向人们面对日常生活的态度。[1]第二"入"（"行入"）里的"四行"因此代表了某种连续不断的过程，在其中，人们针对自己生活中不断变化的环境，持有某种不断深化的"无执着"态度，其顶点，是领悟到万物都如此对应于佛教的终极真理（称法行）。在这一点上，虽然获致目标的方向或努力方式不一样，但是"理入"和"行入"都同样能达到觉悟顶点。

此处的一个重要问题是"行入"的高度"语境化"（contextualized）和"外向"（outer-focused）的性质，以及"日常"性，即对人实际生活于其中的现象界真实的细节的注意。

因此，"理入"和"行入"之间存在一个重要的对立，"理入"是抽象、内省、瑜伽式的。[2]"行入"却代表了具体、外向和日常。

---

[1] 此处的汉字"行"在中国佛教文本里有多种含义，其中也包括五蕴的第四蕴"行蕴"，其在汉语里有"过程"的意思，或者就更一般的意味上而言，有"行动"之义。我对该词语的使用，为了保留其"自我修养"（self-cultivation）的含义，英译里使用 practice 这个词。

[2] "理入"的所有这些特征都面向"再解释"（reinterpretation）开放，当然，这是在原始文本具有暗喻性的情况下。

佛教文本（并非仅有禅文本）通常使用内外区分的表达程式，然而其间的区别在此尤其重要。我们将看到"理"和"行"，或者更确切地说，对人的内在态度的抽象描述，与自身持续不断行动阶段的描述之间的"双峰性"，这是中国禅宗传统里不断浮现的一个主题，它在某些时候有助于我们将后期禅发展阶段上的错综复杂的创造性整理出来。

三、弘忍和东山法门

《二入四行论》在此后的时代被遗忘，无疑正因其过于直白简明。它的文字有点过于单调，简直无法满足中国禅宗传统所期待的开山祖师图像。既然"诸法无常"是佛教的基本教义，那么可以简单地认为万事万物都是暂时存在的，或者用历史学术语说，是"变革"。尽管如此，在整个 7 世纪和 8 世纪初期，《二入四行论》继续在禅宗史里扮演重要的角色。

上述这个时期就包含着人们所知的禅的"东山法门"阶段，这个用语以弘忍（601—674）在黄梅教学的地点命名，是黄梅"双峰"中的一个山头。尽管弘忍的师父道信（580—651）住在西面的另一个山头上，"东山法门"却包含了这两位禅师。实际上，"东山法门"这个术语首先为神秀（606？—706）及其直系弟子所使用，以指代他们从道信和弘忍那里继承下来的禅法，因此说它包括神秀长达四分之一世纪（675—701）所居住的荆州玉泉寺，也是适宜的。[1]

东山法门的一个特征将其与原型禅清晰地区分开来，这就是定居，他们以单一、固定的场所为据点。当然，这个时期内的禅宗并非都限于黄梅和玉泉寺。相反，东山法门阶段包含一个连续的时期，僧团是以一两个据点为基础发展起来的。

这与菩提达摩、惠可及与他们有联系的人们"无固定住所"的"游方"生活形成截然的区别。

可以理解的是，与原型禅相比较而言，我们拥有更多的关于东山法门的信息。关于这个僧团及其禅师，我们或可做出如下概括：

第一，正如惠可是原型禅里最重要的人物那样，弘忍则是东山法门的核心。从对他们传记的描述中，似乎道信被配置为年轻弘忍的师父，而弘忍被描述为一个安静、恬淡的弟子，日复一日地白天禅定、夜晚照料牲口，以至于弘忍担任"教导师"的时候，每个人都惊讶于他的非凡。弘忍的这个图像很明显是惠能的前驱。[2]

道信在行将示寂前以弘忍为后继者，他大致说过如下的话："弘忍差可耳"（《传法宝纪·道信章》引）。实际上，这种半心半意的认可是真实情况的讽刺性揭露——弘忍一直都是唯一之选。

黄梅是弘忍的家乡，他的家庭在当地以宗教隐修传统知名。但是在弘忍去世后，这个团体就不再为人所知了。并且正如我们将要看到的那样，当神秀及其追随者于701年移居洛阳时，他们把自己视为"东山净门"的传播者，并流通了一个归于弘忍的文本，作为

1　关于这一点，请参考本书第28页关于东山法门与神秀关系的解释。

2　参见本书第108页开始讨论的部分。

他们教学的内容。

第二，道信和弘忍只传授禅定之法，不及其余。在我们所知的关于他们的所有材料里，没有提及读经、皈依阿弥陀佛或有相关的哲学分析，相反，很多材料在提及或记录他们的时候都称之为禅定指导师。

第三，东山法门指导者的学生在数量上逐渐增长。传记的材料称中国全境的精神修炼者"十之八九"都在东山法门下修行，但实际上，我们只知道六个左右的僧人跟随道信修行，弘忍的弟子约二十五人。与之比较的一个数字是，神秀的弟子有七十人，可见总体变化趋势是很清晰的。

第四，与道信和弘忍专心禅定形成鲜明对照的是，他们的弟子中有些人的宗教兴趣多种多样：《法华经》的奉行者、中观哲学的学习者或佛教戒律学专家，这些僧人都走到黄梅进行禅修实践。

实际上，7世纪后半叶的黄梅东山法门，似乎被认为是"戒定慧"三学里"定"学的专业训练中心。

第五，我们所能知道的是，弘忍的弟子在其身边的时间都是有限制的。当然，最著名的例子就是惠能。据猜测，惠能在黄梅的时间仅有八个月左右，在当时的中国人看来，这段时间令人惊异地短暂。

另外一个方面，相对于这种短期驻留模式，令人惊异的意外是法如（638—689），他在黄梅待了十六年，担任弘忍的侍者或助手。这让我们想起一个例子，那就是佛陀的堂弟和侍者阿难陀。法如是东山法门向"都会禅"阶段过渡的一个重要人物。[1]

从弘忍的传记里可以判断出，他的弟子更多地类似神秀，后者在其教学生涯的开端跟随其师达六年之久。虽然这个信息可以被怀疑，因为"六年"是佛陀乔达摩于菩提树下开悟之前的苦修时长，佛教的圣徒传通常效仿佛陀的例子来使用这个数字。

不管怎么说，道信和弘忍的弟子们，似乎在跟随其师修行两三年后，就移居至别处了。

第六，东山法门的僧团规模、管理和精神生活状态等没有什么特别之处。

卓越的日本学者宇井伯寿（1882—1963）认为，东山僧团的成员有五百或一千之众，然而实际上这个数字被用来指代出席弘忍殡葬仪式的人数。在这个殡葬活动里，肯定有许多在家信众和弘忍的崇信者参加，更无须提及书面文献基于宗教虔敬而在数字方面进行夸大这一因素了。

既然我们知道多年来跟随弘忍学习的弟子有二十五人，甚至将其弟子人数随时间推移而增长这一因素考虑进来，那么可以说，在平常时期，弘忍主要的弟子大概五人。实际上，没有任何精确的方法来统计某个修行时间点上精确的僧尼人数，该人数或许随着时间的推移从五人波动至几十人之多。

此外，需要对宇井伯寿说声抱歉的是，无论如何也没有证据表明这些僧人在禅定和日常宗教事务之外参加其他活动。也就是说，无论如何也没有证据表明东山法门在实践禅理想"普请作务"。著

---

1 参见本书第78页。

名的"一日不作，一日不食"的口号只在数个世纪后才出现。

与当时其他的佛教中心一样，弘忍的僧团无疑也有自己的在家工人和租用的农业劳动者。

关于此点，最佳的证据是《坛经》，它将最后成为六祖的惠能，刻画成为寺院仆人中的下等劳动者。上述《坛经》提供的图像是弘忍僧团产生一个世纪以后才出现的，而且数个世纪以后，才出现禅宗丛林寺院制度的最早资料。

那么，在东山法门阶段，唯一可能的结论就是否定的：没有证据表明，禅宗已经发展出某种特殊的生活方式，在其中，寺院劳动（"普请作务"）是精神修养的一部分。

四、从原型禅到都会禅：《修心要论》

那么，道信和弘忍传授的禅修风格是什么？通常且几乎不可避免的方法，是首先解释道信的已知信息，然后转移到弘忍那里。当这种方法与前述对待早期禅宗祖师的方法联结起来时，其结果就是出现明显的"珠链式"谬误。也就是说，许多作者说是研究禅宗运动长时间内的动态过程，然而他们实际上所提供的，却是一份奠基于禅正统性的、以系谱构造为基础的静止论述。这种禅的正统性是在宋代及以后发展起来的，是一种伪装出分析的姿态的、关于禅变迁的简单说明形式。

实际上，如我们今天理解的"道信禅""弘忍禅"，在这些历史人物的实际生存年代并不存在，它们只是在东山法门向"都会禅"阶段转变的时期才出现。从时间上看，这个转变虽仅有几十年，在整个中国佛教史范围内看起来是短暂的，然而在表面上看似乎短暂的一个时期内，许多重要的变化都可以产生。道信和弘忍的禅法是"回溯式"（retrospectively）记录下来的，是过去那些教训的"书写的重建"（written reconstructions）。其结果是，东山法门这种"回溯的"特征是非常重要的。

在湖北黄梅时，道信和弘忍并没有将他们的禅法进行书写的需要。在相对密切的师徒互动情境里，笔录的指导文本是有用的，但绝非必须。然而，当他们的弟子转移至长安和洛阳两都这些广阔得多的舞台时，形势就完全不同了。

长安是当时世界上最大的都会，其人口或许有百万之众。

长安，因经由丝绸之路与印度及波斯等中东地区产生密切的贸易联系而富足。洛阳城市规模较小，然而它是令人尊重的文化和宗教中心，并且朝廷不时地在两都之间来回移动。朝廷和围绕它的文士团体是来自全中国，实际上也是全东亚、佛教化的印度和中亚范围内知识和宗教革新的一块磁石。"帝国中心"也是数个世纪内佛教翻译和研究活动的焦点之所，这个势态继续贯穿了整个 8 世纪。

尽管禅在现代书写作品里被描述为从田舍、山林发展起来，并拒绝世俗利益和朝廷的巨额赏赐，然而，禅宗和它的基本图景却正是在帝国中心的情境内发展起来的，而非在其周边（乡村和丛林）里发展起来的。

要了解这些主题在中古时期的中国扮演什么角色，我们仅需回忆一下菩提达摩和梁武帝传说中的遭遇，这个传说正是在 8 世纪中期（在都市里）被创作出来的。正如中国的山水诗最初是在都市生活里发展起来那样，古典的唐代禅的质朴和反智识主义，实际上也产生于五代到宋时期拥有学问和教育经历的人中间，是他们在那样的知识氛围里创作出来的。前文所言菩提达摩与梁武帝的面晤，也产生于一个与禅宗"偶像破坏图像"相反的知识氛围里。[1]

当弘忍的弟子从茂林修竹的黄梅这个"地方区域"迁移至"帝国中心"时，他们首先要做的是编辑一个关于他师父的禅法的书写记录，这就是《修心要论》。该文本直接告诫说，该文本并非弘忍自己编集，编纂行为产生自他的弟子们，时间或许在弘忍圆寂以后。这是中国禅宗传统里最早出现的、由弟子为故去不久的禅师编辑的禅法文本。

《修心要论》或许是为法如准备的，时间早于他去世的 689 年，当时法如在嵩山开展禅法教学活动。几乎可以确定的是，该文本大约在同一时期也为神秀所知，并在 8 世纪 20 年代的其他禅文本里被引用。

尽管在禅的圣徒传里，道信被当作弘忍之师对待，但是归于道信的禅法书写文本只是在那些回溯性地归于弘忍的文本"之后"才出现。[2]

与道信产生联系的一两个命题或许出现得早一些，但是在迄今为止出版的学术著作里，在道信到弘忍的教义演化问题上，这些

---

1 关于这一点，请参见本书第 176 页开始的讨论。

2 对道信禅法的一个便利的，然而没有将"回溯性创作"问题考虑进来的解释，参考夏佩尔（David W. Chappell）所著《禅宗四祖道信的禅法》[*The Teachings of the Fourth Ch'an Patriarch Tao-hsin (580-651)*]。

著作的断言是印象派的，完全无法令人信服。并且，这些著作里的"道信禅"，是以知性精致的体裁书写而成，与假想的思想继承关系并不符合。无论如何，既然"道信禅"最初出现在 8 世纪 20 年代，我们就可以清晰地侦测到某种时间序列意义上的追溯式归属。换句话说，"禅运动"的成员，以逆向于通常被接受的祖师序列方式，首先为弘忍发布合适的文本，接下来是为道信，然后是为僧粲发布文本。归属于僧粲的文本，发布时间在 8 世纪中叶。

任何以祖师顺序的方式重新创作禅思想演化的努力注定要失败，这有其方法论的原因，这些原因同时具有基础性和深层性。上述努力将"珠链式"谬误实例化了，它削弱了大多数作者处理证据的能力，他们把这些证据看成是"演化的"（evolved），而不是把它看作是"被设计出来以供人观看的"。因此，当我们审视《修心要论》时，我们看到的不是弘忍，而是其示寂数十年后被人们敬奉的那个弘忍图像。

尽管如此，《修心要论》依旧算一篇杰出的宗教文献。该篇文献文风简洁、谦逊，不时告诫读者要为他们的开悟付出巨大努力，这不仅因为"生涯苦短"，——就像我们今天常说的那样——而是因为在一个令人鼓舞的环境中肩负佛教精神修行的任务，是一件值得珍惜的事情，在以后的多次"转生"中或许不再有这种机会。

对这有力的激励形成补充的是，该文本描绘出某种对于宗教文本的态度，这种态度令人惊叹地雅致。其所推荐的修行是专门设计的，以避免过于强调达到最终目标。正如每一位佛教哲学的入门学生将很快看到的那样，欣羡涅槃这个最终目标与涅槃自身十足的无欲状态相冲突。《修心要论》以一种迷人的、可感知的敏感性巧妙地处理了这些考量。该文本提供了一种对禅修基本主题的受人欢迎的论述，而这个主题在菩提达摩的《二入四行论》中则是以隐微而费解难懂的方式给出一个轮廓。

《修心要论》的核心内容体现在下面这段对话里，包含一处对特意定制然而是伪造的佛教经典的引用：

> 《十地经》云：众生身中有金刚佛性，犹如日轮，体明圆满广大无边，只为五阴黑云之所覆。
>
> 如瓶内灯光，不能照辉，譬如世间云雾，八方俱起，天下阴暗，日岂烂也。
>
> 问：光不灭，何故无光？
>
> 光元不坏，只为云雾所覆，一切众生清净之心亦复如是，只为攀缘妄念烦恼诸见黑云所覆，但能凝然守心，妄念不生，涅槃法自然显现。故知自心本来清净。[1]

比较此处太阳和乌云之间的联系的隐喻，其与菩提达摩《二入四行论》里对佛教真性的解释之间存在明显联系。一个类似的限定词"只"甚至被用来描述佛性或开悟之光是如何被人的日常心理自

1　参见笔者著《北宗与初期禅的形成》（*The Northern School and the Formation of Early Ch'an Buddhism*）一书的第121—122页。该引文并没有出现在世亲的《十地经论》（T 1522, 26. 123a1-203b2）里。在《十地经论》中，仅有一次提到"日轮"（26.126a23），是用明喻的方式比拟佛陀的智慧。该引文也未出现在任何一种《修心要论》可能会引用的佛经里（T 278.22, 279.26, or 285）。引文的结束点和解释的开始点也不明确，因此标点来自我的理解。

我意识所遮蔽的。如是在最初的公式中采用同一种价值结构之外，归属于弘忍的《修心要论》将关于精神修养的基本态度用"守心"标识出来，它本质上是保持将每个人内部的佛性作为珍宝培育的姿态。它不是攻击性地侵入每个人的自我存在以擦除无明之乌云，因为这样做或许更像用巨大的爪子伸向天空，将遮蔽太阳的云雾扯开。适宜的应对方法，则是确证人的无始开悟之究极实在，以维持对人的这种内部状态的恒常清醒意识，并以强有力然而不匆忙的方式，面向不同情况下持续不断的觉悟经验展开努力。

　　《修心要论》描述了两种特殊的冥想技艺，有条不紊地论述了这两个方面，它们本质上是强烈的，然而却也是平静的态度。前者是从地平线上固定一点开始到光线反射的太阳球体，在它们消失之后即于心中描画它们的样子，如此这般。修行者的心思如果散乱，就以观想太阳中的一点来集中精神，其浑圆和广大如寺院回廊里悬挂的大鼓。

　　文本里"以此空净眼，注意看一物，无问昼夜时，专精常不动"这种技艺实际上援引自《观无量寿经》，这篇文本是东亚净土思想传统的主要文献之一。尽管这种方法在此被直接引用为集中精神的训练法，即修行者毫不松懈地注视太阳里的一个点，但这种方法同时含蓄地充当了"内在之日"的象征性提示。

　　第二种技艺则不是聚焦于佛性本身，而是聚焦于遮蔽佛性的极度活跃的意识过程：

　　　　端坐正念，善调气息。惩其心不在内，不在外，不在中间。好好如如稳看，看熟则了，见此心识流动，犹如水流、阳焰，晔晔不住。既见此识时，唯是不内不外，缓缓如如稳看，看熟则反覆、销融、虚凝、湛住，其此流动之识飒然自灭。灭此识者，乃是灭十地菩萨众中障惑。[1]

其他一些佛教权威者或许会提出异议：仅仅停止意识的变动并不等于彻底和完美的觉悟。当然，这是禅宗内部讨论的一个主题。[2]但是重点在于，此处推荐了一种全副投入然而却随和平易的态度。弘忍的《修心要论》不是以强迫的方式对待这个主题，不是试图"获得"开悟，而是建议修行者让其自己发生。这个方法是否适合每个人姑且不论，历史上至少有一位禅师会公开嘲弄类似的方法，斥之为无用的、空待奇迹发生的做法。[3]《修心要论》的敏锐之处，在于将这两种互相对立的技艺并列，要求某种积极的忍耐态度。这种敏锐也代表某种非凡的综合。

五、印度佛教和中国佛教里的两极性

禅定讨论最突出一点是对"极性"（两极性）的使用。确切地

1　参见笔者著《北宗与初期禅的形成》（*The Northern School and the Formation of Early Ch'an Buddhism*）一书的第130—131页。

2　当然，这种断言很早就在帕坦加利的《瑜伽经》开头出现了："精神的训练就是止灭波动之心。"

3　关于这一点，请参见本书第221页。

说，这种讨论经常包括对根本的非二元、非区别主义的否定。尽管如此，对两极化公式的使用频度也是惊人的。菩提达摩与僧稠、惠能与神秀、理与行、顿与渐、北宗与南宗、临济与曹洞：从圣徒传人物到义理的主题、法系的区分，禅宗传统内过于泛滥着这种二元化的公式。在这种情况下，很容易去列举这些在不同语境中使用的"二分体"（dyad），并且表明，它们从某种方式看本质上都是一样的。

当然，一个更好的方法是对这些不同"对子"之间存在微妙区别的可能性保持警醒。

目前的问题是，在将弘忍的《修心要论》和更早的佛教禅定理论的内容进行比较时，我们从中可以获得哪些推断？

当然，印度佛教禅定思想中最重要的一对主题是"止"（śamatha）和"观"（vipaśyanā）。简要地说，"止"指的是致力于发展对聚精会神于某个对象而没有分心的意识能力的一整套训练。在此可以使用许多种类的对象，它们由禅定的指导者分配，作为矫正弟子特定的气质倾向的方法。一个被懊恼支配的僧人或许被要求去生发慈爱之心，而一个傲慢的僧人或许被要求进行那些包括观想白骨的训练。

当一位修行者去除那些窒塞其有效地聚精会神能力的阻碍时，他就穿越了四个阶段的"禅定"（dhyāna）。汉字"禅"（Chan）在日文里发音为 Zen，在韩语里发音为 Seon，在越南语里发音为 Thien，这些都是对梵文字 Dhyāna 的音译。[1] 根据佛教经典的描述，在"初

---

1 虽然"禅宗"之名来自对中国禅师的尊敬称呼（敬称），"禅"这个字在中国中古时期理解上的细微差别依旧不明晰。有两个有趣的议题，其一是天台智顗在术语使

禅"阶段，修行者经由"制心一处"，将欢喜和愉悦两种类型思维的特征结合起来。经由意识的决定，修行者从一个阶段进入另一个阶段，持续地消除两种类型的思维及欢喜和愉悦，因为它们在根本上被认为是对即将到来的工作的干扰。

在第四也是根本的禅修阶段，即"四禅"阶段，修行者的意识被描述为聚焦于单一的一点。尽管在此阶段不可能进行言语和散漫的思考，然而也正是在此阶段，修行者开始能运用心灵感应、超常的听觉、空中浮扬、知晓自己的过去世，理解他人的业报及命运。佛陀和他的弟子经常运用这些能力来达到教学目的，然而佛教的传统则将它们看成是对于精神修养有害无益的潜在的危险。也有一些佛教戒律反对僧侣将自己此方面的能力传授给在家者。

与关于"止"的训练的详尽说明相较，就"观"（观察）而言，只是强调将意识聚焦于任何一个对象，以获得对于其的"觉照"。在"止"的过程中，意识的聚焦像一个探照灯；而在"观"的过程中，探照灯般的心灵洞明了人存在状况的最重要的主题：人身的"无常"和"无我"，思想和感觉的缘起，以及不可避免的人间之苦。

修行者通过"止"的"制心一处"来探究这些问题，并通过修"观"，"看到"并"理解"它们。

用上存在由"禅"和"禅波罗蜜"向"止观"的转变；其二是玄奘几乎完全避免使用"禅"这个字。前一个议题经常被讨论，而就我所知，后一个议题尚未得到研究。与此相关联的议题，请参考福克（T. Griffith Foulk）所著《禅宗及其在中国佛教修行传统里的位置》（*The Ch'an School and Its Place in the Buddhist Monastic Tradition*）。

因此，"止"和"观"不是分离开来的两种技艺，尽管从方便性来考虑，可以将它们分别解释。在整个佛教传统里最广泛运用的禅修方式是"集中于呼吸"（观息），其优势是将修行者自然地从"止"拉到"观"：当身体安定、呼吸缓慢时，人的注意力就从"平静"过渡到"洞明"。

任何佛教宗派选择用来作为"观"的对象，都与他们对宗派教义的理解相配合。因此在早期佛教里，僧人聚焦于人的身体、思想和感情，以认识到他们内在的无常、因果关系、苦的性质等。另外一方面，在大乘佛教里，"观"所要达到的目标是趋向于一切事物的"根本空"，当然，正如我们看到的那样，这个思想和其他大乘佛教主题，已经通过各种方式在早期中国禅修者那里获得了表达。此外，上座部及其他主流佛教（Mainstream Buddhism）来源，[1] 已经列举出"内观"修行发展阶段。[2] 这些阶段是觉悟不断增长的阶梯，并非本质上不同的各种目标。与此形成对比的是对这些"专注"或"禅定阶段"的描述，包括对一些重要概念的辨析，同样也没有对"观"的发生的说明，只有如下最基本的假设：当心被导向一个给定的主题时，就具有与生俱来的理解能力。如同佛陀的觉悟那样，领悟的经验是无法言喻的，然而其影响是可以释放出来的。[3]

1　在此，笔者避免使用"小乘佛教"这个称呼。

2　最近的学术研究表明，大乘佛教在印度及中亚地区的重要性，并没有达到其在东亚地区重要性的高度。为了反映这种研究进展状况，同时也为了避免使用带有明显轻蔑暗示的术语"小乘佛教"，我使用"主流佛教"（Mainstream Buddhism）这个术语来指代"非大乘佛教宗派"和传统的南亚、东南亚与中亚地区的佛教。

3　关于"主流佛教"（Mainstream Buddhism）禅定理论的复杂分析，请参考吉梅罗（Robert M. Gimello）的《禅修与神秘主义》（*Mysticism and Meditation*）。

在整个佛教传统里，完全理解人的处境会使人从这种处境的有害影响中解脱出来，这一点是不言而喻的。[1]

让我们返回到当前的讨论。如下问题或许会浮现出来：菩提达摩的"二入"及弘忍的《修心要论》中提出的两种修行，在何种程度上与印度佛教"止观"主题相类似？

我已经列举出一些证据表明，"理入"可以被认为是一种对"止"的解释，而同样的思考可以被付诸对太阳的观想。对佛性观念、每个人——实际上是每个有情众生——内部的觉悟之太阳、般若智慧的非分别本质的引入，是"佛果"成立，即成为佛陀的必要条件的思想，是一种深刻的革新，它将原型禅和初期禅从早期印度佛教那里区分开来。

然而这依然是种简单的"止"的训练，其唯一可贵之处是，心被训练去聚焦于其自身最深邃的理解自身的能力。弘忍《修心要论》中"守心"的目标正是确证这种隐藏的智慧的存在，并允许它以一种不适当的形式向前照射。当我想要将印度佛教"止"的"心注一处"理论描述成一盏探照灯时，这个探照灯接下来就会聚焦于"观"的特定议题。在中国人的想象里，涅槃具有内在觉悟的能力，它的光明包含了万物。尽管存在比喻结构上的区别，印度佛教关于"止"的观念因此与"理入"和"观想太阳"产生了近似的关联。

然而这种情形不适用于"观"与菩提达摩的"行入"，以及弘

1　进行如下思考是非常有趣的：为何理解确实暗示着解脱？我确信这是佛教传统的一个本质性设定。这个设定是如此具有基础性地位，以至于它根本没有被质疑过。在这个佛教根本态度所处的背景里，含有吠陀的"知识仪式之效力""命名的力量"，以及"知与行相联结的 $\sqrt{vid}$"等概念。然而，这个问题必须在另外的场合来讨论。

忍关于聚焦于"分别心"的活动。当然，问题的一部分是：归属于弘忍的两种特定的禅修技巧包含大量"止"和"观"的成分。当然，正如我们上面看到的那样，这句话对许多印度佛教禅定训练也适用。

弘忍的禅法专注于"分别心"的动向，包括"止灭"和"理解"两个方面。"止灭"，指的是心的活动在训练过程里趋于静止；"理解"，指的是"智慧之风"令心静止。然而当前我们必须承认弘忍《修心要论》中所推荐的第二种修行更是一种"止"而非"观"。

问题在于，菩提达摩《二入四行论》里的"行入"不能简单地纳入这种模式。实际上，它更是一种瑜伽的修行，"行入"内部的四个步骤属于人在世界上的活动。可以确定的是，此处强调的重点是某种意识的姿态，人经由它接近个人生活经验。然而它着重的是行动，而非目标的实现。这应该警示我们看到如下事实：正在发生的事情并没有限定于禅修本身。我们的确需要在中国传统内寻找一个合适的对等物，让其与菩提达摩《二入四行论》里的"二入"相配合。

正如中国的僧俗努力去理解4至5世纪的中国佛教那样，他们也惯于使用一种独特的中国公式：体用之别。体和用之间并无截然对立，根据这个观点，任何存在或处境都可以是体或用。同样也不存在从体到用的突然转变，因为这两者的区别更多地处于观察者意识之内，而非属于存在自身。在《物不迁论》里，僧肇（384—414）是这样解释二者之间的联系的，其思想最初导源于一个《般若经》的初期译本：

> 《放光》云："法无去来，无动转者。"寻夫不动之作，岂释动以求静，必求静于诸动。必求静于诸动，故虽动而常静。不

释动以求静，故虽静而不离动。然则动静未始异，而惑者不同。[1]

20 世纪学者汤用彤（1893—1964）解释说，僧肇此篇"全论实在证明动静一如，住即不住。非谓由一不动之本体，而生各色变动之现象。盖本体与万象不可截分"。[2]

那么，下面这种情况就是完全合理的了：菩提达摩文本里的"二入"是完全不同于彼此的，并且似乎融入了第四种"行"，即"称法行"，这样就非常类似于"理入"。"二入"或许可以分开，然而在某种意味上它们又互相包含了对方。从一种更宽泛的视角来看，这只是对在禅史里扩散开来的不同类型两极性之异同进行更广泛考虑的开端。

在本书里，依然存在再次回到菩提达摩《二入四行论》的情况，我们认识到它的象征作用，是在禅宗史里建构一个反复出现的思维模式。然而在此处，让我们满足于注意到：并非所有的两极性都是等同的，不同的对应或许包含大量不同的意味。当我们拥有这一简单然而重要的洞察时，让我们把注意力转向中国禅宗的另一个发展阶段。

1　《物不迁论》是以《肇论》为名的一系列论文里的一篇，见 T 1858,45. 151a10–14。这里所引用的部分并没有出现在传至今日的《放光经》（T 221, 8. 1a–146c29）里。

2　汤用彤：《汉魏两晋南北朝佛教史》，第 334 页。同时请参考许理和（Erik Zürcher）所著《佛教征服中国：佛教在中国中古早期的传播与适应》（*The Buddhist Conquest of China: The Spread and Adaptation of Buddhism in Early Medieval China*）一书第 88、89、92 页。该书第 137、140 页也有关于"体用"的讨论。该书还讨论了这个术语与马祖道一的关系，见该书第 79 页。在讨论"五方便"时，也援引了这个术语，参见该书第 91 页。

第三章

都会禅：
朝廷外护与
禅的风格

一、帝都里的"禅繁荣"

8世纪上半叶的中国，北方的长安和洛阳是世界上最大的城市中心。长安人口超过百万，远远超过中东的任何城市，后者要过几个世纪才能达到这样的规模，欧洲就更不必说了。长安是从"关中"——即西北山区一个安全的军事重镇——发展而来。唐长安展现出极大的城市规模，有呈格子状的东西南北的通衢，城墙构成了一个规则的近似正方形的矩形，包围着一整套秩序井然的政府中心、市场区及街坊。王朝宫殿在城市的北面，主要的大道联结着通往东面的朝鲜、日本，西面的中亚、波斯、印度和中东的区域性交通大道，皇帝因此能"坐北向南"，面向自己的城市和领土，仿佛整个世界也都面向北方，以顺服"天下秩序"而效忠。

帝国气派表现在其宏伟壮观的建筑物、大规模的官方建筑和皇家寺庙里，这种气派被省、司、部的官僚组织所呈现，而这些官僚组织又是被官员控制的，官员经由世袭和科举考试获得这些职位。官僚中的精英被要求参加宫廷每天早晨的御前会议，他们中的一些人写下了一些哀戚的诗歌内容：冬日里凛冽的寒风，孤单的城市街道，此时他们骑在马匹上，从家里出发，到位于遥远的城市北部的皇宫上早朝。[1]

除了作为庄严的政治中心这一官方身份外，长安也是贸易、文学、文化和宗教的国际中心。作为中国丝绸之路上主要的贸易节点，长安接受了印度、波斯及更远地区的珍宝的输入。长安人享受着从西域接连传来的新风格音乐、宴会娱乐项目和美术作品。马球（Polo）是中国上层阶级中一些男人（和部分女人）喜爱的游戏，而西域传来的一些最新的曲风震撼了老一代人，其震撼程度之深，可以与今日美国流行音乐的影响相比拟。随着粟特、朝鲜和中国周边其他的异域商人和他们的子孙聚居于此，长安变成了令人兴奋和让人喜爱的文化混居地。即使是西方宗教和佛教视域内的人物典范，其声望依旧在全中国范围内回响，此间的一个例子是伟大的求法僧玄奘（600？—664），他于 7 世纪中叶经中亚旅行至印度。当然，此外还有几十个宏伟的佛教寺院分布在长安城内，僧尼人数众多。除此之外，长安城里还有为数较少的道教宫观。

洛阳是唐朝的第二个首都。[2] 与长安相比，其规模远没有长安大，城市布置也没长安那般整洁。然而，在长安东面约 320 公里的洛阳，位于富裕的黄河冲积平原范围内，并因此处在中华文明的摇篮里。2 世纪后，洛阳就是中国佛教的中心之一，实际上，洛阳是最早同时也是最重要的中国佛教中心。洛阳的寺院宏伟、庄严、

1　白居易《早朝贺雪寄陈山人》原诗为：长安盈尺雪，早朝贺君喜。将赴银台门，始出新昌里。上堤马蹄滑，中路蜡烛死。十里向北行，寒风吹破耳。待漏午门外，候对三殿里。须鬓冻生冰，衣裳冷如水。忽思仙游谷，暗谢陈居士。暖覆褐裘眠，日高应未起。——译者注

2　唐代洛阳又被称为陪都、神都、东都、东京。——译者注

富丽。除了作为文化中心的声望外，中国的官员有的时候宁愿皇帝居住在洛阳。因为这样的话，与群山环绕的西部长安相比较而言，为宫廷提供谷物就相对容易。对禅宗弟子而言，洛阳同样以嵩山以北的城市而知名。在传统中国的神秘地理学里，嵩山位于中国的五岳之中，所谓"五岳"，指四方和中央的山岳。禅僧们居住在嵩山作为一个传说的少林寺里，是晚至 7 世纪末才为世人所知的事情，然而至少从 645 年以后，菩提达摩就与嵩山联系起来。

禅宗作为公开的独立的中国佛教宗派是以 8 世纪初的一个重要事件开始的——此时，中国的皇帝诏请某位僧侣到东都洛阳。诏请者不是普通的皇帝，而是中国历史上仅有的一位女皇，并以自己的名字作为皇权标志，这就是武则天（武曌，690—705 在位），在英语里通常称她为 Empress Wu（武后）。[1]

除了美貌和运气，武后还拥有稀见的个人才智和政治敏锐感，她在其夫君高宗（649—683 年在位）因哮喘而身体疲弱之后掌握朝廷实权，并在 690 年后，以自己的姓氏为号开始统治生涯。虽然武后被正统的中国历史学界所谴责，然而她经由将自己等同于佛教君主，甚至是菩萨化身，把自己的政治位置合法化了。这是一个那些研究中国宗教的学生所感兴趣的话题。在此我们只是要提请注意：在七八世纪之交，武后已经稳固地建立了自己的统治，并不需要更多的意识形态诡谋来支撑。[2]

1　尽管英文 empress 是女性名词，但在汉语里，武后统治期间其完全是一位"天子"（child of heaven）。

2　关于武后的宗教和政治身份，请参考富安敦（Antonino Forte）杰出的两卷本著作《七世纪末中国的政治宣传与思想意识：敦煌写本 S. 6502 号的自然形态、作者和而被武后邀请到朝廷的禅师也不是位平常的和尚！他的名字是神秀，来自荆州玉泉寺，是禅宗勃兴时期的一位卓越人物。有两个并不相关的文本如下描述神秀于 701 年被邀请到洛阳的情况（《传法宝纪》《楞伽师资记》）：

　　　　则天发中使奉迎，洛阳道俗，翻花幢盖，充溢衢路。乘
　　　　枰梧上，从登御殿。顶拜长跪，瞻奉洁斋。授戒宫女，四会归
　　　　养，有如父母焉。王公已下，翕然归向。[1]

　　　　（神秀被召至东都后）随驾往来二京教授，躬为帝师。则
　　　　天大圣皇后问神秀禅师曰："所传之法谁家宗旨？"答曰："禀
　　　　蕲州（即弘忍寺院所在地黄梅）东山法门。"问："依何典诰？"
　　　　答曰："依《文殊说般若经》一行三昧。"则天曰："若论修道，
　　　　更不过东山法门。"[2]

用途的考察》（*Political Propaganda and Ideology in China at the End of the Seventh Century: Inquiry into the Nature, Authors and Function of the Tunhuang Document S. 6502*），该书包含了译注。以及富安敦的另一部著作《天文钟历史上的明堂与佛教乌托邦：武后的建塔、塑像与浑天仪制造》（*Mingtang and Buddhist Utopias in the History of the Astronomical Clock: The Tower, Statue and Armillary Sphere Constructed by Empress Wu*）。关于武后利用道教的手段来维护自己的统治，请参考柏夷（Stephen R.Bokenkamp）所著《中古中国社会秩序的女性主义批判：以武曌为例》（*Medieval Feminist Critique of the Chinese World Order: The Case of Wu Zhao*）。请注意，该版本并没有经过著作者通常应做的审定，存在排印和编纂方面的问题。

1　原文引自《传法宝纪》，英译请参见笔者著《北宗与初期禅的形成》（*The Northern School and the Formation of Early Ch'an Buddhism*），第 51、266 页。此处对英译做了小调整。

2　原文转自《楞伽师资记》所引的《楞伽人法志》。英译请参见笔者著《北宗与初期禅

这些描述体现了朝廷崇奉的盛况。武后让神秀坐北面南，自己在他面前双膝下跪。神秀的碑文是由当时一位杰出的政府官员和文士所撰写，通过"传圣道者不北面，有盛德者无臣礼，遂推为两京法主，三帝国师"的表述维护了神秀的地位。[1]

有种见解认为神秀是唐王朝统治家族的一员，然而即使如此，这种待遇也是例外的。除了对神秀表达诚挚的崇敬外，武后甚至针对那些将要在其去世后取代她而登上皇位的人做出调停的姿态。[2]其结果是，神秀是禅宗内部首位具体观点在深度和细节上为世所知的历史人物，而不像其他人那样仅是回溯式或在去世后追加描绘的图像。

尽管神秀尊贵的宗教地位以来自王朝"南/北"的象征体现出来，然而这种地位与其禅法与流派被赋予"北宗"之名，其间仅存在某种微弱的联系。[3]相反，在此我们看到神秀经由选择性或创造性地描述自己的过去，经由将自己佛学方法标以其师弘忍的"东山法门"之号，而在自我认同意味上有效地"创造出自己的历史"

的形成》(*The Northern School and the Formation of Early Ch'an Buddhism*)，第 8—9 页。

[1] 原文引自张说撰写的碑文《荆州玉泉寺大通禅师碑铭并序》。英译参见笔者著《北宗与初期禅的形成》(*The Northern School and the Formation of Early Ch'an Buddhism*)，第 52 页。

[2] 701 年，武后的权力已经稳固，然而她离开人世仅是一个时间问题。关于神秀是皇族成员之一，以及他是著名的佛教维护者问题，参见笔者著《北宗与初期禅的形成》(*The Northern School and the Formation of Early Ch'an Buddhism*)，第 46—50 页。当然，神秀并非唯一受到武后喜欢的僧人（另外一位著名人物是法藏，其是《华严》传统的专家）。

[3] 关于这一点，请参考本书下一节《神会对北宗的攻击》，从第 86 页开始。

（producing his own story）。[1]

几乎在同一时间，弘忍的弟子编纂出《修心要论》，此后不久又编纂出适合归属于道信的一套禅法，即《楞伽师资记·道信章》所引的《入道安心要方便法门》。数十年后，其他一些僧人创作出《信心铭》及其他一些禅文本，从而将僧粲的一生烘托出来。这种历史的"回溯性制造"过程如此这般地在时间之流里继续进行下去，甚至在他们的焦点转移至禅宗法系里前后相承的早期人物那里时也是如此。[2]

以上就是我们发现的第一种禅法系构造的最初表现所处的宗教环境。也就是说，在都会禅活动的早期，禅传承系谱的呈现最初是记录在文本上的。该行为的最早事例是法如碑（《法如禅师行状》）。法如逝于689年，他是弘忍弟子中的一个。[3] 到8世纪的第二个十年，弘忍的后期弟子创作出两个独立的文本，即《传法宝纪》和《楞伽师资记》，这两个文本描述了从菩提达摩到神秀的禅法传承。

笔者无法在此分别讨论这两个文本，对于当今的学术界而言，它们以初期"灯史"而为人所知，"灯史"这个名称是依据该类型中的一个典范文本《景德传灯录》而存在的。 这两个北宗文本[4]之

1　我在此处使用的短语"历史的制作"（production of history）是效法科恩（David William Cohen）所著《历史梳理》（*The Combing of History*），第13—25页，尤其是第15—16页。

2　上文业已提及这个主题，参见本书第59—63页的讨论。

3　关于这一点，参见本书第60页。

4　这里提到的两个北宗文本指的是上文言及的《传法宝纪》和《楞伽师资记》，实际上，后一个文本将禅的法系上溯至求那跋陀罗，而非菩提达摩，参见本书第43页，该相异之处被后期禅传统忽略了。

间存在着内容和论述重心的区别，然而它们都表达了同一个本质性的教理：佛教的核心教义经由祖师次第传承至神秀及其弟子。

诸"灯史"文本的最根本含义之一，是表明禅宗法系里"师资相承"的无间断性。从史学视角看，一个很明显的情况是：从"东山"到"两都"的迁移，伴随着禅运动特质的深刻转换。作为言语修辞和宗教谈论的环境，"东山"和"两都"存在根本区别。当禅僧积极寻求从一种环境转移到另一种环境的时候，禅宗本身也发生了转换。

祖师教导的注释和部分抄录文本，也许已经在黄梅的地域和东山寺院里完成了。然而只是到弘忍的继承者转移至"两都"之时，在无与伦比的大都会环境里，在文人社会里，才需要为传播禅法提供写法上乘的文本，它才因此被完整、巧妙地创作出来。

也就是说，主动记忆的创造性过程，毫无疑问在东山时期就以某种形式开始了，然而我们在此方面没有任何直接证据。那种支配黄梅时期生活的话语，无论它是质朴的还是复杂的，目前很大程度上都无法恢复，因为我们现在使用的所有资料都是文人的文化中心"回溯式"创作出来的。

尽管我们的资料来源具有复杂性，但是神秀的禅法非常明显地不同于如弘忍《修心要论》里描述的那些内容。神秀所感兴趣的，是立足于自身的宗教洞察，发展出某种针对佛教经典的大胆的解释风格，是一种再解释。在这方面，神秀提到了对"方便"的使用，这实际上是对于"神秘化解释"或"隐喻"形式的大量使用。在其中，所有写在佛经里的观点，都从"观心"（心的内观）的角度，获得了新的解释。[1]

简言之，神秀所告诉诸众的是，佛陀对世俗事务态度冷淡，却使用各种言辞来描述禅定修行。就这样，神秀利用一种让人联想到遥远的佛陀的方式，宣称佛教徒必须在此时此地修行，才能成佛，并从自身当下出发救度一切有情众生。

因此之故，我们在神秀的作品里发现许多"比喻"，它们对常识性的宗教实践进行了新解释，从而重新界定了真正的佛教精神修行。以下是其中最有启发性的比喻，笔者现将它们简单总结于此：

伽蓝修理：西国梵音（伽蓝是 saṅgha-ārāma 的汉语音译），此地翻为清净处地。若永除三毒（贪、嗔、痴）常净六根，身心湛然，内外清净，是名为修伽蓝也。

佛像铸造和图绘：即是一切众生求佛道所为修诸觉行。昉像如来，岂遣铸写金铜之所作也？是故求解脱者，以身为炉、

1　此处的中文术语"方便"来自梵文 upāya，是"观心"和"看心"的合成词。戈麦斯（Luis O. Gómez）在其《炼金：佛教思想与实践里的精进与直觉隐喻》（*Purifying Gold: The Metaphor of Effort and Intuition in Buddhist Thought and Practice*）一文里指出，神秀在《观心论》里的注释策略不同于北宗的《五方便》（戈麦斯著作的第 150—152 页注释 106）。对这种差异点的精确论述将成为今后的一个重要任务。他也观察到，《观心论》里的隐喻式表达不应该被描述为"扩大的比喻"（extended metaphor）——或许确实大量使用了比喻，然而却并不一定是"扩大的"（也就是说是复杂的、多维度的）。然而，他错误地理解了我早先的一个建议："冥想的分析"策略（他错误地写成了"冥想的解释"，contemplative interpretation）是北宗的特征，暗示着这是北宗的专属特征，这在表达上正与他引用的笔者的论文相反。该论文题为《中国禅里的牛头宗：从初期禅到禅的黄金时代》（*The Ox-Head School of Chinese Ch'an Buddhism: From Early Ch'an to the Golden Age*）。

以法为火、以智慧为巧匠，三聚净戒，六波罗蜜以为画样，镕炼身心真如佛性。

烧香：亦非世间有相之香，乃是无为正法香也，熏诸秽，恶业悉令清灭。

散华：所谓演说正法说功德花，饶益有情，散沾一切，于真如性，普施庄严。此功德花，佛所赞叹，究竟常住，无雕落期。若复有人散如是花，获福无量。若如来令诸众生，剪截缯彩，复损草木以为散花，无有是处。

绕行佛塔：塔者身也。常令觉惠巡绕身心，念念不停，名为绕塔。

持斋：所谓心常清净不染俗尘，此之净食，名为斋食。

礼拜：恭敬真性，屈伏无明，为礼拜也。[1]

神秀同时也援引了佛教经典中的一个小节：赞颂"沐浴"的功德，将这种努力重新解释为"是故求解脱者，以身为炉、以法为火、以智慧为巧匠，三聚净戒，六波罗蜜以为画样，镕炼身心真如佛性"。下文是神秀"沐浴法"的大略：

净水：一为净戒洗荡身心，如清净水洗诸尘垢。

火：二谓智惠观察内外，犹如然（燃）火能温其水。

1　这些内容都来自《观心论》，参见笔者著《北宗与初期禅的形成》(*The Northern School and the Formation of Early Ch'an Buddhism*)，第 199—200 页。其中在"佛像铸造和图绘"之下所列的比喻让我们想起了道教的内丹术。

洗剂：三谓分别简弃，犹如澡豆能除垢腻。

杨枝：四谓真实断诸妄语，如嚼杨枝能消口气。

青灰：五谓正信决无疑虑，如灰磨身能避诸风。

香油：六谓柔和诸刚强，犹如苏膏通润皮肤。

内衣：七谓惭愧悔诸恶业，犹如内衣遮蔽丑形。[1]

　　换句话说，当神秀认为与佛教精神修养的教学相关时，他就会解释每部经典的每一页。神秀提倡某种"投入"的生活方式，在其中，甚至人的活动最平凡的方面都构成了宗教修行事件。神秀的这种解释，与后期禅宗所强调的将个人修行延伸到日常生活各个方面的思想存在一定联系。在本书第四章，我们将返回这个令人颇有兴味的暗示。[2] 笔者在此想要强调的是，就禅宗最终成为中国佛教内一个独立的传统而言，神秀对禅法的革新起到了重要作用。

　　简而言之，在8世纪初的长安和洛阳，存在一场引人注目的"禅繁荣"运动。在其中，神秀禅法成为地球上最大的两个城市里广受欢迎的禅法，而这两座城市也是世界上最复杂和最具有世界性的社会。正如一位朝臣，同时也是文士的宋之问的文章《为洛下诸僧请法事迎秀禅师表》所描述的：

　　　　两京学徒，群方信士，不远千里，同赴五门，衣钵鱼颉于

1　参见笔者著《北宗与初期禅的形成》(*The Northern School and the Formation of Early Ch'an Buddhism*)，第199—200页。

2　参见本书第139—141页的讨论。

草堂，庵庐雁行于丘阜，云集雾委，虚往实归。[1]

神秀禅法惊人地简单，因为他实际上告诉自己的追随者，只要做"观想"自己当下心的修行即可。在他们每个人一生中的每一个时刻，都要进行在"此时此地"努力成为菩萨的修行。上述态度不仅在后期禅宗里得到回应，而且回响在9世纪初日本天台和真言宗的开山祖师最澄（767—822）和空海（774—835）的"即身成佛"教义里，这两个人很明显从"禅革新"运动里获得了鼓舞。[2]

尽管神秀所提供的禅法信息在某种意味上是简短的，然而他显然用威严的"克里斯玛"个性和独特的、有感染力的修辞风格，将这些信息传递出来。

神秀8世纪初在两京的活动引起了禅的宗教创新能力的爆发。这不仅因为神秀有多至七十位受戒弟子，这些弟子的名字也重要到应该为世人所知的地步，而且因为他的主要弟子自己也成了国师。这些弟子及他们自己的弟子和朋友写下了许多重要文本，概述他

---

1 来自一篇对皇帝的上奏，参见笔者著《北宗与初期禅的形成》（*The Northern School and the Formation of Early Ch'an Buddhism*），第 53 页。

2 关于这两位佛教人物的信息及他们的"即身成佛"教义，参见格罗那（Paul Groner）的《捷径：早期天台宗对即身成佛的解释》（*Shortening the Path: Early Tendai Interpretations of the Realization of Buddhahood with This Very Body*）。亦可参见斯通（Jacqueline Stone）所著《本觉思想与日本中世佛教的转型》（*Original Enlightenment and the Transformation of Medieval Japanese Buddhism*），以及阿部龙一所著《编织咒语：空海与密教话语的建构》（*The Weaving of Mantra: Kūkai and the Construction of Esoteric Buddhist Discourse*）。记载空海在该主题方面文本的翻译情况，可参考羽毛田义人所著《空海：主要著作的英译》（*Kūkai: Major Works Translated*）。然而，这些材料中没有一个提供了重要的、关于空海受到中国禅影响的讨论。

们的教义和修行，其中不仅包括归属于道信和弘忍的文本和上文提及的"灯史"文本，而且包括种类繁多的、我们从敦煌写本里发现的流传至今的文献。

从这些文本传达出的整体印象来看，我们可以感受到各种试验性努力，以向当时其他人传达迄今为止一直默默修行的禅的信息。这些简洁的陈述中有一些真正是别出心裁的，其他一些则是神秀隐喻风格的机械改编。文本里使用了多种表达方式，这一点暗示了，并不是这个新运动参加者中的所有人都如神秀那般精确地理解佛教的修行。出现这种情况是自然的。

这些文献材料最有趣的特征之一，是一些文本描述了实际的禅定修行。虽然禅定的种类极多，但是下面这篇自北宗传播出来的、以《五方便》之名为人所知的文本提供了一个好的导论：

> 看心若净，名净心地。莫卷缩身心，舒展身心，放旷远看，平等尽虚空看。
>
> 和问言："见何物？"
>
> 子云："一物不见。"
>
> 和言："即用净心眼，无边无涯除远看，无障碍看。"
>
> 和问："见何物？"
>
> 答："一物不见。"
>
> 和："向前远看，不住万境；台身直照，当体分明。向后远看，不住万境；台身直照，当体分明。

两边远看……

向上远看……

向下远看……

十方顿看……

闹处勤看……

静处细看……

行住等看……

坐卧等看……"

问："看时，看何物？"

答："看看，看无物。"

问："阿谁看？"

答："觉心看。"

透看十方界，清净无一物。常看无处相应，即是佛。豁豁看看，看不住。湛湛无边际，不染即是菩提路。心寂觉分明，身寂则是菩提树。四魔无入处，大觉圆满超能所。[1]

已经无须继续引用下去了。这些内容清晰地表达出要求弟子将

---

1 这种资料一般被置于"五方便"的标题下。参见笔者著《北宗与初期禅的形成》（ *The Northern School and the Formation of Early Ch'an Buddhism* ），第 172—174 页。斜体字部分代表了仪式化的、几乎是合唱式的回应。最后一段里的"无处"无法获得完全清晰的理解。该术语在稍后（即 8 世纪末和 9 世纪初）的禅文本里的出现方式也需要进一步分析，而在此处，其含义或许仅是"没有地方"，"四魔"显然指的是四种"魔鬼"（ māra ），参见中村元：《仏教語大辞典》，第 532 页上。

重点放在身体中心的"开悟之心"上，指导他们训练自己的心，以穿透整个宇宙和所有的个人活动。该教学的空间特征是独特的，然而经由这种修行而培养出来的意识，与后期禅宗里的相关内容类似：释放的感觉、所有经验的普遍平等性的认识、对万物本性空的认识、深邃的平静特征，而首当其冲的则是心之观察和理解万物的内在能力。

此处所展现的基本实践方向类似于弘忍《修心要论》里所提倡的精神修养的方法，即指积极、有力然而毫无紧张或有分别心地执着于目标。

我们刚刚描述的理解这种禅定修行的最佳方式，用神秀的表述，就是"圆教"。我们将很快回到这个问题上。

此处先行讨论的，是神秀禅定思想的批评者，这个人物不大积极肯定禅定实践，因而批评了神秀这些关于"远看"的指导，这很容易理解。

二、神会对北宗的攻击

在 730 年、731 年和 732 年，一位名为神会的和尚在远离洛阳的河南省的一个城镇里举行了公开辩论会。神会指责神秀的两个弟子错误地申言他们的"法系"，并传授了一种"不究竟"的禅修行方式。745 年，神会转移到洛阳，并继续进行这场"战役"。对 732 年发生事件的文本记录（其实编纂于 745 年）描述了一个对话者向神会提出的问题，这位对话者是名为崇远的不知名和尚，神会对问题的回应如下（《菩提达摩南宗定是非论》）：

> 远法师问："嵩岳普寂禅师，东岳降魔藏禅师，此二大德皆教人坐禅，'凝心入定，住心看净，起心外照，摄心内证'，指此以为教门。禅师今日何故说禅不教人坐，不教人'凝心入定，住心看净，起心外照，摄心内证'？何名坐禅？"
>
> 和上答："若教人坐，'凝心入定，住心看净，起心外照，摄心内证'者，此障菩提。今言坐者，念不起为坐；今言禅者，见本性为禅。所以不教人坐身住心入定。若指彼教门为是者，维摩诘不应诃舍利弗宴坐。"
>
> 远法师问曰："何故不许普寂禅师称为南宗？"
>
> 和上答："为秀和上在日，天下学道者号此二大师为'南能''北秀'，天下知闻。因此号，遂有南北两宗。普寂禅师实是玉泉学徒，实不到韶州，今日妄称南宗，所以不许。"[1]

这是一种令人震惊的描述。神会利用公开辩论的模式，搬出了一个戏剧性的和尖锐的措辞，攻击"北宗"。"北宗"是神会自己发明的词汇，用以标识神秀及其弟子们。"北宗"瞬间刺向了人们的心灵，尽管这个词汇具有公开的轻蔑和论战式的扭曲色彩。

---

1 神会：《菩提达摩南宗定是非论》。参见《禅的布教师：荷泽神会——顿悟思想与中国禅的南宗》（*Zen Evangelist: Shenhui, Sudden Enlightenment, and the Southern School of Chan Buddhism*）。——译者注

我们从上文中可以得知，这个松散的禅修团体的某些成员确实使用"南宗"一词描述他们自身的禅法。实际上，除了上面这段文字，也存在其他辅助证据表明这一点。

神会积极地投入重构禅宗历史的行动中。重要的是，我们需要认识到神会大量地借用了所谓"北宗"的说法，尽管他如此严厉地批评对方。例如，神会模仿普寂，建立了自己的祖师祀奉堂（七祖堂），甚至在他努力去建构从菩提达摩到惠能的单传谱系的时候，也是模仿普寂，只不过，他继续暗示祖师名位已经传给自己。[1]"北宗"一词本源性地生产出禅宗系谱模式的轮廓，然而只是在神秀这里，其"单线"特征才清晰地彰显出来。神会的禅修理论同样也继承了弘忍《修心要论》和神秀撰述中的观点，然而他很暧昧地拒绝了其中的心灵控制的价值。

在禅传统内，神会是具有独特"宗教人格"（Persona）的一位，这根源于其传道者的使命感。神会并不是标准的禅修指导者——耐心地指导那些热忱的禅修者奋力去解决各种各样的问题，完成灵修的各个阶段。相反，神会终其一生致力于"戒坛"（ordination platform）上的事务，在这样一种场合，神会扮演了各种角色，如带给听众灵感的演说家、号召加入僧团的劝诱者、僧团和政府的募金

1　乔根森（John Jorgensen）业已指出，神会对"北宗"批判的论证在模式上是相应于中国祖先崇拜的，然而他并没有注意到神会的"祖堂"（lineage hall）是模仿普寂而建立的。参见乔根森所著《禅宗正统谱系：儒家仪式与祖先崇拜在中唐时期禅宗寻求合法性中的角色》（The "Imperial" Lineage of Ch'an Buddhism: The Role of Confucian Ritual and Ancestor Worship in Ch'an's Search for Legitimation in the Mid-T'ang Dynasty）。

者等。[1] 神会的使命是激发信徒，使他们产生某种为了一切众生而虔求圆满开悟的渴望，这是"菩提心"生发的契机，是成为菩萨的最重要的标准。

神会是一位公开说法的禅师，他用其舞台表演艺术和激动人心的风格吸引了群众。这儿有一个例子显示神会努力鼓舞他的听众达到开悟的第一个阶段（发菩提心），尽管他们只是在听他的传法而已：

> 知识，既一一能来，各各发无上菩提心，诸佛菩萨、真正善知识，极甚难值遇。昔未曾闻，今日得闻；昔未曾遇，今日得遇。
>
> 《涅槃经》云："佛告迦叶言：'从兜率天放一颗芥子，投阎浮提一针锋，是为难不？'迦叶菩萨言：'甚难，世尊。'佛告迦叶：'此未为难，正因正缘得相值遇，此是为难。云何正因正缘？知识，发无上菩提心是正因；诸佛菩萨，真正善知识将无上菩提法投知识心，得究竟解脱，是正缘，得相值遇为善……须一一自发菩提心……'"
>
> 现在知识等，今者已能来此道场，各各发无上菩提心，求无上菩提法。若求无上菩提，须信佛语，依佛教。（《南阳和上顿教解脱禅门直了性坛语》）[2]

1　参见笔者文章《神会在戒台上的使命及我们对中古中国佛教的形象化理解》（ *Shenhui's Vocation on the Ordination Platform and Our Visualization of Medieval Chinese Ch'an Buddhism* ）。

2　这是从神会的《坛语》里抄出的。参见《禅的布教师：荷泽神会——顿悟思想与现代中国的一位评论家极为赏识神会的创新："已经不是禅的'新禅'了"，这就是一条抛弃禅定修行的佛教新道路。[1] 在神会的撰述里，禅定修行醒目地缺失了。这并非因为禅定不再被囊括进禅的训练体系，而是因为，神会个人的宗教使命是传道者、僧团招募者和募金者，而非虔敬修行僧人的精神指导者。这不是禅宗行为的一般反映，而是神会殊异于他人的宗教个性的反映。

　　我们并不拥有神会自身曾持续进行精神修行的努力的证据，而他的"法系"也并没有显著地延续下去。尽管神会少数直系弟子为人所知，他们中却没有一个在历史上产生重要作用。

　　甚至宗密，这位神会去世后数代的弟子中最有名的一位，似乎也并非他的直系后裔，而是另一个名为"神会"的僧人的法裔。这就是我的禅学研究四原则中第二个原则的一个很好的例子，即法系声明愈强烈，距离事实愈远。神会之所以在禅史演化过程中产生极为重大的影响，其原因要到其他方面去寻找。

　　中国禅的南宗》（*Zen Evangelist: Shenhui, Sudden Enlightenment, and the Southern School of Chan Buddhism*）。——译者注

[1]　该评论者是胡适（1891—1962）。对于胡适就禅进行解释的评论，参见笔者文章《中国历史书写中的革命性宗教：胡适（1891—1962）论神会（684—758）》[*Religion as Revolution in Chinese Historiography: Hu Shih（1891-1962）on Shen-hui（684-758）*]。

三、牛头宗：禅宗分派危机的解决

经由在新界定的"南宗"和"北宗"之间制造尖锐的两极对立，神会对神秀弟子们的攻击导致了初期禅的危机。这个危机的解决是由禅宗的第三个支派"牛头宗"和《坛经》的制作来完成的。神会对同时代其他禅僧尖刻的点名批评是从未有过的现象，这也使得神会自身被污名化了——甚至在他的许多立场被接受的情况下。

神会把北宗禅漫画式地讥讽为"渐教"或许并不为所有人所接受，但既然"北宗"是神会在想象里人为制造出来的概念，其他人也没有花什么精力来捍卫它。

神会简单的"顿善渐恶"（"顿"尤指灵感的最初瞬间；"渐"指的是渐进地对完美觉悟的理解）价值观结构并没有为人所接受，然而他的好战和夸夸其谈，令人们羞于和可能被攻击为"渐教"及摇摆的"二元论"者为伍。

因而，我们在后来的禅文本里观察到某种未曾明言的"修辞的纯粹性原则"（rule of rhetorical purity），这就是，避免任何对具体的禅定修行的直接讨论，因为任何方法都可以被界定为某种形式的"渐修"。

除此之外，在8世纪后半叶数十年的文献里，我们发现存在许多消除南宗和北宗、顿教和渐教尖锐对立的努力。[1] 下面是一些例子。

首先，诗人皎然有一篇文章《能秀二祖赞》：

> 二公之心，如月如日。四方无云，当空而出。
> 三乘同轨，万法斯一。南北分宗，亦言之失。

皎然追怀菩提达摩、智𫖮（大台宗的创始者）、"北宗"僧人老安（709年去世）和普寂、惠能和神秀、传说中的人物宝志（418？—514？）、神秀（单列）及牛头宗的玄素（688—752），并没有单独称赞惠能。

其次，著名诗人柳宗元（773—819）为一位牛头宗的僧人撰写的碑文（《龙安海禅师碑》）包括如下内容：

> 故传道益微，而言禅最病。拘则泥乎物，诞则离乎真，真离而诞益胜。故今之空愚失惑纵傲自我者，皆诬禅以乱其教，冒于罳昏，放于淫荒……
>
> 师之言曰："……离而为秀为能。南北相訾，反戾斗狠，其道遂隐。"

最后，是一位牛头宗重要人物安国玄挺的陈述，见于《宗镜录》卷九十八：

1　前文也谈到了这种区别，请分别参见本书第52页和第60页开始的讨论。

> 檀越问："和尚是南宗北宗？"答云："我非南宗北宗，心
> 为宗。"[1]

那么，此处的"牛头宗"的影响是什么？牛头宗于 8 世纪后半
叶在那些在文学创造力方面有名望的僧人之中发展起来，他们觉得
自己与禅宗传统有深层的联系。

牛头宗这支禅系，将自身界定为独立于南宗和北宗的一派。然
而，至少有部分牛头宗成员为惠能这个被神会推为禅宗六祖的形象
所吸引。《坛经》的最早版本可以追溯至 780 年左右，该版本有效
地利用了牛头宗的一些观念，制作出理解禅的一个描述性框架。[2]

牛头宗并非仅仅弱化了北宗和南宗的分野，它还创造出一种
新的修辞手段，并经由这些修辞手段克服了人为制造出来的、让人
痛苦的区分。这些努力背后的哲学支撑我将在下一节讨论，它来自
《绝观论》。这个富有想象力的文本以一个理想化的禅师"入理先
生"和他的弟子"缘门"之间的对话呈现出来，其所得则是一个意
蕴深厚的虚构故事，该故事描述了师徒之间的精神对话，并使得后
者觉悟：

> 入理先生、寂无言说。缘门忽起、问入理先生曰："云何
> 名心、云何安心？"（先生）答曰："汝不须立心，亦不须强安，

---

1 这些引用来自笔者所著《牛头宗》(Ox-Head School)，第 201—203 页。在最后一
  部分引用里，"宗"（school）最早的意思是"男性始祖"，此处的意涵则为"父系
  性原理"（这是柳田圣山的翻译），最后则延伸出"宗派"的意思。
2 参看下文第 104 页。

可谓安矣。"

问曰:"若无有心,云何学道?"[1]答曰:"道非心念,何在于心也?"问曰:"若非心念,当何以念?"答曰:"有念即有心,有心即乖道。无念即无心,无心即真道。"……问曰:"无心有何物?"答曰:"无心即无物,无物即天真,天真即大道。"

缘门问曰:"夫言圣人者,当断何法、当得何法而云圣也?"入理曰:"一法不断,一法不得,即为圣也。"

问曰:"若不断不得,与凡何异?"答曰:"不同。何以故?一切凡夫妄有所断、妄有所得。"问曰:"今言凡有所得、圣无所得,然得与不得有何异?"答曰:"凡有所得,即有虚妄……"问曰:"谁说是言?"答曰:"如我所问。"问曰:"云何如我所问?"答曰:"汝自观问,答亦可知。"

于是缘门再思再审,寂然无言也。入理先生乃问曰:"汝何以不言?"缘门答曰:"我不见一法如微尘许而可对说。"尔时入理先生即语缘门曰:"汝今似见真实理也。"

缘门问曰:"云何似见、非正见乎?"入理答曰:"汝今所见无有一法者,如彼外道,虽学隐形,而未能灭影亡迹。"缘门问曰:"云何得形影俱灭也?"入理答曰:"本无心境,汝莫

---

1 就中国佛教文本的翻译而言,最通常的错误之一是对"道"的翻译。"道"的字面意思是道路,在中国佛教文本里也指"觉""法""乘""六道",也用来暗指某些抽象的特征"hood""ship"(如 buddhahood、arhatship)等。"道"最普通的例子是对武术竞技设施的解释,即"道场",意思是"道之场所"。实际上,"道场"这个词是 Bodhimanda 的汉译名,意思是佛陀位于菩提树下"觉悟的场所"。

起生灭之见。"

　　问曰："若不转，即身是，云何名难？"答曰："起心易，灭心难；是身易，非身难；有作易，无作难。故知玄功难会，妙理难合；不动即真，三圣希及。"

　　于是缘门长叹，声满十方，忽然无音，豁然大悟。玄光净智，返照无疑，始知学道奇难，徒兴梦虑，而即高声叹曰："善哉！善哉！如先生无说而说，我实无闻而闻……"[1]

　　该文本的重要性基于两个原因。首要同时也是最重要的原因是，它所描述的师徒间的互动产生于以下的时刻：（1）后者开始提出疑问。（2）后者达到了中间的觉悟状态，而又暂时对目标出现错误认识。（3）后者终于获致最后的觉悟。该文本只是8世纪后半叶致力于明确的虚构描述——即戏剧化描述——故事发展过程的许多文本中的一个。记录文本应该包括实际的、历史上存在的弟子的言语，在这方面该文本并不令人信服。

　　上述观察与禅的"机缘问答"誊录文本的出现有相关性。我们将在下一章里回到这一点。

　　其次，我们应该注意到这段引文的"三重性"结构。与神会

1　参见笔者著《牛头宗》（Ox-Head School），第214—215页。最后一段里"返照"（counter-illumination）这个术语指的是觉悟之心返回自身并照亮自身的能力，形式上比照黄昏落日穿越地平线往回返照。顺便提及，本篇开始关于"安心"的解释或许是菩提达摩为惠可"安心"故事的文献来源。正如已经提及的那样（第45页），该故事最初出现的书写文本是在952年，菩提达摩与惠可之间的对话也是虚构的脚本（然而虽然是虚构的，却因此更为重要），用以说明禅的修行和可能出现的开悟。

简单、顿渐对立的"二元化"价值系统形成对比的是，此处出现了"三重性"模式：提出问题、中间的疑惑、最终觉悟。对牛头宗文本的近距离考察表明，他们的教法通常使用某种三重性逻辑结构，与智顗的"空、假、中"的"三谛"模式类似，在结构上也类似于黑格尔的"正—反—合"模式。[1] 然而在这个事例中，经由运用大乘佛教的根本概念"空"（*śūnyatā*），其产生了它的影响。实际上，同一个三重结构至少在一位印度重要的中观学派哲学家那里有明显的表达。[2] 也就是说，在第一个阶段做出了某个佛教表达，该表达术语在第二阶段上被清除，佛教理解因此在第三个阶段提升到一个新的高度。这种模式的重要性只是当我们考察中国初期禅最伟大的杰作《坛经》的时候，才得以清晰地呈现出来。

1　参见斯旺森（Paul Swanson）《天台哲学的基础：中国佛教对二谛义的发展》（*Foundations of T'ien-t'ai Philosophy: The Flowering of the Two Truths Theory in Chinese Buddhism*），第 150—156 页。

2　这种高扬的哲学风格的技术术语在德语里有 aufhebung（"废除" abolition, abrogation, annulment）。这里提到的印度哲学家是清辨（Bhāvaviveka）。清辨的主张如下：（1）从日常生活里区分出来；（2）否定上述同一种区分；（3）以某种改变了的方式重新肯定这种区分。参见艾可（Malcolm David Eckel）的《亲见佛陀：一位哲学家寻求空的意义之旅》（*To See the Buddha: A Philosopher's Quest for the Meaning of Emptiness*）。

四、《坛经》: 初期禅的巅峰文本

《坛经》约于 780 年面世,与其所描述的有可能发生的事件距离一个世纪。许多学者煞费苦心地确定文本的"主要来源"或"核心内容",认为凭借它们,可以回溯到惠能生存的年代。然而,这些努力完全失败了,这种徒劳的努力仅证实了该文本是晚出的,我们所知也正是如此。如果去除那些离奇的发现,我们必须将敦煌本作为发现的第一个版本。然而,我们确实应该满足于此,因为这个较早出现的版本是初期禅的巅峰成就,这篇杰作创造出对既往禅史的一种新的理解,甚至指出了禅修行新风格的发展道路。

《坛经》的核心内容展现了如下的故事。[1]

在渐趋人生的尽头之时,五祖弘忍命令所有弟子创作"心偈",以展示自己的开悟层次。如果其中有一个偈子表明其作者理解了佛法真义,他将获得五祖的袈裟和"六祖"的地位。然而弘忍的弟子中,除了一个以外,所有的弟子都无视他的命令,他们感到自己僧团的下一位领导者是神秀。

神秀自身也对弘忍的要求烦躁不安,然而他还是想到:

---

1 我曾经发表了以下材料的简化版本,标题是 "The Story of Early Ch'an"。此处从《坛经》里抽出的这篇及随后的文字来自扬波斯基(Philip B. Yampolsky)所著《敦煌写本〈六祖坛经〉及英译》(*The Platform Sutra of the Sixth Patriarch: The Text of the Tun-Huang Manuscript with Translation*),第 129—132 页。笔者对引文做了调整。

上座神秀思惟："众人不呈心偈，缘我为教授师。我若不呈心偈，五祖如何得见我心中见解深浅？我将心偈上五祖，呈意即善，求法觅祖不善，却同凡心夺其圣位。若不呈心，终不得法。"（录自敦煌本《坛经》）

最后，神秀确实写下一首偈子。然而，神秀对这个偈子之于祖师之位的价值和得体度非常不确定，于是以匿名的方式，于三更时分，在南廊下中间壁上写出了自己的心偈。之所以选在三更，是要防止被其他人看到。神秀的偈子是：

身是菩提树，
心如明镜台。
时时勤拂拭，
莫使有尘埃。

当弘忍第二天清晨在南廊下看到这个心偈时，就取消了在南廊下画《楞伽经》变相图的计划。弘忍高度称赞神秀的偈子，并且号召弟子们背诵它："依此修行，即不堕落。"然而在私下里，弘忍向神秀指出，偈子并未展现出对佛法真义的理解，并建议这位大弟子另外再创作一首，以争取获得祖师的继承权。然而神秀最终没有做到这一点。

与此同时，一个不识字的、从遥远的南方过来的俗人舂米者惠能，完全不知晓弘忍传位之事。某日有童子于碓房边过，唱诵此偈。惠能及一闻，知未见性，即识大意。童子向惠能解释了事件的原委，惠能请求童子将自己引至南廊下见此偈。因惠能不识字，于是就请求他人将自己的偈子记录下来，亦题在南廊下。

实际上，最早版本的《坛经》包括了惠能的两首偈子：

菩提本非树，
明镜亦非台。
佛性常清净，
莫使惹尘埃。

心是菩提树，
身为明镜台。
明镜本清净，
何处惹尘埃？

很明显，《坛经》的编纂者竟无法决定哪首偈子更好！而在《坛经》的后期版本里，这种不精致性被擦除了，著名的第三行被添加进来：

菩提本无树，
明镜亦非台。
本来无一物，
何处惹尘埃？

依据敦煌本《坛经》所叙述的最初故事，弘忍在公开场合诋毁惠能的偈子，然而私下却在当晚深夜向惠能传授《金刚经》真义。

惠能一闻，言下便悟。其夜受五祖顿教及袈裟，成为六代祖。在当夜很晚时分离开了寺院。

上文所述即禅传统里最受尊崇的传说。我在此仅介绍了该故事的轮廓，然而即使从这些最小的细节里，我们也可以看出，《坛经》创造出许多禅演进的新历史叙述道路，甚至可以说它暗蓄着某种新的宗教形态。

首先，在对某些细节的描述里，《坛经》的叙述很显然是作为历史隐喻书写出来的。

例如，我们注意到，叙述中暗示出从《楞伽经》到《金刚经》的转换。例如，叙述中包括画《楞伽经》变相图的取消和弘忍向惠能传授《金刚经》的内容，这与8世纪两个文本流行度的变化相平行。《楞伽经》在禅宗里的位置一直是模棱两可的，因为该文本一直是被抽象地尊奉着，而非作为实际研究对象。然而从整体上看，《楞伽经》是与北宗的禅师联系在一起的。在当时，《金刚经》业已在中国宗教社会获得了更为广泛的流行，然而，如果说神会并非当时唯一称颂《金刚经》的和尚，也算最早的人物之一了。因此在《坛经》里，这两个文本大致象征着北宗和南宗这两个宗派。

同理，在弘忍僧团里，神秀的地位突出与惠能的地位低下，可以被视为《坛经》完成前这两支禅派的力量对比。在与该文本同时产生的一个传记文本及《坛经》的后期版本里，惠能被认为接受禅宗法脉传承后躲藏了十六年，这是一种与禅派记忆相联系的、禅运动初期力量微弱的更形象的表达。

图三　出租车后挡风玻璃上的《坛经》里惠能的偈子，
作者拍摄于 1996 年，中国台湾台南地区。

其次，神会在《坛经》里的缺席值得重视。神会自己撰述的文本从未提及"心偈"（传法偈），也没有提及《坛经》里叙述的故事等类似内容，这极为重要地显示出："传法偈"的题写是在神会去世之后才发生的事件。至少其产生时间不早于神会为惠能的六祖称号奋勇挑战之时，也不早于神会对顿悟教义强烈信奉之时。换句话说，《坛经》的一个重要特征是：包含了神会那些创新之见，却将他从故事情节里隐去。正如上文所提及的，尽管神会改变了禅演化的理解方式，其教派主义的运动发展势头却将神会自身污名化了。

然而，我们应该如何理解那些偈子呢？传统的解释要从禅和华严两宗里伟大的体系化哲学家宗密（780—841）生活的年代开始，这种解释就是：神秀的偈子代表着渐教，而惠能的偈子代表着顿教。顿教认为，觉悟的出现是一次性的转换，这种转换既是全体的又是瞬间的。这种解释无法被接受。

宗密假装自己属于神会法裔，然而面对神会禅法与《坛经》之间的明显区别，宗密的解释应该被理解为对原文的策略化扭曲。

首先，归于神秀的偈子并非意味着"渐进主义"或"向上主义"的努力，而是"擦拭镜面"的"不断地"修行。因此宗密的传统解释从观念上看就是不正确的。其次，归于惠能的偈子无法单独成立，对于该偈子的变体形式也是如此。如果不提及神秀偈子的话，惠能的偈子就无法理解了。既然这两个偈子构成了不可分割的一对，它们就展现出一个单独的两极性（polarity），而并非两种禅法。将其中的一个偈子作为理解神秀和惠能两位历史个体的宗教教义的关键，这种做法是不可接受的。

那么我们应该如何理解神秀偈子中存在的等式呢？将身体视为菩提树是容易做到的，因为等式的两边全是有形之物。正因为菩提树下是释迦牟尼觉悟之所，所以我们的肉身也必然是每位众生觉悟的场所。但是，我们的心灵如何像"镜台"呢？许多英文作品在翻译神秀的偈子时删除了"台"这个意思，只是简单地说"心如同镜子一般"，然而这种解释可以直率地说是一种错误。[1]下文提供的解决方式来自神秀的一篇文章：

> 灯者，觉正心觉也。以智慧明了喻之为灯，是故一切求解脱者常以身为灯台，心为灯盏，信为灯炷，增诸戒行以为添油，智慧明达喻灯火常然，如是真如正觉灯明破一切无明痴

1　这里的汉语词汇"镜台"与现代日语里的"镜"相对应。

暗。(《观心论》)[1]

没有明确证据表明历史上的神秀曾写过任何类似于《坛经》里归属于他的偈子那样的文字，或曾经以比喻的方式，将心和镜台等同。然而从个性特征看，神秀完全可以这么做。如果我们要思考他如何创作出这样的比喻，我们或许可以给出一个假设的结论：神秀或许使用过该篇文章给出的逻辑。

也就是说，当神秀使用"方便"，将佛教经典里不同的成分解释为是对"观心"的"不间断修行"的依据时，神秀或许假定身体是觉悟的综合环境（菩提树），心灵的感觉和知觉活动是觉悟的最接近的支撑（镜台），清净心或开悟之心自身是明亮的镜面，将灰尘从镜面上擦除的日常维护行为，类似于维护佛教戒律或寺院清规。[2]

经由对与神秀相关文献的最广泛阅读，可以明显看到神秀禅法的基本信息：不间断和圆满的教法（圆教）、无休止的菩萨观念之个人化修行实践。仅需匆匆一瞥，我们也会明白，《坛经》的匿名作者将神秀禅法看作是渐教初阶，这不符合事实。其实，神秀禅法

1　参见笔者著《北宗与初期禅的形成》(*The Northern School and the Formation of Early Ch'an Buddhism*)，第 235 页。在英语里，suchlike 与汉语"如"相对应。Tathāgata 汉译为"如来"，"如"在此是修饰语。

2　如果这种对神秀（语言）的"使用法"的重建是正确的话（甚至是近似正确），那么它表明《坛经》偈颂的出现在某种程度上是对神秀思想的断章取义。尽管这种现象并不令人惊讶，但它使得任何对偈颂的完整解释都很脆弱。尽管我给出了这种推理性解释，但"菩提树"和"镜"或者是两种完全隔离的比喻，它们仅是以某种尴尬的姿态在偈子里结合起来。

异乎寻常的深奥。

因为《坛经》的创作目的是显示惠能禅法的至上性，所以与它进行对比的事物不应该是某种初级事物，而应该是某种被公认为高等级的事物。在"后神会时代"，渐教就被视为这样的初级事物。例如，假使我提出一个崭新的数学理论，我不会将其与小学数学进行比较，而是要与复杂得多的数学理论进行比较。

惠能的偈子也没有表现出明显的顿教特征，它仅是对神秀偈子里用语的反转或否定。如此看来，这两首偈子并不代表顿渐二教的非此即彼，当然它们也并不代表这两个禅宗对立法系的明确的禅法表述。

如果我们将其与牛头宗里"入理先生"和"缘门"这对师徒间交换意见的描述从结构上加以比较，其相似性是很清楚的：《坛经》使用了我们在牛头宗思想里发现的同一种"三重性"结构。换言之，（1）持续不断的教学法，首先被假定为正式的佛教教学里可能的最高级表达形式。（2）在此之后，惠能的偈子使用了"空"的修辞，以削弱上述表达里所使用的术语的实体性内容。然而，第一个命题的基本含义依旧维持着，却如同一块阴影，其鲜明的轮廓已经被第二个命题带来的影响去除了。（3）第三个同时也是最后一个命题，因此包含了第一个命题所假设的内容和第二个命题涂擦的痕迹，并于此时修剪了其过于清晰的轮廓。在《坛经》里，这第三个命题很明显维持了文本的平衡，它包含了佛教终极教义的表达，并以某种与"修辞的纯粹性法则"并不抵触的方式做到了这一点。

尽管存在某种程度上的杂乱，《坛经》里惠能说法的均衡性却是初期禅法的一个精彩混合物，是直至8世纪后半叶整个禅传统的实质上的思想宝藏。

惠能说法的核心，是我们在菩提达摩和弘忍那里看到的同一种对佛性的理解，它包括如下这种观念：对于凡夫而言，佛性仅因他们的虚假意识而隐没不见。《坛经》里也存在很明显从神会那里借用过来的对北宗禅定的批评，也包含了神会"定慧等"的教义。

然而，《坛经》里的惠能有意识地消除了神会的"二元"程式，并不停地告诫说，"顿"和"渐"的区别仅在于修行者的利钝。尽管如此，惠能的说法实际上确定了某种不同于神会的、面对实际禅定修行的姿态。《坛经》在"顿/渐"区分上的总体态度并非神会那种直率论战式的"高级 VS 低级"。《坛经》付出了细致入微的努力去描述这个难以驾驭的主题，换言之，这是面对佛教精神修行应该采取的最基本态度。此外，该文本清楚地认同在家信众全部参与到修行过程里，这是致力于度僧和募金的神会从未做过的事情。在神会看来，在家信众是潜在的出家对象。或者在某些情况下，杰出的政府官员能够为神会的活动赋予权威性。

《坛经》继承了那种将传统佛教的命题（申言）重新解释为禅定修行指导的风格，这种风格最初是从神秀那里发展起来的，在某种程度上也为神会保留着，在牛头宗那里甚至被提升到更高的地位。

《坛经》所描述的惠能自己的说法，后来得到了各种各样的解释。与我在本书中所能给予的篇幅相比，这一现象所应获得的关注远甚于此。我们当前只需要注意到的是该文本的开放性，也就是说，尽管这个著名的手稿标志着禅宗传统某个发展阶段的完成，但它并没有为教义的继续演化关上大门。

该文本自身确实在接下来的数世纪内经常更新，这暗示出在某种意味上中国禅的信徒花了一些时间才满足于《坛经》里教义的描述。学者们在将来或许可以探索该文本里增加和修改的部分，并将其视为禅演化的一个索引。

然而也存在如下这种感觉：禅宗此后的发展将《坛经》弃于一边，也就是说，《坛经》促成了作为精神修养模式的禅宗"机缘问答"阶段的出现。

《坛经》与其说是任何时代都通用的经典，不如说是某个时代伟大顶点的代表作。由于敦煌写本的发现，《坛经》在20世纪被极大关注，在全世界禅（Chan 和 Zen）的团体里，该文本极为流行。

我们需要记住的是，《坛经》在中国宋代和日本的镰仓时期并没有得到如此广泛的关注。[1]

然而我们仍旧会多花点时间讨论《坛经》的开篇逸闻。读者或许会感到疑惑，该文本所描述的事件是否真的发生过？在此我们可以确定的是，这种可能性无论如何都不存在。该记述必须被作为非凡的、宗教意义上的重要虚构来接受。

为什么我们说如此肯定的话呢？首先，神秀只是在弘忍教学生涯的开端时期，跟随弘忍学习了一些年，后来就离开了，因此在该假设的事件发生时，神秀在当地已经踪影全无了。其次，这种在弘忍晚年时期选择某个继承人作为"六祖"的观念是难以置信的，因为禅的"单传"观念，即"有且仅有一位祖师正统继承者的观念"

1　关于《坛经》在高丽僧人知讷精神生涯里的重要性，参见罗伯特·巴斯韦尔（Robert E. Buswell Jr.）所著《一位韩国人对禅的理解：知讷著作集》（*The Korean Approach to Zen: The Collected Works of Chinul*），第1、23、34页。

只是后期的产物，它来自神会的教义。[1] 再次，如果该事件为神会所知的话，这位致力于推动惠能获得六祖身份的故事高手，理所应当地会将该故事收入自己的作品里。存在有力的证据表明，在 8 世纪 30 年代，神会对惠能生涯里的大多数细节一无所知。一种可能然而根本无法确定的情形是，神会只是在自己的晚年才想到去为装饰惠能的生涯做出贡献。[2]

也有一些证据表明，《坛经》里的偈子，包括归属于神秀和惠能的两种偈子，是利用"北宗"（而非"南宗"）的文本创作出来的。我们在上文"北宗"的文本里关于"五方便"的讨论之处，已经看到"菩提道"和将身体的平静当作"菩提树"，也暗示不要看"一物"。[3] 在这个语境里，重要的是一份包含了大量北宗风格的比喻的敦煌写本（P. 2192：《法句经疏》）有如下一句话："元来无一物。"在汉语里，这句话与著名的《坛经》里惠能偈子的第三句"本来无一物"非常相似。这就暗示出《坛经》是在某种观念的基础上修改而成的，而这种观念最初是在北宗的风格和语境里传播的。

既然"北宗"指代的是与宫廷文人社会和佛教界相联系的大规模运动，而神会和惠能的南宗是来自东部和遥远南方的田舍里的微弱声音，因而不必太过于惊讶的是，与后者相联系的某种传统的发

1　只是在神会的作品里，禅宗祖师才首次以数字显示他们的世代。

2　如果神会知道与心偈有关的逸闻的话，当然一定会复述它。此外，本处所表述的其他论证在我的另外一篇文章里有更多篇幅的探讨。参见笔者著《禅的布教师：荷泽神会——顿悟思想与中国禅的南宗》(Zen Evangelist: Shenhui, Sudden Enlightenment, and the Southern School of Chan Buddhism)。

3　即本书第 85 页。

明利用了来自前者的资源。[1]

五、文盲圣人惠能与禅宗的演化

最后，让我们简要考察惠能自身的传奇身份。因为我们乃是经由这种图像而非教义本身而感受到《坛经》的主要影响。

历史上的惠能似乎是我们上文提到的类似于北宗那样松散团体里声望很高的一位。也就是说，惠能之名是在一个8世纪早期的"灯史"文本里被提及的，被列为十大弟子之一。尽管他只是具有地域重要性的弟子中的一位，因为他居住在遥远的中国南方的曹溪。（《楞伽师资记》弘忍章引《楞伽人法志》）。惠能之名第二次出现是在一个致力于纪念弘忍的敦煌文本（P.3559，《先德集于双峰山塔各谈玄理》）里。在这个文本里，惠能和其他人一起出现并以如下的方式被简略提及：没有说出任何特别的、能够与历史上的惠能联系起来的思想。我们在他处被告知，惠能去世之后，他的居住地成为一个寺院。（《曹溪大师传》）如果上述情况属实的话，他的家族在某种程度上一定是当地望族。

以下情况引人注目，甚至令人震惊：神会对被认为是自己师父的人所知是如此之少，似乎神会除了从惠能那里得到觉悟印可之

1　这里使用的语句援引了霍布斯鲍姆（Eric Hobsbawm）和朗格（Terence O. Ranger）的用法，参见霍布斯鲍姆和朗格所著《传统的发明》(*The Invention of Tradition*)，第199页。

外，实际上所获甚少。当然，我们在此可以引入一对比较项作为参照：菩提达摩和惠可。或许如下观点是公允的：将历史上的惠能视为相当传统的中国僧人，其禅法与北宗其他成员之间仅存在细微差别——如果不是说完全无差别的话。

与我们刚才描述的图像形成对比的是，《坛经》里描绘的"传说中的"惠能是一位来自中国遥远南方的文盲，他的家庭沦落到如此贫困的程度，以至于依赖售卖所伐木材维生。尽管出身卑微，"这个"惠能却被赐予中国所有的道德品质：一个伺候寡居老母的孝子。很明显，这个身份卑微、品行谦逊的典范是从此前与弘忍相关的圣徒传发展而来的，后者被设想为白天禅定、晚上照料牲口的人。从其所有的品质来看，概而言之，惠能正是当时僧团里占据统治地位的文化素养高、社会地位优越的僧人的对立面。神秀实际上是上述僧人的一个最佳代表：他在世俗文化和佛学方面都得到良好教育，来自一个地位尊贵的甚至与皇室有关联的家族，并因此习惯于那个社会和享有经济特权的世界（译者按：此指社会阶层）。在这个意义上，没有比历史上的神秀与传说中的惠能之间的反差更大的了。[1]

1　惠能"看起来是鲁钝和勤勉的清洁工"的图像见之于司马虚（Michel Strickmann）所著《大智若愚与中国法师》（*Saintly Fools and Chinese Masters*），第 52 页。尽管司马虚此处的论述主题很大程度上引用的是后期文献，然而描述一群为师父从事体力劳动的弟子的情景至少可以上溯至葛洪的《神仙传》。除了葛洪对自己的评论外，也可参见陈安世的例子，在他那里也有这个图像。参见康儒博（Robert F. Campany）所著《寿与天齐：葛洪〈神仙传〉翻译与研究》（*To Live as Long as Heaven and Earth: A Translation and Study of Ge Hong's Traditions of Divine Transcendents*），第 14、137—139 页。

但是惠能的图像只是外表上的偶像破坏主义，肤浅的平民主义者。

就禅宗系谱理论的发展而言，《坛经》里对惠能的描绘，目的是要表明：任何人都可以被指定为"六祖"，只要他满足实际上最要紧的资格——甚至他缺少中国佛教僧侣精英阶层的所有常规资格。也就是说，只要这个人内在地觉悟了，那些琐碎之处都可以被克服。这个故事被讲述，目的是要表明：禅宗竭力使任何一位满足关键的先决条件的人都可以被指定为六祖，并且作为一种选拔制度，它不关心任何与此无关的问题。表面上看，这似乎使得祖师的位置对任何人敞开。

可以确定的是，《坛经》的叙述有种普遍主义者的特征。它表明任何人都可以开悟，无须考虑其教育和社会的背景。然而就禅宗法系来看，也有其悖论：当禅宗不惜一切代价去发现正确的继承人——尽管这个继承者缺少所有"正确"资质——之时。矛盾的是，禅宗里讲述的故事却包含了如下含义：后来禅宗里每一位被选定为"单传"的、已开悟的祖师继承人，都具有开悟者的类似特征，虽然他们的社会地位、家族联系和其他世俗属性在选择过程里似乎扮演了某种角色。

因此，这种伟大的偶像破坏主义形式，实际上有助于维护社会化意义上的保守派的正统性。[1] 没有明晰的证据表明《坛经》的编

1　这种重新解释在下文里得到详细的论证，参见笔者著《惠能的传奇与天命攸归》（ *The Legend of Hui-neng and the Mandate of Heaven* ）。关于对惠能传说的意识形态利用，可以与关于神话的定义"故事形态的意识形态"（ideology in narrative form）进行比较。参见林肯（Bruce Lincoln）所著《神学化神话：叙事、意识形态和学术》（ *Theorizing Myth: Narrative, Ideology, and Scholarship* ），第 147 页。

纂者意识到这个矛盾，当然也很明显的是，甚至该文本的读者都没有意识到这个矛盾。当我们考虑宋代禅宗话语里偶像破坏主义的矛盾性角色时，此处展现的逻辑就变得重要了。在宋代禅宗话语里，该逻辑被纳入一个高度仪式化和形式化的环境里进行使用。

我们同样需要去考察一下这位《坛经》里想象中的"文盲圣人"在中国禅宗所谓的古典禅阶段是如何在机缘问答的逸闻中产生共鸣的。[1] 然而，在讨论这个问题之前，我们需要简要考虑一些历史语境里的议题。

六、其他三组事件

尽管本书聚焦的对象是禅，然而我们必须记住，这个中国佛教宗派不是在真空里发展起来的。8 世纪里至少有三个重要事件，或者更确切地说，出现了三组事件显著地改变了中国禅宗史的演化过程。

第一组事件，是密教出现在中国舞台上。

尽管那些聚焦于禅传统的目光短浅的作家表明，南宗仅凭其顿教的优越性取代了北宗，实际上，朝廷和都会文士阶层的注意力已经从禅宗那里转移了出来，其时间早在南宗北宗之间的区别被提出之前。

1　日文版将 illiterate sage 译为"无学圣人"。——译者注

善无畏（637—735）于 716 年到达长安，因其将佛教重新解释为可以使信徒快速达到修行目标，并使其能够获得无与伦比的世俗权力，从而引发了中国公众的热情。接踵而来的是金刚智（671—741），其于 720 年到达广州，而居住在中国的不空（705—774）在十五岁那年成为金刚智的弟子，在其师去世之后回到印度，又于 746 年返回中国。与他们处于同时代的，还有原为北宗弟子和朴素科学家的中国本土的佛教解经家一行（683—727），他参与了善无畏和金刚智著作的翻译和教化活动。

上述这些人在 8 世纪的大部分时间里主导了长安和洛阳的佛教场景。这是一种允许个人将其自身与宇宙最高精神力量同一的教义，其已获得的强大而神奇的力量，既可以使个人获得自身精神的进步，也可使之获得世俗事务方面的利益：治病、降雨和治水，甚至在战场上决定胜负。经由使用一种将深奥教义、观想技艺、令人印象深刻的仪式进行独特地结合的方式，密教彻底征服了中国，实际上，也征服了整个东亚宗教意识。

密教法师们刚现身于中国宗教舞台，他们与中国本土禅师争取朝廷护佑的竞争就变得不可避免了。我们有一份关于善无畏和神秀弟子景贤（660—723）两人相遇情况的长篇记述。就我们分析的目的而言，他们的相遇中最有趣味的地方是，这位外国法师明确地批评禅宗的禅定风格，坚称"专守无念以为究竟者，即觉增长不可得也"。[1]

---

1 参见马克瑞著《北宗与初期禅的形成》(*The Northern School and the Formation of Early Ch'an Buddhism*)，第 322 页。原始出处见 T 18.945a22-24。语出《无畏三藏禅要》。——译者注

虽然禅和密教的修行之间存在相似点，例如，禅宗师徒间联系的重要性，与密宗古鲁（guru）和密教修行者之间的关系类似，禅却无法与后者的高度剧场化风格相比拟，也无法与密教仪式的丰厚允诺相抗衡。8世纪最后十年及之后的一段时间，曾有一两位禅师在朝廷里引人注目，然而他们中没有一个如神秀和其他北宗僧人在8世纪初那样，引发狂热的流行一时的气息。[1]

第二组事件，是引发唐朝自身崩塌的一系列社会和政治灾难，它也暗示着整个东亚范围内佛教无上影响力模式的破坏。整个过程起始于755年至763年，一个遥远北方的军事长官蓄谋了一场大叛乱（安史之乱），这名军事长官名为安禄山，他是古粟特人，在古粟特语里，其名意为"罗珊娜"（Roxanna）。皇帝以最耻辱的方式被迫逃离长安，被迫将皇位传给他的儿子，并且被迫见证处死其爱妃，即杨贵妃。杨贵妃与其兄，同时也是一名臭名昭著的腐败官员杨国忠，被皇帝的军事护卫谴责为灾难之源。

安禄山死后，叛乱则由其他人领导继续进行下去，而唐帝国政府花了大约八年时间来进行重建。然而在这个过程里，禅宗永久性地改变了自身。在许多遥远的地区，地方长官被给予有效的自治权，皇室只保留着支配中心区域省份的权力。在该时段里，税收和兵役制度

1　不幸的是，中国密宗传统没有被很好地研究。事实上我也会坦言，密宗是东亚宗教里最缺乏出色研究的领域。近期一个重要的例外是奥泽奇（Charles D. Orzech）所著《政治与超越智慧：中国佛教创造性里的〈佛说仁王般若波罗蜜经〉》（*Politics and Transcendent Wisdom: The Scripture for Humane Kings in the Creation of Chinese Buddhism*），对奥泽奇著作的评论，参见笔者在《中国宗教》（*Journal of Chinese Religion*）杂志上的文章。

也发生了变化，标志着中国社会整体上发生了大规模的变化。

这一系列灾难中的第二个无疑是"会昌法难"，即中国政府在唐武宗会昌时期的灭法运动。"会昌法难"起始于842年，寺院财产被没收、僧尼被迫还俗，整体意义上的寺院活动被施以极大的限制。在大多数中国佛教入门读物里，这次镇压被描述为对佛教的沉重打击，然而这种打击的影响仅仅是暂时性的。

问题在于：佛教组织几乎没有时间来恢复原样，下一次打击就接踵而至了，它就是黄巢起义（875—884）。黄巢起义席卷了中国北方省份，有效地破坏了在当地占据统治地位的贵族家庭的基础，削除了社会富有阶层的财富总量——佛教正是从这些社会阶层中获得了支持。

唐政府吃力地维持了几十年，然而在907年最终覆灭了，之后的大约半个世纪，出现了控制中国北方和南方不同区域的一系列政权。中国国家政治形态将在960年宋朝建立的时候才得以重建，然而世界在彼时已发生了永久性改变。

第三组事件，是源自印度和中亚地区翻译佛教经典的事业在事实上的终结。该事件不是瞬间发生的，并且有数个不同的原因导致了这个最终结果。

首先，在不空活动时期的某个时间点上，或许是在他之后不久，新译佛经只包括密教仪轨类手册。

在此后9世纪的一百年内，虽存在少数译经家的活动，然而他们翻译出来的作品，并非因提供更高超的教义和信仰而变得重要。[1]

1　参见小野玄妙：《佛書解說大辭典》别卷，170a–174a。

其次，从 810 年开始，唐帝国放弃了那些佛经翻译活动，结束了持续一个世纪之久的中央政府襄助佛教译经的传统。其结果是，从这一年开始直到 980 年，没有任何佛教经典正式纳入"大藏经"系统（入藏）。[1]

再次，与《景德传灯录》1004 年被呈送给宋代朝廷这一事件巧合的是，穆斯林军事力量在某个时期征服了于阗。[2]佛教在印度和中亚的核心地区陷入了长时期的衰落，从而使得此时佛教文本经由丝绸之路进行传播变得不可能。10 世纪最后二十年曾有过一场骚乱，然而即便如此，宋代政府还是建立了一个中央翻译局（译经院），然而这个机构很快就处于休止状态了。[3]其根由极为简单，那就是没有新佛教文本等待翻译了。从西北部流入的佛教思想停止了传播，中国社会开始将注意力愈益集中于沿海省份的商业活动上，尤其是东南沿海。

尽管佛教经典的翻译仅在帝国少数中心城市进行，只是在偶然情况下，译经才在区域城市和山林里进行。就这个问题而言，虽然存在这种变化带来的影响，但不宜过于强调它。数个世纪以来，中

---

1 这个观察来自兰卡斯特（Lewis Lancaster），在 1993 年 5 月和 2001 年 7 月的私人交流过程里他谈到了这一点。他是在准备与朴性焙（Sung-bae Park）合作时发现这个现象的。他们的合作结果是《韩国佛教经典：一份描述性目录》(*The Korean Buddhist Canon: A Descriptive Catalogue*)。关于唐代政策的变化，参见小野玄妙所著《仏书解说大辞典》，分册版，第 180 页。

2 参见施杰我（Prods Oktor Skjærvø）所著《于阗，中国突厥族早期佛教中心》(*Khotan, An Early Center of Buddhism in Chinese Turkestan*) 第 290 页及该页注释 4 所提及的文献资料。

3 关于宋代译经院，参见黄启江所著《北宋的译经润文官与佛教》。

国佛教僧团整体上在不断产生的新的佛教文本、观念、修行模式基础上繁荣起来，现在所有这些行为都斩截地终止了。

仅仅指出下面这点是不够的："禅"和"教"之间的对立可以用"教外别传"和"禅教一致"来表述，它们各自都利用了对方新的弱点，指责对方的不完整。伴随着整体上的佛教经院撰述衰落的，是领导权的真空状态，以及寺院教学里言语修辞的空洞。具有重大意义的是，"禅教一致"（禅教等）的口号被广泛地使用，而这一时期正是佛教译经和经教研究传统被深度削弱之时。

于是出现了禅宗作为唯一的、具有支配性的中国佛教宗派的局面。其原因在于，禅宗完全"适合"了唐朝以后的中国社会。禅宗的某些特征——从机缘问答的古典型态到其制度模式之特征——如此有效地在中国社会运转，以至于它从唐朝的覆灭中走了出来。本书余下的章节就是为解释这些特征"是什么"，以及其如何"适合"而写作的。

在第四章里我们将讨论禅的新话语中最具有个性的成分，这就是师徒间自发的"机缘问答"的独特风格。在第五章里，我们将考察禅宗宗教独特性的新立场，以及该立场如何使得该宗教成员在10世纪之后支配了中国寺院制度。最后，在第六章我们将看到中国禅在其成功的顶点，在其于宋代产生的"巅峰范式"的构造里，是如何向其成员和公众展现自身的。

机缘问答之谜：
何、何人、何时
与何地

一、古典禅与机缘问答

请思考下面的禅林逸闻：

僧问："如何是祖师西来意？"

赵州云："庭前柏树子。"[1]

赵州和尚因僧问："狗子还有佛性也无？"

州云："无。"[2]

---

[1] 引文出自《金陵清凉文益禅师语录》，T 1991, 47. 591a24–25。该问题成为禅问答的一个流行对象，禅文献里有关于该问题的数百处交流。如可参见《镇州临济慧照禅师语录》，T 1985, 47. 504a15–18。《镇州临济慧照禅师语录》的英译，可参见下面两种，其一是佐佐木（Ruth Fuller Sasaki）所译《临济录》（*The Recorded Sayings of Ch'an Master Lin-chi Hui-chao of Chen Prefecture*），上述引文见该书第46—47页；或沃森（Burton Watson）所译《临济录》（*The Zen Teachings of Master Lin-chi: A Translation of the Lin-chi lu*），上述引文见该书第100页。亦可参考柳田圣山著作《临济义玄的一生》（*The life of Lin-chi I-hsüan*）。

[2] 此类简短的交流通常引用自《无门关》，T 2005, 48. 293c22-931a14。关于它们在《大慧普觉禅师语录》（T 1998A, 47.921c7–19）里经常被讨论的情况，参见罗伯特·巴斯韦尔（Robert E. Buswell Jr.）所著《看话禅的捷径：中国禅宗"顿教"的演化》（*The "Short-cut" Approach of K'an-hua Meditation: The Evolution of a Practical Subitism in Chinese Ch'an Buddhism*），第369页。

举僧问洞山："如何是佛？"

山云："麻三斤。"[1]

多数读者会轻易地将此类篇章作为禅宗（中国禅或日本禅）的典型风格。几十年来，这些故事也都被视为禅呈现的主要方式。铃木大拙（D. T. Suzuki）的著作尤其如此，其最珍爱的方法论，似乎就是将禅宗的某些方面描述为超越日常经验的解释，接着以例证的方式，提供一两个与之适宜的"不可解"的故事。显然，铃木的方法俘获了数代读者的想象力。然而，当这种方法证明铃木通过内在方式达到禅之奥义时，另外一个后果却产生了：这增加了读者脑海里的混乱。对铃木叙述的质疑，就等于承认自己并"没有理解"，并愈益疏远于修行的目标，这种目标被铃木用"禅的开悟经验"的术语表达出来。

那么暂且让我们从东亚宗教史的学生，而非将来的修行者的角度来看一下这些逸闻。在该视角下，我们可以获得许多观察结果，它们中没有任何一个是极为重大的（earth shaking），然而整体上却将我们引向了关于禅传统的意蕴丰富的推断。

第一，故事里的人物生活在 9 至 10 世纪，如赵州从谂生活在778—897 年、洞山守初生活在 910—990 年。上述故事是我个人选择的，因为存在大量类似的故事，其主角的生活年代都在这两个人物前后。然而，除了基于简化的目的来选择问答交流外，对这些特别的逸闻的挑选是以如下普遍认识为基础的：某种"问答"的新形

1　参见《佛果圆悟禅师碧岩录》,《大正藏》, 第 48 卷, 第 152 页下。

式约在 9 世纪初出现了。

第二，上述每一个"问答"交流都包括某位匿名禅僧的发问及某位知名禅师的答语。实际上，存在许多类似的对话，在其中，参与者双方的名字都为人所知，尤其是在质问者后来自身也成为著名禅师的情况下。然而，这些禅问答的来源文献类型之所以引人注目，不仅因为它们包括了伟大禅师的思想宣示，而且因为它们包括了个别修行者"定型化"（specific）的发问。

第三，这些问答缺少语境提示（contextual clues）或舞台场景道具的配置（stage setting）。当然，在此我们也可再次拥有选择权，挑选那些含有此类信息的禅问答，然而此类禅问答都是在缺少大量语境情况下表述出来的，无论情况如何，读者的注意力将会直接导向机缘问答更广泛的宗教含义。

第四，大多数读者或许会补充说：禅师的反应是荒谬的。当然，从表面上看，似乎上面第一个问答的确如此。也就是说，当弟子询问为何禅宗的创始人菩提达摩从印度来到中国，那么该询问的效果就等于在问：佛教在此之前是否在中国存在过？或者其目的是请求禅师就"佛心"的传承概念做出评论，这在禅的标准理论内被认为是某种"非传之传"（nontransmission）。

然而，动物是否具有佛性这个议题，确实是 8 世纪末和 9 世纪中国佛教内激烈争论的话题。此处的佛性，指的是日常心理感觉里开悟的潜在可能性，或实际呈现的现实态。回答中仅用"无"一个字来强调，表明它代表了禅传统成员的集体选择。[1]

1　该信息来自夏富（Robert H. Sharf），参见其《无情有性》（*On the Buddha Nature of*

对上面第三个问题的回答是关于"佛"的意涵的，同样也被普遍认为是一种禅不符合逻辑的"行事的"（performative）行为，这种荒谬的回答等于将询问者从其习惯的场景击倒，将他们带入完全不同的理解领域。

这个最终目的本身并不构成问题，然而回答"麻三斤"却在其原始语境中不符合任何逻辑，仅仅是某种隐喻：在唐代，这是一套僧袍所用布匹的标准量。

上述口语用法在宋代被忘却了，从而引发了日本禅僧道元（1200—1253）和其他一些人可笑的理解错误。他们费尽力气去解释赵州"麻三斤"的明确所指。换句话说，当被问及"佛"的含义时，赵州的回应大致如下：仅一套僧袍所需！ [1]

因此，代替那种将师父的回应都推断为完全非逻辑的理解，于是有了第四种观察方式，就是将它们都视为以当时文化为基础的"行事的言语"（performative utterances）。"行事的"这个词是在如下意味上被使用的：机缘问答是被设计出来、用来作为促使学生领悟的催化剂。

然而，在思考这些逸闻的过程中，我们已经进入了调查中国禅传统的新阶段，在该阶段中，我们必须展开以前诸探究阶段中无须使用的分析视角。理解我们的任务在该阶段中变化之关键是对"古典禅"和"机缘问答"这两个术语的评价。 [2]

Insentient Things）一文，或《如何思考公案禅》（*How to Think about a Ch'an Kung-an*）。

1　参见入矢义高、古贺英彦：《禅语辞典》，第 3、433 页。

2　关于英文术语 Encounter Dialogue，参见本书第 29 页注释 2。

本书使用"中期禅"（Middle Chan）这个禅宗史分期术语，特指从《坛经》的出现（780 年）到宋代初年（960 年）这段时期。与此形成对照的是，"古典禅"（Classical Chan）最初并且最重要的含义，是指禅师在与弟子及其他禅师的互动过程中所展示出来的某种特定的行为风格。这些禅师并非用直截了当的说明性语言解释佛法，而是被描述为更倾向于使用矛盾的回复、暧昧的反问，以及姿态和身体动作，甚至是令人震惊和痛苦的棒喝策略来演示佛法。

我们并不能精确地知晓这种宗教修行的古典风格的出现年代，因此在本书中，"古典"这个概念被直接用来指代"中期禅"期间出现的事件。也就是说，将这两个概念合并，将带给禅宗史研究某种幼稚的假设，并从表面上接受宋代编辑的禅学书籍所传达出来的故事及它的价值。

本书中所使用的"古典禅"概念，将仅用以指代"中期禅"阶段的人物和在宋代禅文本里浮现出来的行为"图像"（image）。这类似于"大乘"概念（两者之间存在细微差别），当其在大乘佛教思想语境里被单独使用，而非特指实际的古代印度或现代东南亚佛教时，也是一种合理的使用方式。就"中期禅"和"古典禅"这两个概念而言，其间的区别起初似乎晦涩难懂，然而重要的是要记住：本书里的"古典禅"不是指某个历史分期，而是指经由历史文献透视出来的某种"图像"。

令人惊奇的是，在中国禅研究领域内并不存在对"机缘问答"的清晰界定。无疑，其部分原因在于：正是该对象的自身特质从负面影响了对其进行清晰的界定。禅的"机缘问答"不仅因难以驾驭，故无法描述其特性，而且包含一个主要特征，即拒绝简单化的逻辑。以往的禅宗史写作者，尤其是那些在他们对禅的解释中频繁地引用、摘录"机缘问答"的人，均克制自己给予"机缘问答"以明确的定义，以避免将其弱化为一套整齐的特性描述，从而先发制人地阻止了任何潜在的、他们无法理解（接受）的批评。

任何关于"机缘问答"的有效定义必须包括三个特征：

第一，"机缘问答"由文本里出现的"问答"组成，这些被界定为包括了"机缘问答"的文本主要指那些"灯史"（transmission of the lamp）文本和个人"语录"（recorded sayings）文本。"机缘问答"的特征具有清晰的循环逻辑形式，然而它确实代表了学者及"东亚禅传统"（Chan/Zen/Seon/Thien）的修行者自身实际的接近该主题的方式。也就是说，"机缘问答"定义的第一步是界定一套其所出现的禅文本。正如下文所解释的那样，"机缘问答"出现在书写记录文献里的誊录方式有其主要含义，它帮助我们理解"机缘问答"自身。

第二，禅"机缘问答"是作为实际的、历史可确定的师徒之间的口头问答的书写誊录呈现出来的。这并不是说，机缘问答文献里出现的每一个问答参与者都具有完整的传记信息——远非如此。许多机缘问答的参与者仅能被确定为匿名的徒弟，他们在既有禅师的禅修团体里出现。尽管缺少这些详细的信息，但极为重要的是，该文献体裁将所有此类个体都作为真实人物呈现出来，并且所有的问答都真实地发生过。

我在此必须强调的是，这些表面上的历史现实主义特征，其实是某种文学效果，也是此类文献的特点所在，但是，机缘问答却与"问答"及其参与者的"真实存在与否"没有关系。为了达到真实效果，"机缘问答"的文本创作使用的手段之一，是使用"俗语"。"俗语"赋予读者以如下印象："问答"正是以其当初发生的方式呈现出来的。

然而，"机缘问答"是否从未以它们被记录的那样发生过，这个问题当然值得高度质疑。我们将很快返回到这个主题上。[1]

在此，重要的是要注意到，"机缘问答"文本属于某种宗教文献类型，并且至关重要的是，参与者和交流者是作为非虚构的现实出现的。[2]

第三，禅"机缘问答"避免直截了当的思想交流。机缘问答是以多种方式的逻辑拆离、对不可理喻的"偶像破坏"的肯定、手势和身体动作的表演，甚至是侵犯性的"大喝"或拳打脚踢为特征的。理解这些特征的最好方式，是将这些文本里所描述的师徒间意图的根本差异解释为某种"结构功能"：徒弟普遍被描述为是以开悟为目标的佛教精神修炼道路上的攀登者，并且要寻求帮助；就禅

1　参见本书第 134 页开始的讨论。

2　这只是能够被用来研究机缘问答抄录的最基本的文字分析形式。尽管机缘问答出现在一个高度斯文的社会群体里，看起来该视角的某些方面可以与沃尔特·翁（Walter J. Ong）关于文盲社会群体里的口语表达的思考关联起来。目前关于"禅语言"的研究缺陷在于：（1）缺少对中国禅特有表达方式的技术性理解。（2）持有某种关于口语表达和叙事现实主义的过于简单化的观念。参见沃尔特·翁所著《口语文化与书面文化：语词的技术化》（*Orality and Literacy: The Technologizing of the Word*）。此外，考虑到禅机缘问答所生成的中国中古社会的社会与文化语境，显然有必要对中国式的文化解释进行更为复杂的思考。例如，我们应该考虑到史嘉伯（David Schaberg）对叙事学和历史传记存在潜在关联这一议题的思考。参见史嘉伯所著《一种模式化的过去：早期中国史学的形式与思想》（*A Patterned Past: Form and Thought in Early Chinese Historiography*），第 163—221、256—300 页。

师这边而言，则表现出拒绝徒弟的幼稚请求，并偏离徒弟们寻找目标的角度，试图迫使徒弟们意识到他们自身就已经具备开悟的能力。当然，这种概括过于简单化了，我们可以发现大量的、无法被纳入该"粗略模式"的师徒互动事例。[1]尽管如此，因为我们的目标是将机缘问答作为宗教交流类型，而非"解决"宗教修行者自身提出的"谜团"，所以了解该知识框架也是有用的。

在各种语言书写的禅文献里，"机缘问答"式的宗教行为是广为人知的，在禅的流行读物和学术研究著作里，"机缘问答"也被描述为禅僧原型图像的首要特征。古典禅记述的中心人物包括早期的菩提达摩和惠能，以及中国和日本非常晚近的人物，但成为焦点的人物则是如下这些唐代伟大的禅匠：马祖道一、石头希迁、南泉普愿、赵州从谂，以及无与伦比的典范人物临济义玄。

因此，"古典禅"的特征就是"机缘问答"的实践。实际上，这两个概念具有如此彻底的内在联系，以至于它们基本上可以互换。"古典禅"指的是那些与其弟子们以"机缘问答"为工具进行互动的禅师，"机缘问答"则是被"古典禅"的禅师们使用的独特的互动性教学方式。因此可以得到如下的、符合传统的结论：古典禅可以被设想为该宗教演化的特定时期内出现的某种现象或一系列事件，大致从 8 世纪最后几十年持续至 10 世纪中叶。

更确切地说，机缘问答首先为马祖道一及其弟子们使用——这种解释恰好与马祖的如下思想相适应：所有人类的行动，甚至包括那些看起来微小如眼或手的细微移动，也是佛性的体现（宗密：

---

1   要去界定那些致力于超越所有模式的模式类型是困难的。

《裴休拾遗问·洪州宗》）：¹

> 起心动念，弹指动目，所作所为，皆是佛性全体之用，更
> 无别用。全体贪嗔痴，造善造恶，受乐受苦，此皆是佛性。²

然而我们刚才描述的画面过于简单了。了解这种复杂状况的第一个线索，是关于"机缘问答"的手写誊录，然而直到952年《祖堂集》的编纂，这种手写誊录（文字化记录）才呈现出来，这个时间点，距离设想中的机缘问答的首次实践，已经过去两个世纪了。

《祖堂集》是如同幽灵般突然进入我们的视野的。《祖堂集》是禅的逸闻和机智巧辩的巨大藏宝箱，是一个高度洗练的禅的系谱模式的书写典范。《祖堂集》的内容如此丰富和充实，以至于它们显示出该传统的重要累积，而最容易的索求方式是将它们看作对古典禅的最直接记录——如其所宣称的那样，这自然是《祖堂集》自己的主张。

实际上，《祖堂集》里收录的故事，其变体出现在1004年刊行的《景德传灯录》里。与《祖堂集》相比较，《景德传灯录》要远为流行，因而产生了更权威的效应。从前近代时期开始，这些故事在禅堂里被使用，一直到今天。

然而，本书的撰写不是为禅堂服务，我们此处的目标是分析

1　即《中华传心地禅门师资承袭图》。——译者注

2　该英译引自格利高里（Peter N. Gregory）所著《宗密与佛教中国化》（*Tsung-mi and the Sinification of Buddhism*），第237页，笔者略有调整。

禅，而非仅是概述其创新的风格要点。本章关于机缘问答的讨论因此不同于前面两种书籍（《祖堂集》和《景德传灯录》），因为本章并未处理禅演化过程中某个具体的历史阶段，而是讨论禅演化数个不同时期内，至关重要的禅修行的构成和维度。

下一章我们将回到禅在时间上的进展问题。通过对这两章的研究，笔者的意图是要证明：首先，机缘问答是如何演化的；其次，唐代古典禅的禅师形象，是如何被他们的数世代继承者"回溯性创造"出来的。这将有助于我们认识此处要强调的要点：这种古典的风格并非与可以确定的唐代禅的历史时期一致，而是某种出现在五代和宋代文本里的"图像"，它是五代和宋代禅修者对其祖辈的"回溯性投射"（projected retrospectively）。

甚至更为重要的是，在分析的过程中，我们将了解到：禅的机缘问答展现了某种"精神修行"的范式，它深刻地区别于更早的中国佛教修行实践。

二、马祖道一开悟的故事

下文引文来自《景德传灯录》卷五《南岳怀让章》，是关于马祖道一开悟的传统叙述：

> 开元中（713—741），有沙门道一（即马祖大师也）住传法院常日坐禅。师知是法器，往问曰："大德坐禅图什么？"

一日："图作佛。"师乃取一砖于彼庵前石上磨。一日："师作什么？"师曰："磨作镜。"一日："磨砖岂得成镜耶？"师曰："坐禅岂得作佛耶？"

一日："如何即是？"师曰："如牛驾车，车若不行，打车即是，打牛即是？"一无对。

师又曰："汝学坐禅，为学坐佛？若学坐禅，禅非坐卧；若学坐佛，佛非定相。于无住法不应取舍。汝若坐佛，即是杀佛。若执坐相，非达其理。"一闻示诲，如饮醍醐。[1]

这是"机缘问答"事例的一个原型。弟子马祖努力去经由自身的禅定修行获得开悟，南岳怀让（677—744）并未单纯地向马祖解释这个问题，相反，怀让首先彻底否定马祖的艰辛，然后将其引诱入问答，激发其弟子刺破"奋力去达到不可能达到的目标"这个根本矛盾，让弟子明白了"坐禅的徒劳"，而马祖对努力方向的调整则直接导致他最初的洞见。如果我们将这个故事想象为伟大的禅师和他的有天赋的弟子之间的最初的互动场景，那么该故事的确是鼓舞人心的。

但是让我们暂且退后几步，将这个记述看作严格意义上的文学创作文本。这样做并非否定其作为宗教指导的价值，而是与在引擎盖的下面查看引擎的工作原理类似。

---

[1] 参见《景德传灯录》，T 51.240c19-28。需要注意的是，篇章开头"即马祖大师也"这句话是原来就有的，那体慧（Jan Nattier）业已指出，尽管感觉一个人饮用醍醐，无疑指代某种高级的精神体验，然而具有"乳糖不耐症"体质的中国人或许会产生完全相反的反应。

首先，我们应该看一下该逸闻的最早版本，它出现在《祖堂集》卷三《怀让章》里：

> 马和尚在一处坐，让和尚将砖去面前石上磨。马师问：
> "作什么？"师曰："磨砖作镜。"马师曰："磨砖岂得成镜？"
> 师曰："磨砖尚不成镜，坐禅岂得成佛也？"[1]

甚至在这个更为简短和原初的记述里，我们也可以清晰地听到禅修传统里其他传说事件的回声。当然，其中最初的一个是维摩诘斥责舍利弗在森林里修禅定。这个故事出现在《维摩诘经·弟子品》里。舍利弗将这个经验向佛陀叙述：

> 忆念我昔，曾于林中，宴坐树下。时维摩诘来谓我言：唯，
> 舍利弗，不必是坐，为宴坐也。夫宴坐者，不于三界现身意，是
> 为宴坐；不起灭定而现诸威仪，是为宴坐；不舍道法而现凡夫事，
> 是为宴坐；心不住内，亦不在外，是为宴坐；于诸见不动，而修
> 行三十七品，是为宴坐；不断烦恼而入涅槃，是为宴坐。若能如
> 是坐者，佛所印可。时我世尊。闻说是语，默然而止，不能加报。[2]

《坛经》的"心偈"里也存在它的微弱回响。[3] 神秀和惠能以

1　柳田圣山所整理的《祖堂集》，72a14–b3。

2　《维摩诘经·弟子品》，T 14. 539c18–27。

3　关于这一点，参见本书第97页逸闻。

"偈子"的方式表述该"镜上之尘"及人是否不得不将其擦干净这个主题。然而在此处关于马祖的记述里，主旨已经从擦拭事先存在的镜子转移到用不可能的、不适宜的材料制作镜子，这种错误在磨镜行为里表现出来。[1] 实际上，在《祖堂集》里，紧随着马祖这段对话的，是另外一段关于"镜子"的机缘问答，这暗示出《祖堂集》在文献编纂方面的统一立场。

如果将《祖堂集》里这部分内容与《景德传灯录》对应部分进行比较的话，《祖堂集》里的记述无疑是原始的：地点和时间都不具体，亦无接下来的对话信息。我们在《祖堂集》里看到的只有核心语句，并没有发现构造语境的意图。《祖堂集》的编纂原则确实是要求其读者（也包括那些以该故事为题材来进行演说的禅匠）使用他们的想象力，为该段内容提供他们自己的语境。用麦克卢汉（Marshall McLuhan）的术语说，这是某种"热媒体"（hot medium），其原理与收音机一样，令读者或听者积极地想象正在发生什么；而非"冷媒体"（cold medium），如电视，仅是给观众足够的感官输入，却将其心灵关闭。[2]

《景德传灯录》里这一段所记录的问答常常被作为马祖道一的

1　在与此相距甚远的巴利文佛典里有类似的故事。周利槃陀伽（Cūḷa Panthaka）受佛陀的教导，在擦洗一件脏衣服时背诵："污渍落下，污渍落下"，直到他意识到其关于精神修养的焦灼的努力构成了个人进步的某种障碍。参见艾可（Malcolm David Eckel）所著《亲见佛陀：一位哲学家寻求空的意义之旅》（*To See the Buddha: A Philosopher's Quest for the Meaning of Emptiness*），第 87 页。将"擦洗破布"作为"清净"的隐喻，在东亚文本里是知名的，该隐喻主要来自《涅槃经》。

2　麦克卢汉（Marshall McLuhan）《理解媒介：论人的延伸》（*Understanding Media: The Extensions of Man*），第 22—32 页。

开悟故事而被引用，或至少表明他具有怀让弟子的身份。然而，尽管这个早期版本在故事之后还有两人之间的几句对话，却没有明确肯定马祖道一开悟了。

这个故事经常被用来证明马祖是怀让继承者这个传统身份，同样也被理解为证明了怀让是六祖惠能的继承人身份。然而，当我们更细致地考察所能得到的文献资料时，我们看到马祖也曾跟随其他几个人学习，并且我们也看到，关于怀让与北宗某个人物的联系的材料要远多于其与惠能之间的可疑的联系。

就怀让而言，我们对其传记了解之少，无疑破坏了其与惠能继承关系的史实性。首先，怀让碑文撰写于其圆寂约七十年后（815年），且其碑文是应马祖的两位弟子之请而撰，因此它很难被用来表明怀让和惠能之间的联系是历史性的，而不是一种传说。此外，怀让碑文细节的缺失——据说他是一位山岳的修行者，并未向他人"开法"——表明其在历史上的不重要性。毫无疑问的是，我们在怀让碑文里也找不到前面的关于马祖道一的故事。

洪州宗"灯史"类重要禅文献《宝林传》创作于801年，在其中，怀让被描述为已经在北宗僧人老安的引导下获得了开悟。实际上，如下这些人：怀让、青原、永嘉玄觉和南阳慧忠，在敦煌本《坛经》里，都没有被视为惠能传统上最重要的继承人。

并且很难说怀让是唯一对马祖产生宗教影响的人物。[1] 马祖最

---

[1] 在撰写本书的过程中，我避免"前期人物影响后期人物"之类的描述，是为了避免某种"人的能动性"的"前后倒置"（misplacement）。关于这个主题，请参考巴克森德尔（Michael Baxandall）所著《意图的模式：关于图画的历史说明》（*Patterns of Intention: On the Historical Explanation of Pictures*），第1—11页。

初是在弘忍以下第二代的四川处寂（唐和尚 648—734、650—732 或 669—736）那里学习的。

马祖也有可能与"克里斯玛式"的朝鲜僧人无相（金和尚，684—742）熟识。并且他在约 735 年离开四川，在到达南岳之前，他到达荆州，在此处进行禅修。当然，我们可以试图追踪这些人的宗教身份及他们的禅法，然而这样一来将会把马祖的图像进一步复杂化。我们关于马祖的最终结论是：马祖的宗教修行生涯具有典型的斑驳色彩，甚至他与怀让的互动在某种程度上也具有史实性——鲁莽地否定这种可能性太仓促了——然而这并不足以证明马祖是怀让的继承者，更不能说他是惠能之后的二世直系弟子了。

这里要指出的关键点是，从马祖宗教修行的过程中所有可能发生的事件这个角度看，从在某个未知的时间点上禅的僧团制造出其与怀让"相遇"这一点看，究竟哪些发生了，哪些确实没有发生？无论如何，怀让和马祖"相遇"的信息被戏剧化了，并且以口头或书写，或两者兼而有之的方式流传着。我们在《祖堂集》里看到的似乎是故事的核心，它让阅读者、聆听者甚至禅修指导者去补充细节。正如巴雷特（Timothy Barrett）所认为的，《祖堂集》的编纂演化过程，没有比同时期笑话集的流通更为近似的了。[1]

就北宗《五方便》里的公式化批注来看，似乎已经提供了某种礼仪性框架，北宗的禅修指导者因此可以在其上添加他们自己的词语修饰与解释。与《五方便》相比较，禅机缘问答的誊录则是作为

也可参考巴克森德尔的《对抗"影响"》(*Excursus against "Influence"*)，第 41—73 页。

1　该信息来自 1993 年 5 月私人间的交流。

创作平台准备的，禅的指导者和弟子可以在其上即兴表演，尽管此种类型文献的出现，需要某种普遍通用的佛教精神修行概念。我们将在接下来的章节里讨论其中的一些概念的要素。

三、机缘问答转录的八种方式

马祖的洪州宗展示了某种有趣的地域和修行风格的发展模式，我将在下一章讨论这个问题。在此我想要讨论一下"机缘问答"产生的背景及其历史，"机缘问答"可以说是禅修行的某种修辞模式。笔者将避免思考如空、般若、《中论》辩证法的影响等思想议题，因为此类禅机缘问答产生的背景条件在以往的著作中已经被广泛地讨论了。

笔者也不会去探讨其位于中国文化内部那些遥远的背景因素，特别是孔子和庄子以后中国文化里"对话"模式阐述法的频繁使用。[1] 无疑，禅的机缘问答尤其是对《庄子》里如此精致的"个性化的人文主义视角"和机智修辞的回响。所谓"个性化的人文主义

1　我无法在此处探索其间的深度关联。庄子研究的最佳研究著作来自葛瑞汉（Angus Graham），参见其所著《庄子·内篇》（*Chuang-Tzu: The Inner Chapters*）及《论道者：中国古代哲学论辩》（*Disputers of Tao: Philosophical Argument in Ancient China*）。中国的哲学论辩在《世说新语》所载的生动对话那里达到了顶点，关于该议题，请参考马瑟（Richard B. Mather）的《〈世说新语〉译本》（*A New Account of Tales of the World*）。

视角",更确切地说,是拒绝所有既有的视角。

这种对于当下活动的艺术化聚焦的特色和观念,代表了禅从本土传统的道家哲理那里继承下来的主要遗产。然而一个简单的事实是,这种继承并不足以阐明,为何禅机缘问答的出现时代已经距离《庄子》一千多年,并且是在一个《庄子》时代并不存在的社会环境里产生的,这个环境就是中国佛教的僧院。

与此相反,笔者将在下文中表明:禅不得不发展出关于"社会面向"的禅修行的原理阐述,它早于口头对话技巧的完成(或与之同时)。下文将阐述禅机缘问答的一组特征,由此我们将得以理解这种新型宗教互动的社会维度。下文里的细目必须被视为某种暂时性解释。显然,这些特征中没有一个被整个初期禅运动所分享,当然肯定也存在其他没有被识别的方面。[1]

(一)禅师回应弟子们所表现出的机敏形象

初期禅的指导师经常被描述为具有特殊的教学能力——以瞬间的非常规的方式接引弟子。这种表达方法最早为人所知是因弘忍这位东山法门的中心人物,亦即五祖。弘忍构建了圣徒传的最初原型的核心人格,即"文盲圣人",他被描述为白天进行禅定修行、夜晚照料寺院家畜的僧人。当被指定为道信的继承者时,早先以沉默形象彰显于世的弘忍,变得立刻就能理解其弟子们的疑难,并用流

---

1 接下来的阐述来自对笔者所撰文章《中国禅宗机缘问答的先例》(*The Antecedents of Encounter Dialogue in Chinese Ch'an Buddhism*)的简化。

畅、自发的风格，将对佛教终极真理的理解与宗教修行方便之专业结合起来。[1]

弘忍的弟子法如被认为是弟子中唯一花了很长时间跟随其师的人。法如具有某种与弟子们互动的独特能力，可以怒斥门人而不招致怨恨。在《传法宝纪·法如章》里，法如的愤怒被描述为如两条空船在湖中央碰撞，其产生的空荡荡的回声，象征着不执着和不抗拒。

北宗里其他一些成员也是逸闻的主题，他们被描述为神秘超然的"克里斯玛"。[2] 当然，这种宗教人物类型最主要的例子是菩提达摩和惠能，尤其是惠能。

惠能被各种作品所描绘，并非仅有敦煌本《坛经》。在这些描述里，惠能能够以非凡的活力和超常的精神回应各种形势，其发言神秘而玄奥，向每位求道者进行不可思议的挑战。尽管事实上他被假定为未曾经历过人文知识教育，却依然能够写出富有洞见的诗偈。在所有此类情况下，惠能都被呈现为业已开悟者，这种开悟并非经由说法或写文章，而是在与其周围人的互动中表现出来的。

1　参见笔者著《北宗与初期禅的形成》(*The Northern School and the Formation of Early Ch'an Buddhism*)，第 36 页。

2　参见笔者著《北宗与初期禅的形成》(*The Northern School and the Formation of Early Ch'an Buddhism*)，第 64—65、264 页。同时参见佛尔（Bernard Faure）所著《正统性的意欲：北宗禅之批判系谱》(*The Will to Orthodoxy: A Critical Genealogy of Northern Chan Buddhism*)，第 78—81、100—105 页。

（二）北宗的"指事问义"

初期禅的指导师如何与他们的弟子互动？弘忍和惠能的圣徒传图像并非是我们的唯一线索，还包括其他一些资料遗留了下来。虽然我们无法得知弟子们是如何回答的，但是我们知道一些早期禅师提出的问题内容。

一个北宗创作出来的 8 世纪初的重要"传灯"文本《楞伽师资记》，包括了一组有趣的夸张问题及一些简短的思想告诫，被称为"指事问义"，文字的直接意涵是：指着某些事物，询问其含义。[1]这些问题和告诫来自许多早期禅师，下面是一些例子：

> （菩提达摩）大师又指事问义，但指一物，唤作何物？众物皆问之，回换物名，变易问之。又云：此身有不？身是何身？又云：空中云雾，终不能染污虚空。然能翳虚空，不得明净。

> （弘忍）大师云：有一口屋，满中总是粪秽草土，是何物？又云：扫除却粪秽草土并当尽，一物亦无，是何物？
> 又见人然灯，及造作万物，皆云：此人作梦作术也？或云：不造不作，物物皆是大般涅槃也。又云：汝正在寺中坐禅

1　参见马克瑞著《北宗与初期禅的形成》(*The Northern School and the Formation of Early Ch'an Buddhism*)，第 91—95 页。指事问义这个词语也被传统"汉和辞典"所收录，其释义是：某字的含义可以很快地从它的形状推测出来，如上、下、一、二，等等。参见小川环树：《角川新字源》，第 413 页。此指汉语造字法里的"指事"类。——译者注

时，山林树下，亦有汝身坐禅不？一切土、木、瓦、石，亦能
坐禅不？土、木、瓦、石，亦能见色、闻声、著衣、持钵不？

（神秀）又云：此心有心不？心是何心？

又云：见色有色不？色是何色？

又云：汝闻打钟声，打时有，未打时有？声是何声？又
云：打钟声只在寺内有，十方世界亦有钟声不？

又见飞鸟过，问云：是何物？

又云：汝向了了树枝头坐禅去时得不？

又云：《涅槃经》说，有无边身菩萨从东方来。菩萨身既
无边际，云何更从东方来？何故不从西方来，南方北方来？可
即不得也。¹

至少有一位学者表明这些"指事问义"类似于后期禅宗里的
"公案"。² 显然，我们不能立即从这些问题跨越到 11 世纪及以后的

1　参见笔者著《北宗与初期禅的形成》（*The Northern School and the Formation of Early Ch'an Buddhism*），第 92—93 页。尽管"此心有心不"这个问题类似于《八千颂般若经》开头的一句，与此同类的问题在其他印度佛教经典里却找不到。鸠摩罗什的中文译本对此问题的翻译为："有此非心心不？"（T 227, 8. 537b15）这里所指的不是任何"心"的思想或状态，所指的却是"菩提心"，即为一切众生成就佛道而生发的渴求之念。对该梵文的一个误导性的翻译见于孔泽（Edward Conze）的《八千颂般若波罗密多心经》英译本（*The Perfection of Wisdom in Eight Thousand Lines*），第 84 页。

2　関口真大（Sekiguchi Shindai）：《達磨の研究》，东京：岩波书店，1967 年，第 335—343 页。笔者对関口真大这一研究的评论，请参见《北宗与初期禅的形成》（*The Northern School and the Formation of Early Ch'an Buddhism*），第 93、302 页，以及注释 239。

公案集。相反，我们必须考虑在这段时间中存在着"机缘问答"的"绽放"。然而，我们有理由推断出，这些问题有些类似于机缘问答中禅师向弟子提出的问题，在类型上属于同一种。

与机缘问答相反，我们在此仅拥有一个方面，即禅师的提问；再者，与公案集相反，缺少语境或文学结构来解释此类问题的意图是什么。此外，以这些问题里的一些为基础，我们可以推断出：北宗的禅师也在将精神修行扩展至所有日常活动里。

（三）8 世纪文献里的"禅风"

除了"指事问义"，我们可以从这个时期或稍晚些的文献中发现各种线索，表明存在着某些东西，它们似乎与后期传统里发达的、独特的"禅风"话语相似。

可以确定的是，我们对于此处是否显示了某种统一的解释风格这个问题不是很清楚。然而这些文献足以表明，某些富有兴味的东西已经显示出来了，虽然它们没有被完整记录下来。

这种"禅风"的中心人物是神秀。他在实叉难陀于 8 世纪初译出的佛经的"禅注疏"中扮演了特殊角色。人们渴望知道任何佛经术语可能的"禅意"是什么，然而神秀的诠释风格在很大程度上与他在本书前面章节里所介绍的比喻风格相一致。[1]

这种非传统"禅风"的"问答"流行的另一条线索反映在严挺之所撰义福（661—736）碑文《大智禅师碑铭并序》里。义福是

---

[1] 关于这一点，参见本书第 80 页。

神秀最重要的继承人之一，碑文作者严挺之记录了自己与另外一位文人收集了门弟子所记忆的这位已逝禅师的语录。然而也许是因为数量过于庞大，这两人显然没有能力抄录义福语录的所有内容。尽管他们认识到这些语录的价值，他们两位为义福写的碑文，却没有任何与语录收集的主题相对应的资料。[1] 尽管弟子收集其师的语录从禅宗最早的时期就开始了，此类性质的材料可以见于菩提达摩的《二入四行论》与弘忍的《修心要论》，后者清晰地声明该篇是由弘忍的弟子们编纂的，而义福的相关言论暗示出某种特殊类型的发言形式。

随着时间的流逝，禅的发展过程中占据重要地位的北宗成员及其他人物的碑文开始明确地纳入此类材料。例如，让我们注意普寂弟子法云（？—766）碑文中的观点和评论（李华《润州天乡寺故大德云禅师碑》）：

> （御史中丞韦公）来修谒问。（法云）长老曰："如来遗教，付嘱仁贤。贫道有檀像一龛，敬以相奉。"意深言简，闻者凄然。韦公致别之明日，长老绳床跏趺，无病而灭。[2]

毕竟，将神秀等同于佛陀，尊普寂为天下师，这些都是北宗运动之"群体认同"的一部分，陈述于 8 世纪上半叶以后的文献里。

1　参见笔者著《北宗与初期禅的形成》（*The Northern School and the Formation of Early Ch'an Buddhism*），第 95、294 页，以及注释 161。

2　参见笔者著《北宗与初期禅的形成》（*The Northern School and the Formation of Early Ch'an Buddhism*），第 95—96、302 页，以及注释 244。

我们非常自然地发现，自此以后，极为个别的后期禅师缩小了传法概念。

相较于禅，惠真（673—751）更接近于天台和律宗。惠真的碑文也包含了一个更明确的、似乎是对机缘问答的引用（李华《荆州南泉大云寺故兰若和尚碑》），同时也有一些例子：

（人若不解，则以禅说。）

或问："南北教门，岂无差别？"

对曰："家家门外有长安道。"

又问曰："修行功用，远近当殊？"

答曰："滴水下岩，则知朝海。"

又问："无信根如何劝发？"

曰："儿喉既闭，乳母号恸。大悲无缘，亦为歔欷。"[1]

一个顽固的怀疑论者或许会表明，惠真只是以容易懂的比喻方式来回答，而非某种真正意义上的新的禅风。如果此种情况属实的话，那么我们必须据此推断出，在8世纪下半叶，某种新的比喻或变化的使用方式已经流行于禅宗范围内了。这种比喻法也出现在径山法钦（714—792）和左溪玄朗（673—754）的传记资料里，他们是牛头宗和天台宗各自的著名代表人物。[2]《宋高僧传》和《景德传灯录》

---

1 参见笔者著《北宗与初期禅的形成》(*The Northern School and the Formation of Early Ch'an Buddhism*)，第96、302页，以及注释245。

2 参见笔者著《北宗与初期禅的形成》(*The Northern School and the Formation of Early Ch'an Buddhism*)，第96、302页，以及注释246。

包括一些与北宗人物相关的机缘问答的例子，不过当然这些人物之间的交流或许来自后世的虚造。在这方面，最好的例子是降魔藏。[1]上述这种"原型式"机缘问答的实践，或许比现有文献表明的程度还要广泛得多。北宗的成员或许只是最早的将这种使用方式在禅门里合法化的先驱人物。

（四）初期禅修行社会取向的教义基础

在运用反问、问答和互动训练方法时，初期禅修行者在干什么？既然他们并没有明确地告诉我们，我们必须折向他们遗赠于我们的大量作品，并从中探究出一些线索。[2]这种进路存在明显的方法论难题，它包括解释的跳跃和主观的投射。然而在现有证据的情况下，我们没有他路可循。

《二入四行论》的最重要特征之一是其双重结构模式，包括成就佛法的两种类型的"入"：其一是抽象的，其二是积极的。人们可以用一些不同的方式来阅读这个文本，将"二入"作为"内向"和"外向"各自独立来看待都是适宜的和有用的。也就是说，"理入"指的是内向的修养、个体心理深层发生的心灵的修行；"行入"指的是与世界积极地产生互动。

不同于问答自身，在此另外一个需要思考的重要问题是，在

1　参见笔者著《北宗与初期禅的形成》（ *The Northern School and the Formation of Early Ch'an Buddhism* ），第 63 页。

2　当然，他们稍后的继承人并不十分愿意公开解释自己的活动，他们无法这么做或许有深层的原因。

何种程度上，北宗《五方便》的思想表述为机缘问答的出现提供了合理性证明？在此我并没有在更大的社会实践意义上，将机缘问答作为口头实践形式。也就是说，《五方便》是否提供了关于外向的、社会维度的禅宗教实践的合理化论证？

实际上，存在对该问题肯定回答的基础，其关键篇章如下：

> 菩萨知六根本来不动，内照分明，外用自在，是大乘正定，真常不动。
>
> 问：是没是内照分明？是没是外用自在？
>
> 答：根本智是内照分明，胡适是外用自在。
>
> 问：是没是为根本智，是没是后得智？
>
> 答：为先证离身心相为根本智。知见自在不染六尘是后得智。以先证为根本，若不以先证为根本，所有知见皆随染。明知知见自在，于证后得智，名后得智。
>
> 眼见色心不起是根本智，见自在是后得智。耳闻声心不起是根本智，闻自在是后得智。鼻舌身意亦复如是。根本后得处处分明，处处解脱，根根不起，证证净。心不起，根根圣。（也就是说，以开悟的佛的精神状态为特征）。[1]

尽管本篇使用的术语大部分读者无疑都不熟悉，消除疑虑却相对简单。"根本智"是觉悟的第一刻，是心灵获致完美的清澈状态。

---

[1] 参见笔者著《北宗与初期禅的形成》(*The Northern School and the Formation of Early Ch'an Buddhism*)，第 184—185 页。

在这一时刻，据说修行者已经超越了身体和心灵两者，也就是说，超越了所有身体和心灵现实的日常分界。

尽管文本并没有将两者联系起来，根据菩提达摩《二入四行论》中的"理入"思想来理解这种基本的、心灵获致的纯净状态却是合理的。在这个特殊的场合，并没有使用固有觉悟资格这种修辞，然而在《五方便》文本其他地方对"开悟心"的讨论中，却显示出是以这种理解方式进行的。

此处的"后得智"指的是第一刻"根本智"之后，瞬间又产生的状态，它既指紧接着的下一步，也指所有之后的时刻。其他的文本或许已解构了上述"瞬间－瞬间"（moment by moment）序列的不自然性，指出真正的觉悟是在"一瞬"里，即"一次"里圆满达成。

然而，《五方便》却坚定地持"二元论"立场：人的各种感觉能力是不活跃地、自律地、自发地发挥其功能，这一点在真正的生活里究竟意味着什么并不是很清晰，更不必提感觉能力和感觉经验领域内固有的和解脱性的特征了。

然而如欲继续将其与《二入四行论》进行类比，我们或许可以注意到，如上各种特征都从属于修行者如何与整个世界开展互动这个方面。用宗教的"自我教化"（自力解脱）的术语来说，该态度包括某种层次的面向所有个体偶然境况的宽容。用某位开悟禅师"不间断活动"的术语来说，其结果将是塑造对弟子需求有完美的响应能力的风格。

类似的构造，即关于"内在的领悟"和"外在的行动"的各种表述，散布在《五方便》同一部分里：

心不起心如，色不起色如，心如心解脱，色如色解脱，心色俱离即无一物。[1]

离心自觉，不缘五根。离色觉他，不缘五尘。
心色俱离，觉行圆满，即是如来平等法身。[2]

离念名体，见闻觉知是用。寂是体，照是用。"寂而常用，用而常寂。"寂而常用，即事则理。用而常寂，则理是事。寂而常用，则空则色。用而常寂，则色则空……
寂是展，照是卷。舒则弥论于法界，卷则总在于毛端。吐纳分明，神用自在。[3]

所谓觉者，心体离念。离念相者，等虚空界，无所不遍，是名自觉。离嗔相者，等虚空界，无所不遍，是名觉他。

离念痴者，等虚空界，无所不遍。法界一相，即是如来平

---

1 参见笔者著《北宗与初期禅的形成》（*The Northern School and the Formation of Early Ch'an Buddhism*），第 174 页。这里是引用《五方便》里的一段，参见《五方便》第 1 部分 A。关于英文术语 suchlike，见本书第 105 页注释 2。

2 参见笔者著《北宗与初期禅的形成》（*The Northern School and the Formation of Early Ch'an Buddhism*），第 175 页。这里是引用《五方便》里的一段，参见《五方便》第 1 部分 D。在一次私人交流里，那体慧（Jan Nattier）推测"即是如来平等法身"是受到 samyaksambuddha 汉译名"正等正觉"的影响。

3 参见笔者著《北宗与初期禅的形成》（*The Northern School and the Formation of Early Ch'an Buddhism*），第 178 页。这里是引用《五方便》里的一段，参见《五方便》第 1 部分 J。

等法身，是名觉行圆满。[1]

这些例子可以轻易地从《五方便》后面的部分和其他作品里补充进来，它们揭示了北宗的基本关切：不仅描述出人如何理解佛法的抽象真理，而且描述出人如何代表有情众生来进行禅修实践。尽管其具体的表达是新的，然而其二元结构无疑受惠于归于菩提达摩名下的《二入四行论》，也可以被视为初期禅的基本特征。

如果这种二元结构明确地包括师徒两方面，如果清晰地表述出众生首先自己开悟然后推动他者的开悟，我猜测它对于我们的目的而言就更加便利了。然而很遗憾的是，与当时产生的其他禅文献一样，依然看不见有抱负的僧人形象的出现，不要说其他宗派了。从这一刻往后，为开悟禅师的慈悲所接纳的是那些无名的有情众生。

然而，"行动"对社会和人际关系领域活动重要性的强调，经由这些表述牢固地建立起来了。"后得智"虽然时间较晚，但被认为与"根本智"的智慧具有同等价值。

（五）师徒问答的仪式化

上文给出的机械公式并非《五方便》唯一有趣的特征，该文本似乎有一组禅修指导师的注释，根据已经被证实的北宗程序，它

---

[1] 参见笔者著《北宗与初期禅的形成》（*The Northern School and the Formation of Early Ch'an Buddhism*），第 179 页。这里是引用《五方便》里的一段，参见《五方便》第 1 部分 M。

们乃是为秘密传授和修行集合所使用。这些程序包含了仪式化"问答"的实例。我们业已在上文中看到一个例子。下面是第二个：

> 和尚打木问言：闻声不？
>
> 答：闻。
>
> 问：是没是闻？
>
> 答：不动是闻。
>
> 问：离念是没？
>
> 答：离念是不动。
>
> 此不动是从定发慧方便，是开慧门。闻是慧。此方便非但能发慧，亦能正定。是开智门，即得智。是名开智慧门。[1]

在此，我们发现了具有北宗特定意涵的、仪式化问答的"成文化"誊录。当我们考察初期禅文本里"问答"誊录的先例时，我们应该超越"问答本质上是原初自发的"这种先入之见的误导，并由此出发忽略此种类型的材料。

问题在于，机缘问答在何种程度上产生自寺院训练和仪式语境——在其中，弟子以彻底仪式化的方式回应僧家仪式主持者？《五方便》的其他一些地方也存在这类僧家仪式的部分内容，显示出对同一种"背诵—回应"的抄录。这类材料将北宗义理巧妙地编

1　参见笔者著《北宗与初期禅的形成》（*The Northern School and the Formation of Early Ch'an Buddhism*），从第 180 页"五方便"的论述开始。关于斜体字的使用，参见该书第三章注。

织成一个迷人的混合物，其中交织着仪式化的传授、教义的问答和受指导的禅修。[1]

在此我想聚焦于该材料含义的如下可能的读解方式：禅机缘问答并非来自，或者说并非单独来自"自发式口头交流"，而是来自，或者说部分来自"仪式化的应答"。

其他学者已经做出如下论证：唐代禅"问答的自发性"，只是禅者在宋代禅高度"仪式化问答"的语境中，对唐代禅问答的"刻印"，并非唐代禅问答的本来面貌。[2]

上述解释有助于我们消除机缘问答处于自发状态的"古典"的唐代禅，与随后问答仪式化的宋代禅之间的区分。至少，上面介绍的问答誊录的例子，应该可以使我们从该"事件"的先入之见中摆

1　我已经讨论了此处的一些措辞，它们与对北宗教义的理解和《坛经》的建构相关联，参见笔者著《北宗与初期禅的形成》（*The Northern School and the Formation of Early Ch'an Buddhism*），第 238 页（结论部分）。其他方面值得提及的资料，表明这些措辞受到了此前中国佛教禅定程式的影响。在其中，尤为重要的是天台智𫖮（538—597）的禅定程式，该禅定程式构成了禅宗出现的背景。我已经提及神秀曾经居住在玉泉寺 25 年，该寺院正是智𫖮以前的居所。艾可（Malcolm David Eckel）已经指出（2002 年 5 月 5 日的私人间交流），此处所表达的模式显示出他们在词汇使用方面、在佛教教学方法合作方面的分享的态度。艾可尤其指出了这种模式与藏传佛教风格的类似性。在藏传佛教里，最初的教义学习首先是听闻，然后是记忆，接下来是积极主动地辩论。藏传佛教的"辩经"风格是非常主动的、有效地将论题主旨，经由体态和肢体的移动，刻入弟子的心灵。

2　参见福克（T. Griffith Foulk）《宋代禅宗里的神话、仪式和修行》（*Myth, Ritual, and Monastic Practice in Sung Ch'an Buddhism*）一文，收入伊佩霞（Patricia Buckley Ebrey）和格利高里（Peter N. Gregory）合编《唐宋宗教与社会》（*Religion and Society in T'ang and Sung China*），尤其是该书的第 159—160 页及第 179—181 页。

脱出来，并提醒我们要在其他地方寻找作为"文本"的机缘问答之起源。

（六）逸闻和问答在禅教学里的普遍运用

如下因素不应该被忽略：在禅发展过程中，逸闻材料的使用和针对禅法教学目的的问答的抄录呈现逐渐扩展的趋势。人们甚至将禅文献里的逸闻勾勒成一条急剧攀升的曲线。从菩提达摩的《二入四行论》到初期禅、中期禅文本里，存在一个逸闻、寓言、比喻、戏剧化场景，以及其他随着时间的推移愈益中心化的描述性材料的宝藏。

就此种维度的禅而言，最重要的贡献者是神会，他的活动、思想及修辞风格改变了中国禅。姑且不论其顿教的思想重要性何在，姑且不论其公开批评北宗的教派主义影响有哪些，其改变中国禅的道路之一，是用严厉警告的态度，令其同人们感到，要抛弃他们自身的思想。我已经将这种影响称作标准的"修辞的纯粹性"，它对任何二元或渐教格式的表达方式都产生了不利影响。也就是说，尽管非二元论的长期影响最终会消失，神会对北宗禅法里二元论和渐教的强有力的攻击，或许已经使其他禅师产生令人寒心的挫败感。

神会同时也是一位说故事的高手和演讲大师，禅宗里许多著名的故事都是首次出现在神会说法和演讲的抄录稿里：菩提达摩与梁武帝，菩提达摩与惠可等。然而很奇怪的是，并没有许多关于他自己的老师惠能的故事。神会集子中还有大量的问答抄录，这些问答，或者在神会与他所设定的北宗代言人崇远之间展开，或者在他和同时代的各种在家信众之间展开。

此处存在明显的虚构性创作的意味，以至于神会与在家信众之间的某些对话可能纯属杜撰。此外，这些问答并不完全吻合我们预想中的机缘问答，其理据在于：它们的结构过于明晰，含有太多的逻辑结构，不能真正地代表（机缘问答特有的）自发性交流。每一位历史人物在某些方面都是过渡性的，尽管神会自身并非明显是机缘问答的实践者，但他的生涯里所开展的运动推进了禅传统对逸闻的使用。

（七）创作开悟故事

初期禅作品的另外一个特征是对觉悟经验的记录进行虚构化制作的倾向。在转入下一章对惠能的研究之前，我们先来讨论一下这种倾向中的一些例子。

在前文里，我们已经讨论了牛头宗的《绝观论》。[1] 该文本是一个主要的例证，其公开虚构地戏剧化了一对禅师徒的问答。8 世纪禅文献里也描述了其他一些虚构的开悟的例子。有一对分别名为《真宗论》和《要诀》的文本也分享了同一种修辞结构。[2] 在每一种情况下，都只有一位佛法的印证者，他既是开悟的禅师，同时又是居士。也就是说，同一个人分身为二，一为禅师，一为居士，然后就佛法修证展开问答。文本的开头煞是有趣：在交代了说法者既为

1　参见本书第 93 页开始的引用。

2　这些标题都是省略形式，全部的细节参见笔者著《神会与顿悟》（*Shenhui and the Teaching of Sudden Enlightenment*）。在本书中，我不再坚持"这些文本乃是先于神会出现的"这个观点。

老师又为弟子的双重身份之后，弟子提出第一个问题，老师便赞叹道，善哉善哉，这是他自入道以来所听到的最深刻的问题。

《绝观论》《真宗论》和《要诀》的叙事显然是虚构的。不过，我们有理由猜测，它们一定在某种程度上塑造出了理想的"师—徒"互动观念，而且也可能在一定程度上模拟了真实的禅师与修行僧之间的交流。为了制作出他们的文学化图像，这些文本的作者有关于此类"机缘"的认识——或经由直接参与，或掌握僧团内部传闻。这里的要点不是去怀疑这些事件的精确性，而是要强调：这些文本代表了禅传统在文本使用上的创新。

推而广之，当然中国佛教的护教传统有如下特定的历史：制造出虚构的权威，并将其作为修辞工具。

《理惑论》的作者牟子就是最明显的例子。牟子是被创作出来的，显然是虚构的角色，用以解释佛教通过参考中国固有的文化而对中国有益。[1]然而，我们看到的禅文献，其目标并不是如《理惑论》那样，劝服那些对佛教之于中国有益持怀疑态度的人，而是为未来的修行者创作禅修行和开悟的典范。

（八）禅问答的系谱构造

在此，笔者想就惠能的例子添加一点见解，即它（该故事）不

---

1 参见基南（John P. Keenan）所著《牟子如何为我们解惑：〈牟子理惑论〉的翻译及读者反应式研究》（*How Master Mou Removes Our Doubts: A Reader-Response Study and Translation of the Mou-tzu Li-huo lun*）。

是以自身故事的虚构性为基础，而是以主人公的性格为基础的。下文是《法华经》里的著名篇章《法华经·提婆达多品》。

> 尔时龙女有一宝珠，价值三千大千世界，持以上佛。佛即受之。龙女谓智积菩萨、尊者舍利弗言：
>
> "我献宝珠，世尊纳受，是事疾否？"
>
> 答言："甚疾。"
>
> 女言："以汝神力观我成佛，复速于此。"
>
> 当时众会，皆见龙女忽然之间变成男子，具菩萨行，即往南方无垢世界，坐宝莲华，成等正觉，三十二相、八十种好，普为十方一切众生、演说妙法。[1]

我想表明的是，惠能的故事与《法华经》里的龙女故事有深度的类似性。他们两位都完全没有精神成就者的传统特征。一方面，龙女为雌性、非人类（尽管有其高贵的非人类血统）、尚未成年，然而，她却能够忽然间变为男子，跳过菩萨行所要经历的一切考验和磨难而获得完全的开悟。另一方面，惠能目不识丁，来自化外的南荒之地，出身卑微（尽管其父曾做过官，却是一位流放的官员），甚至还不是正式的僧人（尚未剃度），但他却凭借天才的直觉能力而被选为六祖。

1　英译文来自久保继成（KuboTsugunari）和汤山明（Akira Yuyama）所著《法华经》译本（*The Lotus Sutra, BDK English Tripiiaka 13-I*, 197–98）。我对换行做了若干小修改。

正是在惠能的故事之中，我们找到了机缘问答记录得以出现的最后一个关键要素。问题在于：机缘问答是否在师徒之间真实发生过？或者发生过的并非此类对话？如果发生过的话，那么是如何发生的？在何种程度上发生过？当然还包括，何以他们不愿意抄录那些在中国寺院的密室中可能每天要发生的事件？[1] 也存在一些认识上的变化，从而令机缘问答更容易被抄录下来。所抄录的不仅包括天才的或著名的禅师，也包括他们的弟子。惠能的例子很可能是造成这种认识变化的重要因素。

机缘问答通常被认为最初是在马祖禅派那里繁荣起来的，这支禅派以洪州宗为人所知。在禅的记录里，马祖及其弟子被描述为几乎是在农业及其他日常行事的牧歌似的氛围中，从事于自发的、随机应变的禅问答。

机缘问答数量庞大，涉及人物众多，因此，如果有人认为这类问答无一不是虚构，实际上什么都没有发生，他就难免被当成异端。

我当然不会走得这么远。不过，我也很难不注意到上面曾经提到过的一个问题：尽管马祖与其弟子之间的机缘问答被假定为发生于 8 世纪末 9 世纪初，但一直无法找到它们的抄录文献——直到

---

1 这里所使用的"密室"一词来自戈夫曼（Erving Goffman）的《日常生活中的自我呈现》（*The Presentation of Self in Everyday Life*），第 106—140 页，尤其推荐阅读第 109—113 页。我曾经在亚洲学会年度会议（1998 年 11 月）的论文上提及这个议题。论文标题为《站在前面，从后面出去，身处其间：东亚佛教徒奋进的三种模式》（*Up Front, Out Back, and in the Field: Three Models of Buddhist Endeavor in East Asia*）。

952 年《祖堂集》的出现。

我们确实拥有早得多的来自洪州宗的文本，这就是《宝林传》。《宝林传》目前仅是个残本。学者们普遍设想丢失的部分——它至少有一部分跟马祖与其嫡传弟子相关——已经被纳入《祖堂集》，并因此与《祖堂集》的相应部分没有太大的差别。不幸的是，这种假定是站不住脚的。最简单的原因是，《宝林传》现存部分并不包含对机缘问答的抄录。《宝林传》诚然记录了大量的问答，并且都是借业已开悟了的禅师展开的虚构性"问答"，然而没有一则问答如《祖堂集》里的机缘问答那样，给予我们一种生动之感。

然而我确信，《宝林传》的另外一个特征非常关键：该文本有严格的叙事结构。该文本描述了禅宗祖师的生涯与少部分禅法，其人物范围从释迦牟尼经由菩提达摩，直到马祖道一等人。每位祖师都被描述了两遍：首先是作为天才的弟子被他们当时的祖师所发现，其次是作为具有完全资格的祖师去寻找他们自身的继承者。

奇怪的是，在上述两种情况下都没有描述祖师的开悟经验（在关于惠可的描述中存在部分例外）。我们只能看到他们开悟"之前"和"之后"的图像，没有提及或描述其完整开悟过程中我们所认为的最重要的事件。我们聚焦的中心是：该文本将强调的重点尤其放在这些祖师作为徒弟的时段。也就是说，该文本创造了某种对称结构，甚至构成了"一对"：其一是作为祖师的弟子，其二是作为已开悟弟子的祖师。

这种结构上的"一对"在促成机缘问答有可能被抄录的问题上起到了作用。也就是说，它使得机缘问答双方在各自的抄录之间存在交叉成为可能。然而，这在《宝林传》编纂的 801 年并未出现。

该文本对于开悟经验的描述不着一字，或许也暗示着该文本仅是流行的教义，供佛教在江西新推广区域内使用，而非供寺院禅堂内的禅修训练使用。

禅宗系谱模式需要师徒间某种形式的互动、对抗。在某些情况下，如本章开头关于马祖禅定的叙述里，弟子含蓄地代表了某种"中国之道"范式（mārga 是梵文词汇，意思是从无明到开悟的精神之道），而其师父怀让以迫使弟子适应精神修养的"问答范式"（encounter paradigm）来回应马祖。

也就是说，用神会之后禅领域内的术语来表达，弟子是以传统的"渐教"方式来思考问题，在其中，他经由一系列的训练和阶段，渐进地向开悟的目标移动。

在此，精神的探求某种程度上类似于"梯子与爬坡"的"双陆游戏"，在其中，每一个玩家以骰子的滚动为依据，从木板的底部移动到顶部。在这个尤其为孩子所喜爱的游戏里，木板上特定的位置让玩家从滑道溜到底部，从梯子上升到顶部。在这个过程中，他们或失去或得到多重空间。当然在精神探求中，人在"象征物"（token）方面的进步并非经由滑道和梯子，而是经由种种精神技艺的学习表现出来。每位参加者自己的聚焦点在他自身"象征物"的进步，其所需的技巧类似于技师或工匠。[1]

---

1 艾可（Malcolm David Eckel）（在 2002 年 5 月 5 日的私人交流中）指出，印度佛教 mārga 概念与上述木板游戏（board game）的相似性并非偶然，因为木板游戏是古印度时期产生的，并且是一个重要的隐喻，代表了理解世界的某种方式。参见巴商（A. L. Basham）所著《印度的奇迹：穆斯林到来之前的印度次大陆文化》（*The Wonder That Was India: A Survey of the Culture of the Indian Sub-Continent before the*

在禅的修行里，面对着上述假定，师父的回应以迫使弟子参加"问答"而投身于全神贯注的互动中。由此，单级的游戏角色转变为双极的问答。

在其中，徒弟的"顿悟"可以经由视角的根本置换而达到。既然先入之见是某种顽固的事物，当然这种对视角置换的描述要易于实际的获得。然而随着禅宗的演进，真正的精神进步模式转向了人际间合作的双极框架。这种双极的互动更少受到规则的驱动，更多了直觉的因素，或至少更多地面向创造性革新而开放，类似于舞蹈学习或男女之恋——而非将某人的游戏木块按照游戏规则穿越游戏盘。[1]

实际上，中国围棋或许是机缘问答的最佳比喻。围棋在日本多以"围碁"知名，在中国古代或中古亦名"六博"，与印度文化中的"棋盘游戏"相反。在印度棋盘游戏里，玩家将木块沿着一条空道从底部移至木板顶部，在中国围棋里，玩家并非将许多木块放在空白处，而是放在水平线和垂直线的交叉点上。印度的棋盘游戏不限玩家数量，可以是一个或者更多，而中国围棋只有"一对"玩家，可以说是一种对决。在对决过程里，两个对手为控制疆域面积而竞赛，而其中最简单的一套游戏规则，是规定可以放置棋子的位

Coming of the Muslims）。关于这种非常晚近的、尤具佛教特色的木板游戏，参见塔茨（Mark Tatz）与肯特（Jody Kent）合著的《重生：吐蕃的自在游戏》(Rebirth: The Tibetan Game of Liberation)。

1　今天已经无法知晓"六博"这种游戏的详情，然而有种理论认为，每位玩家在木板上置放六个小木块，依据规则使它们前进，以挑战对手的力量，这种规则就是掷骰子。参见小川环树所编《角川新字源》，第 97 页上。

置，玩家可以根据规则进行复杂的风险收益计算。[1]

当然，禅与围棋并不完全相同，与所有的比喻一样，本体和喻体之间绝非完美匹配，只是粗略相似而已。尽管如此，对禅师与弟子间互动的经典事例的分析，仍然类似于围棋，这种分析也的确呈现出独特、复杂的模式。然而这种模式化，目的意在描述禅师"应对"弟子时非常规的、创造性的、自发的和直接的方式。换言之，在师徒间所有的互动语境里，中国的"道"模式与"机缘问答"模式间的冲突，是神会以后"顿渐区分"的反映。

四、结论

为了理解禅传统内部机缘问答的出现及其功能，我们必须考虑到许多不同的因素以及它们的组合。甚至，我们也必须意识到完全不同的文化领域的结合，如寺院制度、口头话语及某种新的宗教文献类型的创作。

机缘问答源自某种在禅堂的"密室"、住持所居住的方丈室及寺院内其他私密处开展的口头交流实践方式。机缘问答或许最早产生自7世纪最后二十五年神秀居住的玉泉寺，或许这种互动及禅

---

1 关于这些观念较早的然而更具拓展性的处理，参见笔者所著《机缘问答：中国禅宗里的精神传承之道》一文（*Encounter Dialogue and the Transformation of the Spiritual Path in Chinese Ch'an*）。

修指导方法在东山法门时期就存在了，或许它甚至是天台智顗较早所居的玉泉寺的遗产之一，或许它总体上在中国佛教寺院制度、各种风格和构造的禅堂和训练设施内的实践更为广泛。然而，无论它早期的流布形式是什么样的，它最初都是在"密室"等处所中操作的，并且没有被抄录下来。

如下情形是完全有可能的：神秀、老安和其他北宗人物在 8 世纪初的长安和洛阳所引发的宗教激情，要归因于他们在高雅的公共场合内这种"密室"风格的布教实践。无论这种假设是否确实，直到 952 年《祖堂集》出现，禅的解释文本都不情愿，或没有能力将（不过只是）弟子的话语容纳进来。似乎在 952 年之前，只有那些非凡的禅师及他们与皇室或文士对话的言语，能够以正规的文言格式被抄录下来。

但是，在 952 年以后，情况发生了急剧变化。在这个时间点以后，将弟子们的言语纳入禅文本不仅被许可，而且是一种期待。实际上，禅师的身份除了通过他们与匿名弟子的互动看出外，并无其他方法能够做到这一点。我们将在下一章中仔细考察《祖堂集》，然而注意到它所暗示的某种社会的和概念的改变，对于目前的讨论也是有用的。

当然，摆在我们面前的只是文本，只是口头传统的变形。就媒介而言，从口头转移到书写的重要性何在？大部分读者都是以单纯的态度来阅读禅语录文献的，他们简单地将里面的词句视为其所描述事件过程中实际言语的精确抄录。然而我从阅读这些文本时所获得的生动的顿悟印象判断其主要是某种文学效应，是他们修辞风格的直接产物。

实际上，禅问答在其呈现于我们面前的当前形式之前，经历了一系列阶段。

（一）最初的抄录

不应该想当然地面对中国口语抄录成书写形式这一行为，这其实只是复杂的口语到书写转换的第一步，实际上，这也是某种形式的翻译。

以历史语言学理论为基础，我们知道所有的抄录都是以中国标准口语形式进行的，这种标准的口语形式是以当时首都长安的口语为基础的。重新写出标准的口语句子有一定难度，不仅要从实际的口头表达里清除这类表述常有的"噪音"，而且为了写作，句子也被简化了。而且，在转录为中古长安标准口语时，任何方言的特性也被全部清除了。

因此，甚至当一个南方人被描述为与另一个南方人进行对话时，他们的对话也是以长安话表达出来的——即使该文本本来也可以用南方话表达出来。[1]

（二）流通、评价及选择

我们拥有许多例子，它们在讲述同一个故事，然而主角却不

1　柏夷（Stephen R. Bokenkamp）指出（2002 年 3 月的一次私人交流），该规则在很大程度上对中国所有文本都有效，无论是押韵文还是口头说话的抄录。在后者的情况下，以首都方言为标准。

同，或者是故事类似但展示出潜在的进化过程。此外，也有某位弟子会询问其师其他禅师的"问答"或"说法"的情况。换句话说，这说明此类故事已经很明显地流传开来了，并且被反复重新评价或修改。

这种现象似乎产生在一个口头和书写都复杂的环境里，同时伴随着不同禅师声望的升高或降低，而这种声望的升高或降低，是以他们流传的问答对其弟子和其他禅师的吸引力为依据的。

（三）编纂之时的修订

随着讨论的进行，尤其是在机缘问答文献抄录的复本被追捧之后，在编辑和纂修者中，存在某种明显的倾向，意欲修改文本以增加他们所认为的"问答"的宗教效用。具有反讽意味的是，这意味着令它们看起来比以往更类似直接的口头誊录。此方面最佳的例子是《临济录》，这个文本传说是临济义玄的语录，是禅宗历史里最重要的禅文本之一。

重要的是要认识到，禅文献里生动的"临场感"，即"就在现场"的感觉，是一种文学效应，是通过许多世纪的联合努力而达到的。[1]

经过这样几个步骤，机缘问答文本因此远离了机缘问答自身的实际参与过程。在思考这些文本印刷的时代（即宋代）之前，我们应该考察中国佛教里出现的自唐至宋的制度上的改变。

1　参见维习安（Christian Wittern）所撰论文《禅宗语录在 8 至 11 世纪的发展：以〈景德传灯录〉第 28 卷为例》[*Das Yulu des Chan-Buddhismus: die Entwicklung vom 8.-11. Jahrhundert am Beispiel des 28. Kapitels des Jingde Chuandenglu (1004)*]。

第五章

禅与募金技艺：宋代的宗教活力与制度控制

一、反对"禅与任何事物"

我曾在一两次正式会议期间提交一篇论文，里面有一份引人注目的阅读书目，它由四十到五十本书组成，其书名里都含"禅"（Zen）这个字。现代最为人所熟悉的例子是波西格（Robert Pirsig）撰写的《禅与摩托车维修艺术》（*Zen and the Art of Motorcycle Maintenance*），但是它只是这个非常庞大的书单类型里的一本。海瑞格（Eugen Herrigel）的经典著作《箭术与禅心》（*Zen and the Art of Archery*）是一个起点，该书最近成为某些争论的主题。[1] 从《箭术与禅心》开始，就出现了如下的一些著作：《禅与苹果电脑艺术》（*Zen and the Art of the Macintosh*）、《禅与冲浪艺术》（*Zen and the Art of the Windsurfing*）、《禅与国际互联网艺术》（*Zen and the Art of the Internet*）、《禅与立方体艺术：寻找第七面》（*Zen and the Art of Cubing: In Search of the Seventh Side*）——都不知道这个标题所要表达的是什么！还有《烤面包时为何将有果冻的那一面朝下：禅与物理演示》（*Why Toast Lands Jelly-Side Down: Zen and the Art of Physics Demonstrations*）。除了铃木大拙（D. T. Suzuki）和瓦茨（Alan Watts）

---

[1] 参见山田奖治（Yamada Shōji）所著《箭术禅的神话》（*The Myth of Zen in the Art of Archery*）。

的经典著作如《禅与无心的艺术》(*The Zen Doctrine of No-Mind*)、《禅与日本文化》(*Zen and Japanese Culture*)和《禅之道》(*The Way of Zen*)外，也有好些《禅与XX》(*The Zen of XX*)的书籍，如《禅与国际关系》(*The Zen of International Relations*)、《耶稣也说禅》(*The Zen Teachings of Jesus*)和《绿野仙踪：来自彩虹的十堂灵修课程》(*The Zen of Oz: Ten Spiritual Lessons from Over the Rainbow*)。[1]一个作者写出了两本书，其一名为《禅与电脑》(*Zen Computer*)，其二名为《禅与性：做爱之道》(*Zen Sex: The Way of Making Love*)。实际上，我并没有看过上述诸书的任何一本，然而我希望它们在风格上有很大区别！最近故去的蒲迦梵·室利·罗杰尼希（Bhagwan Shree Rajneesh, 1931—1990），直至其去世都在使用"奥修"（Osho）这个名字，并被错误地宣传为归属于禅的传统。[2]他撰写出许多著作以解释禅的观念和文本，其中有一册非常厚，起了个时髦的名字——《禅、热情、风趣、意志和生命力》(*Zen: Zest, Zip, Zap and Zing*)。最近又出现了一本名为《禅生活的完全傻瓜指南》(*The Complete Idiot's Guide to Zen Living*)的书，其作者是两位医学和心理健康专业的从业者，看起来与禅传统没有一丁点联系。

这些书名为《禅与XX》的书册中，有一些就其自身的实力而言是佳作，但是它们整体上处于对这个世界上最伟大的宗教传统之

1　作者为梁兆康、胡因梦、张欣云。中国台北：心灵工坊文化事业有限公司，2004 年。

2　中文词汇"和尚"指年长的僧侣，或者更确切地说，是有资格"受度"的僧侣。在禅宗语境里，"和尚"最通常出现在背诵佛陀和祖师们名号的日常仪式场合。没有一位东亚僧侣自称"和尚"。顺便提及，奥修的著作实际上有时也在今天的日本禅修寺院里被阅读，当然，他的作品的日文译本也可以在今天的东京书店里找得到。

一全然是流俗之见的层次。似乎每个人都宣称自己是理解禅的权威，当他们在著作中随意使用"禅"这个词汇的时候——但是这些写作却与禅传统没有任何关系。对此，我们没有必要过于义愤，因为这种方便的做法是不可避免的——它来自铃木大拙在西方传布禅道的成功带来的影响，经由这种途径，西方对禅及来自东方的其他方面事物的兴味得到最初的刺激。

然而，我们或许会认识到，与其在东亚佛教内部的使用形成对比的是，ZEN 这个字在当今世界的流行文化里具有非常不同的、受到诸多限制的意涵。[1] 这种流行用法暗示出，禅仅是集中注意力的态度，可以被运用于人类的各种努力。如果你全身心地投入手边的工作，成为它的一部分，让你自己跟随它的自然节奏，工作效率会得到相应地提升。这种发现会给职业运动员、致力于创造性工作的作家，以及许多其他的人带来非常多的好处。我也曾看到 ZEN 这个字被用于家用电子设计和美容化妆品系列，在此，ZEN 这个字是从其"简要、梗概"和"易用性"的意味上被使用的。当然据我所知，后者或许也包括一些"东方美学"意味。无疑，在所有诸如此类的语境里，异国情调借用禅（ZEN）表现出来。

尽管精神的集中和形式的简易，业已将中国禅宗正统信息合法化为某种"自力解脱"（self-cultivation）模式，然而如我们业已看到的那样，禅传统所包含的内容远多于此。本章的内容不同于上面刚刚介绍的那些内容，其原因在于，本章真正"是"关于在禅宗

1　目前学界渐渐形成用英文大写字母 ZEN 指代欧美社会流行的禅的风潮，本书简称欧美禅。——译者注

传统内如何进行"募金实践"的。然而本书不是一个"自助手册"，尽管我探讨的是如何用禅的方式来"筹钱"的问题。我还是将这种"筹钱"方法的运用留给后现代社会的其他人吧。这个决定是财政领域内的坏主意，无疑，如果我去写一本"如何用禅致富"，带来的收益会多得多！

在接下来的篇幅里，我们将探讨如下可能的问题：自9至11世纪，禅的法系内部成员是如何设法做到掌控中国佛教寺院制度，或至少控制其最高领导职位的？之所以在此处提出这个假设性命题，目的是要解释：（1）禅宗教修行里的"机缘问答"模式，是如何公开行使其理论教化功能的？（2）禅是如何直面9世纪针对佛教的镇压活动和经济限制？禅院里的生产劳动之神话是如何发挥其重要功能的？

在大多数佛教寺院里，包括假想中的禅寺里，生产劳动是由底层的手工业者和佃农完成的。传统的观点认为，宋代禅寺主持的募金行为是禅与传统佛教整体上衰落的迹象。我的观点则与上述这种看法对立，立场也与其相反：禅在制度上的成功要在依赖于其精神修炼之活力的情况下才成为可能，实际上也有证据支持这一点。一言以蔽之，禅宗发展出某种独特的募金方法，使得其倡导者为自身创造出某种道德正义的身份，这种道德身份使他们从世俗利益中抽身出来，甚至在他们公开为寺院制度和设施筹措经济资助的时候也是如此。

二、中国历史里的禅宗

禅学著作，无论其是由欧洲文字还是东亚语言文字书写的，熟悉它们的读者或许会讶然于笔者重新解释这种宗教传统的视角，然而从这种差异视角里所获致的，要大于人们在匆匆一瞥之后所获得的想象：此处的关键，全在于我们要对佛教在整个中国历史中所扮演的角色进行总体性理解。

关于从魏晋南北朝（220—589）到宋代时期（960—1279），也就是说，从3世纪到13世纪文化和知识的变迁，大多数英文学术著作对其的解释模式，受到了20世纪早期西方禅研究的重要影响。[1]另外一方面，颇具争议性的是，那些关于这一段漫长时期的中国知识史轮廓的标准解释，又深刻地影响了著作家们描述禅传统的方式。

这两者之间显然存在循环运演关系，中国史专家所建构的大量理论部分地是以禅的浪漫化图像为基础的，禅的辩护者坚信那些理论，因为他们正在展开传道日程。我们对中国佛教、中国知识史、中国宗教史和中国禅宗史自身的理解，因此走向穷途末路的结局。[2]

---

[1] 我使用这个英文术语"North / South Dynasties"（南北朝）来覆盖从汉末到隋朝初年统一之后这段时间，这种用法是为了避免标准的中国术语里对北朝的偏见。（原文如此。——译者注）

[2] 此处对以往禅学研究的批评类似于福克（T. Griffith Foulk），参见《宋代禅宗里的神话、仪式和修行》（*Myth, Ritual, and Monastic Practice in Sung Ch'an Buddhism*）一

上述循环性导致的谬误和矛盾在杜默林（Heinrich Dumoulin）的著作中表现得触目惊心。杜默林的著作是一个极端然而有代表性的例子，它成了无数流行的和半学术化的禅宗史叙述的原始资料。由于杜默林的著作不是他自己研究的成果，而是西方早期禅宗研究再生产的产物，故而对于此处的分析特别有用。

作为耶稣会的神父，杜默林不过是一位博览群书的、自身知识体系化的读者，他将唐代的伟大禅师描述为居住在乡野的精神巨匠和未经训练的自发性天才，他们生活在本质上秩序井然的世界里，并且师徒间频繁互动，勉力于精神修行。

在杜默林的著作里，我们看到禅师与其弟子们共同在田地和菜园里劳作，并不受制于寺院管理、与当地政府官员和乡绅进行联系这类世俗困扰，更不必说受限于帝国官僚体制和朝廷了。这些禅师和弟子的活动轨迹，在某种程度上已经远离了具有在中国社会里操办佛教仪式、欢庆佛教节日、向朝廷祝圣等功能的寺院，他们也没有被给予上述世俗事务带来的经济方面的资源。当然他们也没有背负卷入人类社会日常生活必然会产生的困扰及由此带来的一些令人头痛的事情。

杜默林的著作告诉我们，在这些展开禅修的禅寺里，某种包含体力劳动的新僧侣精神发展起来了。根据杜默林的理想化图绘，这种新僧侣精神，一方面需要拒绝参加日常寺院的募金活动，另外一方面，他们需要将精神修行浸透到日常事务和行为中。为了实现这

文，尤其参见收录此文的《唐宋宗教与社会》（*Religion and Society in T'ang and Sung China*）一书，第 147—149 页、第 191—193 页。

一点，在理想化的禅宗修行道场范围内，禅僧们通过辛苦地劳动，从而涵养出新精神。

通过上述关于唐代禅僧生活的优雅天真的文字，杜默林描述了传说中归属于百丈怀海的寺院规定（《百丈清规》）。在杜默林看来，百丈怀海创作出了这套清规，这一点是无可怀疑的。《百丈清规》被设想为在唐代已经现实地实施了，即使它的细目缺少任何同时代材料的支撑，但这些对于杜默林而言并不构成问题。

实际上，这些清规最早版本的宗教语境（最早可追溯至 12 世纪初）完全被杜默林弃置了，接下来，杜默林已经将自己的注意力转向了日本镰仓时期。[1] 相反，当唐代佛教经历了"会昌法难"的剧痛之后，其他佛教宗派因物质财产的丧失和大量僧侣的还俗被极大地削弱了，而杜默林表明：以《百丈清规》为基础的禅的纯粹精神和无私的品德，使得该宗派相对地处于未受损状态。

杜默林尤为关注"会昌法难"，他花了一两页篇幅叙述该事件的中国政治背景：对独身主义的深度反感和佛教僧团自身内部的腐败。他细致分析了会昌法难的不同阶段：以敌意为开端然而毁佛规模较小的 842 年；灭佛法令迅速实行的 844 年；灭佛高潮的 845 年；随着唐武宗去世而终止的 846 年初。紧接着上述这种概括性介绍，杜默林写道："在持续进行的灭佛过程中，经济因素起到了清晰的和决定性的作用，因为佛教僧团对中国社会经济贡献很小。禅宗是一个幸运的例外，禅僧耕田、培育土地使其多产。如果我们关

---

1 参见杜默林（Heinrich Dumoulin）所著《禅佛教史》（*Zen Buddhism: A History*），第 170—171 页。

于东山法门的信息是准确的话，他们已经在中国很早的年代如此行事了。"[1]

这是一个关于禅浪漫化图像的清晰表述，也是对中国佛教僧团内部某种特殊小团体观念的清晰表述，它清晰描述了如下现象：一群虔敬的修行者，他们告别了世俗的活动，单纯地献身于农耕，并将其作为自我解脱行为的一部分。

然而，我们在前文中已经看到，在雇佣在家的劳动者方面，东山法门似乎无异于当时中国其他的寺院修行道场。甚至在《坛经》于约 780 年出现，距东山法门终结已历百年之时，也并不存在任何支持这种理想化禅寺劳动图像的证据。将惠能作为寺院内的仆人对待，无疑现实主义地刻画了从遥远的南方前来的文盲伐薪者可能遭遇的被对待方式。以上述刻画为基础，其后出现了令人惊奇的戏剧化故事。[2]

在描述会昌法难这种毁灭性的，然而也是暂时性的事件之后，杜默林就禅宗没有在此运动中遭受真正的影响这一点做出了评论："会昌法难历时之短，是禅宗几乎未遭受影响的原因之一。最大程度的破坏是在北方省份的主要城市里发生的，而禅运动的发生地主要位于南方和乡野，它非常幸运地远离混乱之所。进而言之，禅院

1　参见杜默林（Heinrich Dumoulin）所著《禅佛教史》（*Zen Buddhism: A History*），第 211 页。杜默林表明中国佛教寺院在经济上对中国社会贡献微薄，这种见解无疑部分地来自谢和耐（Jacques Gernet）著作里遍布的反佛教的偏见，参见谢和耐所著《中国 5—10 世纪的寺院经济》（*Buddhism in Chinese Society: An Economic History from the Fifth to the Tenth Centuries*）。（该书 1956 年的新版注释详尽，杜默林当然会看到它。）

2　该故事请参考本书第 97 页起的内容，以及第 108 页关于该故事的讨论。

在宗教支配权力的视野中，留下的是一个非常不庄严的图像。唐代的禅师与朝廷保持距离，从不介入或许能够吸引眼球的学术和公共活动。其结果是，在未遭受重大伤害的情况下，他们能将损耗降到最低程度。"[1]

这同样只是某种理想化图像的描述。然而紧随着上文，杜默林引入了那些更宽泛的历史议题：

> 唐代的会昌法难标志着中国佛教史的一个转折点。法难带来的主要伤害仅持续了一年。在如此短暂的时间内，广大的佛教制度的基础何以能受到伤害，并导致永久瘫痪呢？人们或许会认为，那些为人们所珍爱的数量众多的寺院和丛林或许有能力恢复自身。佛教有其美丽的外观、壮观的建筑、复杂的教义系统和给人留下深刻印象的仪式，难道遭受了一次打击就耗竭了它的内在能量？尤其就特定的寺院和尼庵而言，除了表露出来的外观方面的显著破坏外，是否还有其他待描绘的内容呢？衰弱和破坏深入佛教骨髓了吗？[2]

可以设想的是，对于上述反问，杜默林的回答是肯定的。他继续描述禅运动这个例子及其不受阻碍的乡野环境，这些内容证明

1　参见杜默林（Heinrich Dumoulin）所著《禅佛教史》(*Zen Buddhism: A History*)，第212—213页。关于从未有过类似独立禅寺的存在这一情况，参见本书第190页起的讨论。

2　参见杜默林（Heinrich Dumoulin）所著《禅佛教史》(*Zen Buddhism: A History*)，第212—213页。

了他的猜测：佛教确实到达了深度衰弱状态。

这种关于唐代佛教命运的描述必须要大规模重写，然而在此处，我们必须断然聚焦于杜默林对上述议题的关注所欲达到的目的。杜默林的观点在很大程度上预示了宋代对非佛教传统的颂扬：

在宋代，中国文明达到其迄今所知的顶点，只有古典时代的高峰期堪能相提并论。人们或许能恰当地谈论某种"复兴"，因为整体意义上的文化成长经由回归古典而被加速了⋯⋯

西方世界所知的该时期主流的思想运动是"新儒家"（Neo-Confucianism，日文译为新儒教）。新儒家经由引入对古代经典的自然主义和理性主义的诠释，并将其与（宋代的）现代性对应，从而对这场复兴做出了贡献。在这个时期，佛教的黄金时期显然已经结束了——在这个黄金时期里，它的众多宗派凭借其形而上学的思考、精致的仪式和神秘主义在五百年里吸引了一大部分中国人。

经历了唐武宗大规模灭佛运动（845年）之后，佛教仅在两个运动里寄存下来：专注于禅定修行的禅宗和最为流行的净土宗。这个时期禅宗的寺院肩负了代表佛教最高权威的责任，从它们那里流溢出来的思想和艺术潮流极大地提升了宋代文化水准。[1]

1　参见杜默林（Heinrich Dumoulin）所著《禅佛教史》（*Zen Buddhism: A History*），第243—244页。

从这篇文字里，我们可以轻易地侦测到现代实证历史学家胡适（1891—1962）的中国史诠释，包括他独特的"中国文艺复兴"理论所引发的共鸣。杜默林不加批判地将胡适的思想输入自己的作品里——几乎是一成不变的。

胡适坚信中国古典时期的社会本质上是个正当的、合理的社会，几乎不存在迷信和任何真正意义上的宗教。随着汉代的崩溃，中国文明此时也正处在其最衰弱的时间点上，而佛教作为某种有害的外来理论和修行的迷信体系到达了中国。中国生病了，佛教像一个不受控制的病毒感染了它。在某个作品里，胡适甚至将南北朝时期的中国视为印度的"思想殖民地"。

在这种视角下，禅宗之所以吸引了胡适的兴趣，其原因只有一个：顿教代表了某种"外科手术"工具，中国思想经由它将病患从自己的身体组织上切除，并最终导致了宋代"中国文艺复兴"时期新儒家的兴起。

坦率地说，胡适对佛教在中国历史中所扮演角色的错误理解过于繁杂，以至于我们无法在此处将它们全部说完。[1] 我将在下一章讨论胡适理解禅经验的方法背后的哲学意味。在此处，我们必须将注意力继续集中于历史进程这个议题。然而让我们注意到的是，胡

---

[1] 关于胡适，参见笔者著《作为史学革命的宗教：胡适论神会》[*Religion as Revolution in Chinese Historiography: Hu shih(1891–1962) on Shen-hui(684–758)*]。胡适的理论同样在芮沃寿（Arthur F. Wright）和陈观胜（Kenneth K. S. Ch'en）关于中国佛教的著作里被采纳。但是在这个例子中，胡适的理论完全影响了杜默林对禅宗的理解。关于铃木大拙，参见夏富（Robert H. Sharf）所著《日本禅民族主义》（ *The Zen of Japanese Nationalism* ）。

适将 20 世纪初中国的困境看成是历史的投影这个观点是露骨的，这尤其体现在他对"殖民地"和"解放"的使用上。胡适诸如"文艺复兴"、宋代新儒家传统的"开花"及重视古代经典的积极价值这些修辞，几乎逐字逐句地在杜默林的文本里找到了回响。

三、禅宗制度化五因素

如果不满意胡适和杜默林的解释方式，那么代替它们的应该是什么？在此，笔者将考察五种不同的因素，它们总体上代表了某种新的替代性的新假设的基本轮廓。

（一）神会的募金说辞

胡适对禅的关注点基本上都放在了神会身上。与胡适用军事术语将神会刻画为南宗攻陷北宗的急先锋这种描述相对立，且与此前将禅师的传统图像刻画为与他们的弟子进行亲密的宗教交往的禅定指导者或精神导师这种描述相对立，实际上，神会最应该被理解为一位"公开的传道者"（public evangelist），扮演着禅的福音公开鼓吹者的角色。神会的宗教使命之舞台并非"僧堂"这种封闭的圣域，而是"戒坛"（ordination platform）这种非常公开的场合。

在戒坛上，神会进行着激动人心和高度戏剧化的公开演说，激励他的听众走上佛教精神修行之路。神会演说的结果之一是，除了有男性或女性受戒为僧尼外，还影响了其他信众，由此增加了禅宗修行者人数。结果之二是充实了政府和寺院的金库。每一个受戒的男性必须要掏出不菲的金钱给政府，通过这种方式，他们为受戒后作为僧侣阶层成员之一的生活带来了免税的权利。就尼众而言，我们缺少类似的信息，因为女性并不是直接的课税对象。

在安禄山于 755 年叛乱之后，应李唐王室之请，神会以这种方式筹款。因此在此之后，根据神会对国防事业的贡献，神会受到了褒奖。神会的筹钱使得僧伽团体获得了不菲的捐款，但我们找不到任何资金细目。

然而，中国的考古学家发现了一块金锭，上面镌刻的文字证实了上述"度僧"行动的赢利能力，给政府带来了收入。当然，对于政府和寺院而言，所有诸如此类的活动都是短视的，它只能导致政府增加其对度僧的控制，以及政府课税基础的腐败。在中国宗教史上，上述整个故事是一个令人感兴趣的插曲。[1]

重要的是要在此认识到，神会以其筹款者形象获得成功，尽管并不带有禅传统里的彼岸世界的色彩，却是经由其偶像破坏的修辞来达到的。

举个例子来说，可以思考著名的菩提达摩和梁武帝两人之间相

---

[1] 这块金锭上显示的标记来自叛军一方，他们或有类似的铸造金锭的行为（然而并无此类记录），或只是抢劫了政府而获得。关于受戒和度牒，参见威斯坦因（Stanley Weinstein）所著《唐代佛教》（*Buddhism under the T'ang*），第 59—61、65 页。也请参见谢和耐（Jacques Gernet）所著《中国 5—10 世纪的寺院经济》（*Buddhism in Chinese Society: An Economic History from the Fifth to the Tenth Centuries*），第 54—57 页。

遇的故事。[1] 这次相遇，表面上看类似于明确谴责致力于利益的功德行为，实际上这个故事第一次出现在禅的文献里，是在一份神会进行大规模佛教筹款集会演说的手写誊录稿里。

换句话说，神会找到了一条征服其听众的有吸引力的、有效的方式，大体如下所言：

> 你们对僧伽的捐款本质上是空的，并且最终无任何宗教的功德。然而，这是一种令有情众生走向开悟之道的发菩提心的行为，也是最基础和最简单的禅的修行，你们应该通过这种方式行动起来，将捐款付诸行动。

我们看到，神会的这种说辞使用了偶像破坏的语言，却没有减少对僧伽的捐款行为，而是以其间某种存在细微差别的方式，发出了布施的要求。从神会的募金者生涯可以判断出，这种关于捐款的呼吁是存在"内部矛盾性"的，然而却是"有效的"。

尽管我在此处将神会传播教义的深层信息，用完全相反的术语简单解释出来，这种方式却不应该用来暗示神会使用了某种犬儒或腐败的策略。神会有力的宗教分派主义，制造了初期禅的认同危机，其中存在过度野心的一面。[2]

然而我们没有任何信息可以用来支持对神会的谴责，或暗示神会的丑陋。因此，似乎最好的方式是接受神会作为公开传道者的

1　参见本书第 35 页。

2　关于这一点，参见本书第 91 页。

能力，因为神会真正具有感染其听众的能力，使得他们瞬间燃起宗教渴望。在此过程中，经由某种极有可能成功的方式，亦即募金行为，神会将禅的信息清晰地表达出来。

（二）马祖道一与洪州宗的扩张

马祖道一及其门下两到三代继承人被合称为洪州宗，该宗派总是被描画为禅的理想像。

南泉、百丈和赵州则是唐代伟大的"禅匠"（大师）中的三位。此类描述存在的最基本的问题是，它完全是以《祖堂集》而下的文本作为凭据的。《祖堂集》晚至952年才出现，距离洪州宗的繁盛已经过去大约一百五十年了。我们将很快讨论这个禅宗灯史的重要文本，而在当前，请让我们使用同时代的资料，来考察马祖禅系的某些侧面。我们当前的讨论主题并不涉及与这些人物相关的著名故事和他们的精神修行，而是这个宗派公众形象里三个有趣的方面。

第一，马祖示寂后，其碑铭很快被写出。权德舆《洪州开元寺石门道一禅师塔碑铭并序》里说道，马祖至少在其驻锡洪州的初期，居住在"理所"里。在此之前关于禅僧的资料里从没有类似的记载，因而这种安排其意究竟何在，颇难以确定。

这个时期的洪州位于经济、农业和人口增长的时期，其对于唐王朝的重要性也在成比例地增长。在安禄山叛乱将许多中国更偏远的地区从中央政府的实际控制下削除后，中国东南中心地区的稻谷种植区域成为主要的税收来源。因此马祖最初的居住地，暗示了其与中央政府行政管理事务的某种合作关系。此地后来转变为开元寺，是政府保护的一个寺庙。[1]

第二，马祖之后的洪州宗在江西展现了引人注目的、清晰的扩张模式。该区域从地理上看近似于现代的江西省。在洪州宗历经最初三代以后，其禅僧在江西的居住地呈现出持续稳定的扩张状态。类似的模式在湖南石头希迁（700—790）禅系那里也存在，石头是曹洞宗的祖先，其在禅的神话集里所处的地位几乎与马祖相埒。对于石头系，尽管我们没有足够的信息去详尽地，如我们在此对待马祖系这样讨论，但这两种模式在地理扩张方面的类似之处，暗示出政府支持"新禅系"的地方政策。[2]

第三，《宝林传》出现于 801 年，是洪州宗最早制作出来的文本。《宝林传》使用了看起来专门为面向"在家信众"公开说法而设计的模式，而非便于在"禅堂"和"方丈院"里师徒间进行讨论的模式。在通常情况下，这个文本是在更宽泛的唐朝禅宗修行语境里解读的，或者，可以从其列举的以二十八祖即从释迦牟尼到菩提达摩呈现出来的禅宗法系所提供的信息里解读。据推测，该文本最后的内容是关于马祖道一自身的，然而却遗失了。

1　关于"府"这个术语，普兹克（Mario Poceski）业已表明（2000 年 11 月的私人谈话），该说法在文献里表达出来的意思晦涩模糊，然而我对其中详情并不知晓。

2　这里所提及的地域模式，在铃木哲雄：《唐五代の禅宗——湖南江西篇》和《唐五代禅宗史》里得到了描述，然而关于政府政策的部分是我自己的观点。普兹克（Mario Poceski）表明，洪州宗除了在此处提及的江西进行的扩张外，也显示出吸引信徒的非凡的能量，并将禅师派遣到（几乎是）全国的范围内。如果他对这个文献证据的解读是正确的话，就与道信和弘忍的东山法门教法存在有趣的类似性，所涉及的人数非常之多。参见普兹克所著《中唐的洪州宗》（*The Hongzhou School of Chan Buddhism during the Mid-Tang Period*）。

柳田圣山表明，该文本自《祖堂集》952 年出现之后就丧失其存在的必要性了。因而，在缺失其可能是最有趣的章节的情况下，《宝林传》自身并没有得到广泛地研究。[1]

《宝林传》的独特模式是有趣的。上文已略微提及，每位祖师的生涯故事分成两个部分：首先是一位有天赋的弟子，为当时的祖师所发现，并在此之后成为开悟的禅师，继而寻找他自身的继承者。上述这种"重复性"暗示出某种流行的故事讲述的文脉。这种框架结构被用来使听众保持兴趣，并且一直向前回溯，以获得更多的启迪。

这些故事铺设的方向，也通过不提及任何一位祖师是如何实际获得开悟这一点暗示出来，这种"无言"或许也部分基于戒律禁止僧人向在家信众假称自己已经开悟这个规定。[2] 尽管这种"无言"在后期被修改或规避了，那时正处于机缘问答的手写誊录阶段，而上述规定在《宝林传》时代依旧适用这一点是可以理解的。仅仅在一个半世纪以后，随着《祖堂集》的出现，修行僧的言语甚至现实人物的开悟经验则被记载在文献里。

迄今为止远未认识到的是，佛教在汉化过程中所做出的贡献到达了何种程度。此处略微评论就足够了。

佛图澄（d.348），这位曾向早期的中国北方非汉族统治者提出

1　关于《宝林传》的叙述结构，参见本书第 154 页。

2　比丘和比丘尼向在家信众伪称获得了禅定阶位或预流果（主流佛教里四果之第一种），是一种重大的犯戒（波罗夷）行为。参见哈维（Peter Harvey）所著《佛教概论：教义、历史和实践》（*An Introduction to Buddhism: Teachings, History, and Practices*），第 225 页。

建议的神通和尚，因其他一些方面的原因，而在历史中留下了印记。他归化了"戎"和"貊"这两个中国北方非汉裔种族。（《高僧传》卷九）我认为，这代表了政府是在用佛教来汉化这些团体，使他们在中国行政管理体系里更容易被治理。

道教学者早已知晓这方面内容。至少从 3 世纪开始，道士群体就集体协助政府，为他们的治理提供宗教的合法性。[1] 这种合作的一个方面是用道教去控制或镇压威胁政治统治稳定的民间宗教教派。其间的一个事例就是他们在 3 至 4 世纪协同镇压中国南部的"淫祀邪教"。[2] 我们并不明确洪州宗与当地政府之间或许存在的协作关系，然而，当地政府对佛教寺院日益增加的支持，有可能成为对当地民众进行社会控制计划的一部分。

（三）晚唐法难带来的影响

我们上文刚刚就佛教长时间参与汉化过程这一现象进行了新的解释。除此之外，我们也需要重新评价会昌法难和黄巢起义对禅宗

1　这方面的一个佳例是葛洪《神仙传》里关于乐巴的圣徒传叙述，参见唐儒博（Robert F. Campany）所著《寿与天齐：葛洪〈神仙传〉翻译与研究》（*To Live as Long as Heaven and Earth: A Translation and Study of Ge Hong's Traditions of Divine Transcendents*），第 252—254 页。

2　关于这种现象最广泛存在的研究来自石泰安（Rolf A. Stein）所著《二至七世纪的道教与大众宗教》（*Religious Taoism and Popular Religion from the Second to the Seventh Centuries*）。与这一主题相关的二手文献请参见唐儒博《寿与天齐：葛洪〈神仙传〉翻译与研究》（*To Live as Long as Heaven and Earth: A Translation and Study of Ge Hong's Traditions of Divine Transcendents*），第 252—253 页。

的影响。正如威斯坦因（Stanley Weinstein）在其关于唐代佛教政治层面的重要研究中所表达的那样，会昌法难或许是暂时性破坏，佛教僧团似乎非常迅速地恢复了。更严重的经济方面的影响来自黄巢起义（875—884），该起义席卷了中国北部，并且破坏了佛教制度性存在所依赖的社会基础。威斯坦因教授写道：

> 会昌法难最具破坏性的阶段，前后约两年之久，与此不同，黄巢之乱长达九年，席卷了当时中国几乎任何一个主要的地区。
>
> 虽然没有决定性证据表明黄巢之乱特别地敌视佛教，然而对僧团造成破坏这个结果是无法避免的……其损失不亚于一场大灾难，相比于会昌法难而言，黄巢之乱具有长期性，更不利于恢复佛教传统。[1]

对于这些事件，尤其就会昌法难对佛教僧伽产生的心理影响而言，我们在此也应该考虑引入某种来自心理学的新理解。无论法难是否部分地由僧团的堕落造成，它必然强化了每个人对于佛教业已衰落这种修辞的敏感性。

那体慧（Jan Nattier）在其《未来将会怎样：佛教末世预言研究》（*Once Upon a Future Time: Studies in a Buddhist Prophecy of Decline*）里表明，印度关于佛教衰落的修辞（汉语里的"末法"观念）的发

1　参见威斯坦因（Stanley Weinstein）所著《唐代佛教》（*Buddhism under the T'ang*），第 147 页。

展，并不能归因于敌对统治者对佛教的镇压，而是要归因于佛教僧团在那时享有了过度的物质方面的成功。就佛教而言，世俗的成功暗示出佛教精神"本怀"的丧失。就这种"本怀"而言，它至少包括与人类日常奢侈生活保持一定距离，如果他们不是全部拒绝的话。[1]

如果把这种逻辑施之于中国案例，假使认为政府镇压的部分原因是和尚们经由享受过度的个人威望和财富（富贵），玷污了他们宗教的彼岸世界的精神，那么崇高理想的再确认将成为 845 年之后佛教恢复的一个重要思考点。

在黄巢的叛乱、唐代的覆灭及五代的喧嚣之后，佛教在寺院制度方面产生将资金募集正当化的各种努力，总体而言，这是一个重要需求。中国佛教需要让政府和民间社会信服：佛教坚定追求更高的精神目标，并因此值得他们继续进行财政支持。

（四）作为公文书的《祖堂集》的出现

对上述两难困境的解答，即《祖堂集》的出现。《祖堂集》来自五代时期的南唐，在今天的福建省。这部仅保存在高丽的划时代著作，其多方面都值得注意。

首先，它包含了大量禅机缘问答的誊录，而机缘问答这种话语类型，基本上也是第一次呈现于世间，并且是以《祖堂集》的形

---

[1] 参见那体慧（Jan Nattier）所著《未来将会怎样：佛教末世预言研究》（*Once Upon a Future Time: Studies in a Buddhist Prophecy of Decline*），第 130—131、227 页。

式。由于这些对话材料都是以口语（"白话"）方式呈现出来的，该文本就成了我们理解中国方言演化的里程碑著作。

虽然《祖堂集》编纂于遥远的中国东南，但其珍稀之处就是让其中的人物都使用首都长安的口语。

其次，除去大量的语言学价值外，《祖堂集》之所以成为无价之宝的另外一个原因是，该书是禅宗内部那些最为著名的逸闻的最早版本。这些逸闻总是被用来解释禅的师徒之间互动的产生方式，唐代祖师们是如何展开教学的，不同禅系的教学风格（禅风）是如何发展的。我们已经以这种方式利用这个文本了。[1]

再次，《祖堂集》是第一部完整呈现禅宗系谱的"传灯录"类型的文本，因为它不仅提供了故事的主体，也提供了一份关于佛教演化的清晰的叙述。《祖堂集》广泛涉及了从七佛到印度二十八祖，以及接下来从菩提达摩开始的中国祖师的传承，而且也从禅的传法制度的角度，清晰地勾勒出佛教从印度到中国展开的整体轮廓。[2]尽管《祖堂集》仅在半个世纪后就被《景德传灯录》取代了，但它的编纂依旧是中国禅文献演化的一个重要阶段。

我猜测《祖堂集》的编纂部分来源于其（禅法）即将被湮没的迫切感。[3]在这个时期内，社会和军事喧嚣占据了大部分中国地区，许多逃往南方的和尚将他们的故事分享出去，使得这种新的佛教研习方法得以保存。

---

1 参见本书第 131 页对此逸闻的介绍。

2 参见本书第 5 页开始的讨论及图一。

3 该解释是推测性的。该文本极为简短的序言并未提供关于其起源的好的解释。

当逃往南方的僧人意识到他们在自家寺院里交流的故事，在许多其他地点也被热烈地讨论时，或许也会产生某种积极的"发现自我"（self-discovery）的感觉。因而这个文本代表了禅僧团对其作为"宗派"的自我意识演化的一个重要里程碑。它也是禅僧感兴趣并有能力将中国口语对话用文字书写誊录下来的最初表现。基于上述这些原因，该文本给我们提供了一个前所未有的接近 9 世纪中叶及之前禅的宗教实践世界的途径。

考虑到所有这些情况，此处让我们聚焦于《祖堂集》的另外一个侧面：公文书的特征。公文书是《祖堂集》及其后一系列灯史文本最显著的特征，它们都正式呈交给政府，以获得官方认可并收入佛教"大藏经"。

在中国范围内，这种官方认同不仅是禅宗在全中国普及的结果，也不仅是朝廷对中国宗教事务介入的自然发展，而且是将这种文本在禅定修行、师生对话及持续进行的精神修行领域之外使用的结果。作为此类私密化宗教活动的使用对象，该文本仅需满足寺院内部流通和传承，并且限定在禅堂内的僧人之间讨论即可。政府对"灯史类"文本的官方认可是这些文本在一个更广泛的制度框架中被使用的标志。[1]

因而当前的问题是：在整体意义上的中国政策语境内，《祖堂集》及其后的"灯史类"文本的格式和内容是如何满足僧团需求的？

1　尽管我不会在此论证这个观点：政府对从官方层面认同"灯史"的渴求，或许也与阁僚们在他们的权限范围内控制所有社会各层面的霸权欲望相呼应。

当问题以上述方式呈现出来时，答案真的非常简单：这些文本使禅僧的"精神身份"（spiritual identity）正当化了，提供了某种明确的寺院制度里权力的使用和来自朝廷的保护性认知框架。为了阐明这一点，我们需要折回禅宗法系的构造。

禅宗法系图里确实有两个主要的派别，在第一章我们只考察了第一个部分，那就是从过去七佛而后一直到中国禅宗六祖。在此，法系是单线的，单线的特征有其重要的含义：在禅宗祖师这一身份里，将个性不同的宗教"克里斯玛"们"同质化"（homologization）了。每一位祖师本质上都等同于其他任何一位祖师，这表明，中国祖师有与印度祖师同等的宗教权威。除此之外，对每位祖师 / 继承者的叙述都遵循师徒互动的范式，而"说法"的不同变化仅代表着人间的差异，而非任何绝对的宗教性区别。

然而在中国六代祖师以后，法系开始分枝，首先扩展为两个主要的派别，其次是少数小分组。最终，禅宗法系以某个繁荣的家谱树方式，而那些繁衍不绝的宗派分枝则以灌木丛的方式实现了。或者换个比喻说，一条向前流动的传承之川自印度二十八祖到中土六祖惠能都无支流，而在惠能后产生两条主要的支流，继而则是由小河、小溪组成，如瀑布般倾泻下来。经由对"传灯"流派图的持续添加，禅宗法系传承图甚至变得更为复杂了，该图在 1004 年、1036 年、1101 年、1183 年、1204 年和 1252 年接连印刷出版。[1]

---

1 此类"灯史"包括《景德传灯录》（1004 年）、《天圣广灯录》（1036 年）、《建中靖国续灯录》（1101 年）、《联灯会要》（1183 年）、《嘉泰普灯录》（1204 年）和《五灯会元》（1252 年）。如五代时期福建统治权对禅宗的利用一样，后来的历代朝廷也如是利用禅宗，试图将佛教修行标准化。这种利用的程度如何，有待进一步考察。

这并非因为新人物因其伟业而需要被认识，这些不同文献里对不同法系的强调暗示出其间发生的激烈斗争，具体到哪个派别、哪个文献，在此是不重要的。

正如禅宗法系图第一个部分里的单线性本质特质暗示出同质化和等值性那样，第二部分的复杂性和多样性也暗示出某种异质性和差异性。在这个巨大的禅宗家谱树上，每个人物依旧与释迦牟尼产生直接联系，将佛陀的教法（正法眼藏）全部传承下来。然而同时，所有这些个人又被划入不同的小组合，构成某种持续增长的复杂性之法系位置的嵌套集合。每个人物在法系图上的位置因此穿越其独特的一套分部和分支，最终与原生的整体联系起来：首先是自己的师父，接下来是各种区域化或中间人物，继而是唐代的伟大禅匠如临济、洞山、马祖和石头，最后与西天二十八祖和佛陀自身产生联系。[1]

（五）禅宗法系的制度化功能

为何禅宗史的作者们将法系支脉记录得如此详细？无疑，他们重要的教义甚至精神因素在此发挥了作用。不用说，教义或精神因

---

1 宋代禅系谱的双阶段结构类似于同时期的民间家谱，后者也倾向于从开端单线传承，然后呈现小瀑布状结构。参见梅斯基尔（Johanna M. Meskill）的《作为研究来源文献的中国家谱》（*The Chinese Genealogy as a Research Source*），特别是第143—147 页。也请参见伊佩霞（Patricia Buckley Ebrey）所著《族裔组织的早期发展阶段》（*The Early Stages in the Development of Descent Group Organization*）。我非常感谢司徒琳（Lynn Struve）就此现象做出的观察，并提供这些参考资料（2002年 5 月私人间交流）。

素的认知起了重要作用，但也许更世俗的筹划也发挥了重要作用。答案只能是：在宋代佛教徒如何生活和进行制度管理方面，这些划分只能以某种真实的和切实的方式起作用。

许多有才华的学者已经就中国寺院制度如何在 12 世纪前半叶运作提供了详细的解释，他们业已表明，现代寺院管理模式大体上沿袭了宋代的模式。[1] 在这些学者所描述的图景里，包括两种不同类型的寺院制度：名为"十方丛林"的大规模公众性寺院，以及全体被称为"徒弟院"的许多小规模寺院。宋代或许有两三百个"十方丛林"，九成以上被标以"禅"寺，其他则为"教"寺或"律"寺。然而，在这些"十方丛林"之间，类似性多于差异性，因为范围宽广的佛教活动在所有此类寺院里都举办，不仅限于禅定、天台教学、戒律或佛教寺院规定的维护。

基于本书研究的目的，我将仅仅讨论"禅"的制度。

尽管我们的讨论没有一个中心议题，为了比较的目的，注意到"徒弟院"的一些特征是重要的。"徒弟院"中的一些也是规模很大的寺院，但是大多数是小型建筑，只有一位师父、数位徒弟和修行僧。它们中的一些其所有权被掌握在富裕的世俗家族手里，其

1　参见尉迟酣（Holmes Welch）所著《中国佛教的实践》(*The Practice of Chinese Buddhism 1900-1950*)，福克（T. Griffith Foulk）所撰《宋代禅宗的神话、仪式和修行》(*Myth, Ritual, and Monastic Practice in Sung Ch'an Buddhism*)，以及义法（Yifa）所著《中国佛教戒律法典的起源》(*The Origins of Buddhist Monastic Codes in China*)。关于宋代朝廷对佛教的政策及它们对禅宗的影响，参见莫舒特（Morten Schlütter）所著《律寺、公共修道院与宋代政府对佛教的控制》[*Vinaya Monasteries, Public Abbacies, and State Control of Buddhism under the Sung Dynasty (960-1279)*]。

他的则由僧人自己控制。在通常情况下，此类当地的寺庙其掌控权属于师徒之间的单"传"。然而"传"仅是一种按照僧人排序的传授（尽管并非所有的"弟子"都能受戒成为"徒弟"），而非禅门的"以心传心"。

尉迟酣（Holmes Welch）业已表明，就20世纪佛教而言，修行僧生涯开端所建立的人际关系或许会继续贯穿其一生，甚至那些继续受"具足戒"，并参与"十方丛林"生活方式的人也是如此。我们可以想象，类似的重叠关系同样也发生在宋代。当然，学术界未来的任务之一是绘制中国佛教的制度演化表，这张表格将很自然地令我们对于宋代和20世纪寺院制度之间的区别愈益熟稔。

因此完全没有杜默林想象中的、独立的"禅院"，这只是某种浪漫主义的想象性虚构，而如此这般的"美好模板"（rose-colored stereotyping）总是与"义愤的轻蔑"（cynical dismissal）携手而行。简而言之，正是对这种虚构的唐代禅图像的肯定让其对宋代禅的"堕落"产生"流行的蔑视"（pervasive disdain）。在禅研究（无疑也包括其他领域）里，"浪漫主义孕育义愤精神"。

此处的重点是，"十方丛林"为谁能获得住持之位设定了具体的、基于法系传承的限制。这些"十方丛林"以"禅寺"为名，住持之名自然被许多禅的"法系"内成员控制。与之相比，只有数量很少的"十方丛林"以"教寺"或"律寺"为名，它们从属于天台宗或律宗。同样也存在一条非常重要的规则，控制着住持之间的传承。新住持必须从属于某个法系的分支，该分支不同于其前任所属的法系分支。这是"十方丛林"与"徒弟院"的一个主要区别："十方丛林"自身携带更伟大的荣耀，这就使得其权力需要被不同禅分支法系分享。

换句话说，住持的任命，部分地经由参考"灯史类"文本里个人的微观法系分支流派身份而确定。

因而具体地说，禅的法系图谱提供了某种寺院制度中的权力分配调停框架。然而这并非表明所有的僧人都有权力欲，或者说我们应该忽略他们生命的精神维度。许多 20 世纪僧人让人们观察到他们对于所扮演的行政管理的角色有负累之感，他们仅仅出于虔诚和责任感才介入寺院管理。[1] 无疑，这种情况对于中古时代也是如此。

四、结论

因此，禅宗在宋代的成功，并非因禅僧们建立了新寺院制度，相反，这种成功是现存制度内的产物。禅宗法系内部成员占据了最大规模寺院中的大多数最高职位，由此促成了禅宗在宋代的成功。

10 世纪及之后出现的"传灯"文本，其书写并非仅是要去记录禅宗作为"自力解脱"（self-cultivation）传统的进一步发展，而是要为"变化"提供合法性证明，这种"变化"指的是在禅的不同法系分支间进行权力平衡——无论是现实的权力平衡，还是计划中的权力平衡。

1　参见尉迟酣（Holmes Welch）所著《中国佛教的实践》（*The Practice of Chinese Buddhism 1900-1950*），第 41 页。

禅宗法系图的成功似乎令其他佛教宗派讶然。如果换一个更好的表达，那就是：禅的成功所导致的，正是某种对佛教"宗派"的新的理解。在中国佛教史上从未出现过某个特定宗派的"理论身份"如此紧密地与寺院管理联系起来的情况。

可以确定的是，天台宗在其中心地点天台山最为强大，然而到了宋代（实际上至少从 9 世纪开始），禅宗僧人就已占据了天台山的许多寺院。

学者们习惯于谈论天台宗的"教寺"或律宗的"律寺"，给人的感觉它们是独立的寺院制度类型，然而这并非事实——除了一些极少数的例外。实际上，"十方丛林"在其管辖范围内与所有这些"宗派"合作：称念阿弥陀佛、讲说《华严经》或《法华经》、举办各类忏仪等。唯一使得该寺院或多或少具有禅意的，只是住持职位和禅堂的设立这两点而已。

宋代及此后"教寺"本质上也同样如此，所不同的是，住持是出自天台法系，禅堂（并不必然地）里重视的则是天台智顗的禅修指导方法（止观），并且也存在教义分类学的常规指导（《教相判释》）及其他天台宗的独特教法。

为了理解这种发展的史无前例性，我们应该问自己如下问题：宋代以降，禅定专家为什么应该成为大部分重要寺院的住持？

近来的美国人偏向于皈依佛教，他们认为禅定是佛教自身成立的一个必要条件（sine qua non），并且几乎完全忽略了宗教在其民族里所扮演的文化角色。这个问题或许看上去极为模糊。毕竟，禅定指导师被设立了，并且领导了大部分（如果不是全部的话）美国精英佛教团体。

然而在中国中古或宋代以降的语境里，同样也在从古至今的其他亚洲佛教语境里，这个问题有其完全切实的关怀。禅修者为何能够胜任寺院管理者职务？禅修者为何积极去寻求（或至少接受）管理的权力？尽管其他几个因素需要进一步考察（如在这个过程中，密教专家扮演了何种角色？），禅在寺院管理方面的成功，无疑是以佛教译经事业的终结所造成的真空状态为基础的，并由此成为僧团注意力的主要聚集点。

然而，通过某种方式的宗教修辞，以及通过新发明的木版印刷传播的开悟圣人形象，也使得禅宗的成功成为可能。

下一章里，我们将会看到，在宋代禅宗最成功的时期，这些因素是如何结合起来的。

第六章

巅峰范式：宋代禅文化的两极

性和自力解脱类型

一、作为巅峰范式的宋代禅

　　无论是经受火灾抑或滥伐，一片森林在被摧毁之后，随即会重新生长起来。最先萌芽的是长势很快的草类，紧随着它们的是那些种子随风吹落的野花。降雨的侵蚀，径流在土地上刻出新的沟渠，这些因素有的时候会永久改变地貌。然而最终，新的根系网络会生长起来以稳固地面。在气候多变的情况下，刚开始时，桦木或其他软木会长得最快，但是它们最终会被那些更高的树种挤开，后者才有能力受到太阳的朗照。在没有新的灾难降临的情况下，某种新的稳定态会最终出现，尽管这会需要几十年甚至一个世纪的时间。

　　受到某种复杂和动态的力量和过程的制约，动物和植物在成熟的森林里生长和死亡，这种情况今天被生态学者称为"顶级群落"（climax community）。尽管变化依旧出现在以不同的"自然循环"（日、季、年）为基础的森林里，但生态系统整体上是稳定了。动植物在这个系统里各自出生、成长、成熟和死亡，但是这个森林群落主要部分之间会相互依存地发挥其功能，而这些主要部分的整体结构、亚生物群落、种族、生态位又处于一个更大的"顶级森林群落"之中。在长时间内，它们也会产生迅疾的变化，而在某些情况下又几乎是潜移默化的变化。无论这种复杂性和动态性到了何种程度，森林整体上都保持了相对稳定，从而可以作为单个（如果是多维的话）系统进行分析。[1]

在宋代（960—1279），中国禅宗达到了某种意义上的"巅峰范式"（Climax Paradigm）。[2] "巅峰范式"，我指的是一种概念的构造，禅以这种模式被描述在文本里，被其信徒修行着。如果推展开去的话，禅也以这种模式被中国人整体上理解成一个宗教存在体。

类同于森林的"顶级群落"，对于禅宗而言，也并非是要说禅宗内部所有的变化都停止了，远非如此！只是要表明，这个宗派自我意识的基本特征及精神修行的方法已经完善地建立起来了。在禅传统内部，宋代以前发生的事件是通过宋代的禅构造的棱镜来解释的。而禅宗此后在中国、朝鲜、日本和越南的发展，甚至在其萌芽时，都已被论断为其是对宋代建立起来的禅的标准的一种反抗。

因此，马祖及其门下禅僧、洞山和曹山及其门下禅僧，当然也包括临济等唐代禅师的浪漫化图像，是宋代的著作家"创作"出来的，并在宋代的禅文本里发挥其功能。类似地，甚至整个东亚地区之后的禅门人物也经常称引菩提达摩、六祖惠能、马祖等人，而他们是经由宋代禅的概念过滤器表达出来的，就这一点而言，日本临

1　Climax Community 一词的定义来自《生态学、进化论与系统学词典》（*A Dictionary of Ecology, Evolution, and Systematics*），意思是，一种或多或少稳定的生物群落，与现有环境状况相平衡，代表了某种生态演替的末期阶段。在某些情况下，它是"formation"的同义词。

2　情况也有可能是这样的，中国佛教整体上也达到了某种"巅峰范式"（Climax Paradigm）。然而，本书并未考察全部中国佛教，因此我们并不主张不恰当地夸大研究范围。为了理解宋代佛教，显然我们不得不考虑净土宗和天台宗（更不必说观世音菩萨崇拜了），以及其他通常并未在"宗"的名义下覆盖的宗教发展倾向。禅只是生态学天然资源目录里的一个重要种类而已。

济宗的复兴者白隐慧鹤（1685—1769）是最佳的例子。毫无疑问，菩提达摩、惠能和其他初期禅师的个人形象也随着时间的推移继续变化，但是他们作为典例被使用时所置身的总体框架，是以宋代成熟的概念范式为基础的。

上述解释极不同于早前关于中国禅发展的理解。正如我们看到的那样，杜默林视唐代禅为这个传统的"黄金时代"，并视宋代禅为衰落时期，从而把后者弃置一边。我在本书前文中频繁引用杜默林的著作，仅是因为它们最适宜代表这种诠释的整体风格。中国史专家芮沃寿（Arthur F. Wright）支持某种类似的方法，赞颂六祖惠能的"平常人"特质，却在未经审慎思索的情况下抛开了随之而来的其他内容。陈观胜曾经写出一本被广泛使用的关于禅宗的教材，赋予宋代之后的中国禅的"所有内容"以"衰落"特征。而谢和耐和狄百瑞（Wm. Theodore de Bary）也都重复采用这种模式。[1] 许多不同的圣徒传因素都串联起来而创造出这种态势。[2] 自胡适的禅宗研究开始，来自儒家的偏见则过度强调了宋代以后"大众"或"乡土"宗教运动的新颖性，并且来自日本的"宗派模式"又被错误地

1　参见芮沃寿（Arthur F. Wright）《中国历史里的佛教》（*Buddhism in Chinese History*）、陈观胜（Kenneth K. S. Ch'en）《佛教在中国：史学考察》（*Buddhism in China: A Historical Survey*）、谢和耐（Jacques Gernet）《中国 5—10 世纪的寺院经济》（*Chinese Society: An Economic History from the Fifth to the Tenth Centuries*）及狄百瑞（Wm. Theodore de Bary）《东亚文明：五个阶段的对话》（*East Asian Civilizations: A Dialogue in Five Stages*）。

2　关于该议题的延展性探讨，请参见笔者著《作为史学革命的宗教：胡适论神会》［*Religion as Revolution in Chinese Historiography: Hu Shih(1891–1962) on Shen-hui (684–758)*］。

运用于分析过程中。

本书将不会过分卷入对这些议题的讨论，但是它们的累积效应是持久稳固的，这就是断言：宋代佛教是一种衰落的宗教。

尽管存在这些普遍的误解，近来的禅宗和中国佛教研究却有一个共识：实际上中国佛教总体发展水平在宋代上升到一个巅峰。目前，禅宗的研究者们表明：该宗派只是在宋代才形成，其在唐代的"黄金时代"的图景只不过是宋代禅宗信徒们意识里的某种图像。在宋代，禅僧成为中国大部分大寺院的住持，他们受到朝廷的邀请，从某个寺院转移至下一个寺院，肩负皇室赐号，身穿紫色袈裟沿路而至。也正是在这段时期，天台宗自身也重建了，虽然有时夹杂着某些辛辣刻薄的争论。净土宗也从一种虔敬和仪式化的努力所造成的疏散形式，得到普通僧尼和居士的支持，发展为被广泛接受的救赎载体，并创造出一种新的社会组织形式，推进了其成员在疾病和死亡的考验下的相互支持。

当然，重要的是认识到，并非所有禅的优缺点都会出现在内部和谐的单一模式里。实际上，本书的目的之一就是要建议，即我们应该避免将主旨简化到类似于百科全书条目的程度。我希望本书所采用的"生态隐喻"，能够帮助我们去认识我们正在处理的现象中的复杂性，甚至混乱。

例如，关于菩提达摩，我们有一些关于他及其周围人的残篇断简，但我不确定这些零星资料与禅宗或与"原型禅"阶段有何联系，或者直白地说，其并不足以证明该教派的历史存在。我们关于"东山法门"阶段的知识要稍微精确一些，但依旧包含大量回溯性的推断。

"东山法门"似乎是一个中心稳定的群体，但是我们只是通过一些有限的证据和"后来的投影"（later projection）而得到这种认识。8世纪初，"东山法门"继承者们在全国各地非常活跃，并且在这种分散到各地域的进程中，他们通过使用"法系模式"，把自己描述为某种可被证明的宗教运动。无论此时的禅宗运动是多么变化多端和包罗万象，无论这些禅系与中国宗教生活的其他领域之间的界限是多么模糊不清，8世纪初以后的禅达到了教派身份方面值得注意的高度。

如果要继续采用生态学隐喻的话，似乎早期阶段的多种不相关成分已经产生了一组联系和（从属、共栖甚至寄生的）互动模式，甚至在这些成分继续进行变化之时，它们也保持着相对稳定。

"中期禅"阶段，"机缘问答"的出现带来互动模式内的大量改变，从而导致整体意义上"禅林"的主要变化。这里的"禅林"一词不仅指某种个人组成的团体，它更重要的是指不同法系僧团、修行风格和修辞形式的"概念集"（conceptual set）。只有在宋代，这种禅系谱的、修行的和修辞的形式才获致它们最持久性的结构。甚至当这些分离的形式继续演化并互动后，它们的总体联系网络也达到了某种稳定的"巅峰范式"。

我在本书的任何地方都没有花大篇幅描述宋代"寺院制度"（monastic establishment），关于这个方面，让我们期待福克（T.

Griffith Foulk）详细而尖锐的分析。[1] 然而我们不能忽略一个重要的特征：禅宗并没有如人们可能认为的那样，从其他佛教活动中分离出来。前一章我们在讨论禅宗在管理方面的成功时可以看到，在那些禅僧成为住持的寺院里，制度设施是很广泛的。"十方丛林"所举办的活动包括各种类型，并非仅有打坐这一种。读者应该牢记：与日本 17 世纪出现的独立（很大程度上是政府批准）的曹洞宗和临济宗教派形成对比的是，上述情况，即制度上分离出的禅宗派别，从未在中国佛教史的任何时段出现过。

尽管不存在这种明显分离出来的制度化身份，宋代禅——甚至可以将其随着时空推移而导致的诸种显而易见的变化考虑进来——依旧代表着该传统里的巅峰范式，其原因如下：

第一，仅是在这个时期，禅修的最持久的形式出现了，此处所使用的"禅修"一词，指的是禅堂生活（这是禅整体上的社会化实践）和下文将讨论的宗教内省及自力解脱类型这一寺院惯例。

第二，此类修行形式是东亚地区禅传播的基础，也就是说，不仅是中国，而且包括朝鲜和日本。实际上，本处所使用的生态学隐喻已经暗示出，仅用一把颜料刷来图绘宋代禅是多么地不恰当了。从其巅峰范式的全局中，可以引申出一大批禅的种类、表现型和特定结构，它们将被移植并在东亚全地区演化。

尽管无法将禅的全部普及元素予以量化，将其与其他类型的东亚佛教的宗教活动类型进行比较，然而不容否认的是，在全中国甚

1　在本书即将付印之时，我知道福克（T. Griffith Foulk）至少有一部书稿已经被出版机构接受，即将出版，然而我没有见到他的书稿。

至全东亚范围内，禅在宋代登上了空前的优势地位。这种优势地位的证据是唐代和宋代《高僧传》里禅僧数量成比例增加、禅宗相关出版物的泛滥，以及世俗文献中对禅僧撰述的大量引用。[1]

第三，宋代以后的禅僧及禅的20至21世纪的诠释者对禅的解释，都是经由宋代禅的"透镜"（lens）进行的。在此我仅需提及20世纪铃木大拙对临济禅的诠释：他将临济禅的公案修行的根据追溯到12世纪大慧宗杲的革新，下文正要讨论这一点。

本书主要讨论禅解脱理论体系演化的轮廓，而不是提供该宗派制度史的细节，最后一章也毫不例外。也就是说，为了界定宋代禅这个巅峰范式，为简化起见，我打算聚焦于禅修实践中两种著名然而彼此迥异的方法，它们被标以两个便签而为人所知："看话禅"和"默照禅"。对禅宗史业已熟知的读者，将很快意识到，这两个术语是与临济宗和曹洞宗联系在一起的。

二、大慧宗杲的典范生涯

尽管宋代产生了许多禅宗高僧，但是具有最持久影响力的自然要数大慧宗杲（1089—1163）。很显然，宗杲的成就来源于其曾受

1　水野弘元在其《禪宗成立以前のツナの禪定思想史序説》里，特别是该书第17—18页制作了"高僧传类"里的"禅师"比例表。《梁高僧传》（518年）里的比例是16%、《续高僧传》（667年）里的比例是45%、《宋高僧传》（978年）里的比例是36%，考虑到其他文献里遍布的禅师身份，该比例可以调整至65%—70%。

训的一些禅宗大师，尤其是其在圆悟克勤（1063—1135）门下的经历。圆悟克勤编纂了名为《碧岩录》的"公案集"，然而大慧宗杲为当时禅修行的理解增加了来源于其自身的新的重点与活力。毫不夸大地说，在大慧宗杲的生涯和教学过程里，我们发现了临济禅的巅峰范例。

大慧在禅修方面的受训经历在当时是常见的。[1]他在十六岁时剃度并被授以宗杲的法名（大致意涵是"真实之光辉"），翌年受度。宗杲随即潜心学习禅文献，尤其是禅的革新者云门文偃（864—949）的著作。[2]与此同时，据说他在阅读大乘佛教经典时获得了某种觉悟体验。在之后的年月里，他开始游方，以求在不同的禅师门下学习，有时在一年内遍尝数位禅师的教学风格。

实际上在这个阶段，据说他的大多数老师都属于曹洞禅系。1116年，大慧宗杲邂逅了退休的宰相兼佛教居士学者张商英（1043—1122），此后不久又认识了韩子苍（？—1133），这两位杰出的居士给大慧宗杲的生活带来了重要的影响。

在其习禅生涯相对较早的时期，大慧被推荐到圆悟克勤门下学习，但是直到1125年4月他才最终得以成为圆悟克勤僧团里的一员。仅仅六周以后，即该年的5月13日，大慧在圆悟克勤的一次说法中迎来了觉悟的决定性一刻。李弗林（Miriam Lindsey

---

1　下面的叙述主要基于李弗林（Miriam Lindsey Levering）的著作《居士的禅悟：大慧与宋代新宗教文化》（*Ch'an Enlightenment for Laymen: Ta-hui and the New Religious Culture of the Sung*）。

2　对这位重要人物的探讨，参见艾普（Urs App）的《云门文偃及〈云门录〉》（*Master Yunmen: From the Record of the Chan Master "Gate of the Clouds"*）。

Levering）将该事件记载如下（《大慧语录》卷十七"礼侍者断七请普说"，参考《大慧年谱》宣和七年·37岁）：[1]

圆悟克勤在说法的过程里，举了某个僧人询问云门的话："如何是诸佛出身处？"云门答道："东山水上行。"圆悟克勤接着说道："如何是诸佛出身处，熏风自南来，殿阁生微凉。"

大慧听到圆悟的话，感到心中的疑惑彻底消散了（前后际断），当时他心中充满了无上的平静和解脱的喜悦。当他向圆悟报告自己的突破时，圆悟遂令大慧居择木堂，充当侍者，每日同士大夫入室，只举有句无句。在这个地方，圆悟可以监督大慧每天的进步。当看到大慧的开悟需要进一步提纯时，圆悟就给大慧另外一个"话头"，令大慧参。有半年时间，大慧都在参圆悟给的话头。

最后有一天，大慧请圆悟告诉自己，五祖法演（圆悟之师）对他就同一个话头所做的评论。圆悟于是用其他作为话头测试大慧，发现大慧能够毫无犹疑地回答出来。

圆悟于是将自己的天宁寺主持之位传给大慧，允许大慧分

1　参见李弗林（Miriam Lindsey Levering）的著作《居士的禅悟：大慧与宋代新宗教文化》（*Ch'an Enlightenment for Laymen: Ta-hui and the New Religious Culture of the Sung*），第24—25页。笔者对译文做了小的调整。"熏风自南来，殿阁生微凉"等四句采自文宗时代的宫体诗（"人皆苦炎热，我爱夏日长"采自唐文宗，"熏风自南来，殿阁生微凉"采自柳公权），参见《旧唐书》卷一百六十五。此段所说的"东山"并非指位于黄梅的东山。此处所描述的大慧在圆悟门下的训练与大慧自己后来的禅法类似。然而为了我们当前的目的，我在此将不考虑任何"回溯性投影"。日文版补充如下：参见《大慧语录》卷十七"礼侍者断七请普说"、《大慧年谱》宣和七年·37岁。

担接化和说法的责任。

此后不久，大慧及其师父不得不在金朝军队占领之前逃离北方。他们在1127年分手，1128年末后又短暂相会过，当圆悟动身往四川时两人又一次分开了。之后的五到六年，大慧在湖南和江西两地的许多地方都处于相当孤单的状态，仅有二十个和尚随侍左右。他继续进行自己的禅修活动，并与弟子共同承担了对以往的"公案"进行评唱的工作（《古尊宿语录》卷四十七《东林和尚云门庵主颂古》，《大慧年谱》绍兴三年·45岁）。

1133年，韩子苍给大慧写了一封信，哀叹禅在社会里的衰落，乞求后者停止"孤峰顶上，草木衣食"的"独觉之行"，大慧对此做出了回应。这类似于因陀罗和梵天请求释迦牟尼离开座位行至菩提树下，因此，大慧不得不对其承担的来自上天赋予的"教导师"职责抱以坚定信念。[1]

在此，我们不必过于严肃地对待韩子苍所持的、在其时代里属于老套的宗教实践。

在韩子苍的宅邸度过半年之后，（很显然，一封简单的书信并不能达到这种效果！）大慧的行动和撰述更为公开化了，他开始攻击自己认为是异端的其他禅师和教学方法，尤其是那些倾向于更消极的禅修，而不是精力充沛地以猛然大悟的瞬间为目标的禅修

---

[1] 就从规范化文献里提取历史信息之方法论议题的分析，参见那体慧（Jan Nattier）的著作《诸善男子：〈郁伽长者会〉中的菩萨道》（*A Few Good Men: The Bodhisattva Path according to The Inquiry of Ugra*）第三章"作为历史渊源的郁迦长者：方法论思考"。

方法。

自 1134 年始，大慧宗杲开始攻击"默照禅"的倡导者，或许因为他在福建时临近曹洞宗僧人真歇清了（1088—1151），后者当时是某个多至 1500 人居住寺院的住持。[1] 大慧批评的目标还包括自己禅系内的成员。大慧宗杲公开批评其他人的癖好为他赢得了"骂天翁"的绰号。

然而大慧并没有将全副精力用于这种辛辣的批评方面。也正是在 1134 年，他担任了名为妙道的尼姑的精神"教导师"，并最终确定了自己独特的"看话"禅修方法，笔者将在下文讨论这种方法。虽然"看话"这种禅修技艺或许是为了反击曹洞宗的兴盛而特别设计出来的一个与之对比鲜明的标语，但大慧发展出来的教学风格与其主持仪式的方法，却与之存在平行关系。这就是李弗林所注意到的地方：大慧将自己独特的风格运用到葬仪和其他说法场合里，而非简单地重复通行的、一般化的真理。将佛教教义重点强调的内容与说法对象的个人情况结合起来，大慧的说法是我们所知的最早的例子。换句话说，尽管大慧并非是第一个利用这些场合发展与支持者之间的密切私人交往的中国和尚，但他似乎是赋予这种行动以崭新风格者，而看话禅的实践同样强调师徒之间的密切私人交往。

1137 年，大慧获得了第一个主要寺院住持的任命，这就是南宋首都临安附近的能仁寺，亦即径山寺。在近六年内，大慧吸引了多

---

1 参见莫舒特（Morten Schlütter）的论文《宋代禅宗里的默照禅、公案禅，以及它们争夺俗世资助的竞争》（*Silent Illumination, Kung-an Introspection, and the Competition for Lay Patronage in Sung Dynasty Ch'an*），收入格利高里（Peter N. Gregory）与格茨（Daniel A. Getz Jr.）合编《宋代佛教》（*Buddhism in the Sung*）一书。

至两千的徒众，同时使临济法脉得以重光。与此同时，大慧继续攻击他所认为的"异端"教说。1143 年，大慧因批评朝廷政策而被放逐，这或许是因为他过于率真地主张收复被金朝占领的中国北方土地，并主张应该立即采取军事行动。考虑到南宋军队沮丧的备战状态，这种行动是注定要失败的。

尽管大慧在被放逐的十几年内并没有被允许维持其僧位，这却是他相对愉快的一段时期。大慧继续禅的教化和写作，并有机会游历曹溪六祖寺。1156 年，大慧的流刑被解除，他的归途却花了近一年的时间，他仅是在年末接受了一项来自朝廷的邀请，住持现浙江省宁波市东部的阿育王寺。

在住持阿育王寺期间，大慧教化了一千两百位徒众，甚至建造了僧寮和水池。因为在他看来，已有的设施并不足够。1158 年，大慧返回径山寺，在此又待了四年，有一千名僧侣在他门下学习。

自 1161 年从径山寺方丈之位退下后，大慧举办过各种教化活动。1162 年，大慧受邀向皇帝说法，并且只是在这个时候他才被赐号"大慧"，意思是"大智慧"。此后，"大慧"之号为人们所熟知。在此后较短的游历生涯后，大慧于 1163 年 7 月返回径山寺。本年 8 月 9 日，他宣布自己将在翌日圆寂，之后给皇帝和几位朋友写了问候信。8 月 10 日，大慧依旧保持清醒和平静，他在安详地圆寂之前写出如下"遗偈"（《大慧语录》卷十二《大慧年谱》隆兴元年·75 岁）：

生也只恁么，
死也只恁么。

有偈与无偈，

是甚么热大。^[1]

　　大慧的法嗣和俗家弟子多至一百一十人，正如李弗林所说，在历经多年流放，并且只有十年担任丛林住持的情况下，他竟能有如此丰硕的成果，真是难以置信。

三、大慧宗杲的看话禅

　　前文描述大慧在圆悟门下的觉悟经验时，使用了"话头"一词，而大慧自己的方法也被认为是"看话禅"。"话头"是公案最为关键的部分，通常正是"公案"的最后一句。然而，这些表述并不具有自明性。

　　我们首先要思考的是大慧所谓的"看"。这种"看"并非消极状态下的观察，亦非某种知性的思索。大慧不允许任何理性的介入及任何从平常意义上理解该对象的意图。

　　大慧嘱咐他的弟子去抗拒从逻辑上，或根据"经教"，或利用言语表达，或从老师的姿势中推断、理解公案的努力，任何弟子或

1　译文引自李弗林（Miriam Lindsey Levering）的著作《居士的禅悟：大慧与宋代新宗教文化》（*Ch'an Enlightenment for Laymen: Ta-hui and the New Religious Culture of the Sung*），第38页。笔者对该译文做了小的调整。

许会提出的特定方法都属于被否定的范畴。例如，大慧是如下教导他的弟子妙道尼的（《大慧语录》卷十三《定光大师请普说》）：

> 因举马祖"不是心、不是佛、不是物"，教渠看，更与他注解一遍：（1）不得作道理会。（2）不得作无事会。（3）不得作击石火闪电光会。（4）不得向意根下卜度。（5）不得向举起处承当。不是心、不是佛、不是物，合作么生？[1]

唯一可能有效的方法是彻底放弃形式（《大慧语录》卷二十六《答富枢密》）：

> 须得这一念子嚗地一破，方了得生死，方名悟入……但将妄想颠倒底心、思量分别底心、好生恶死底心、知见解会底心、欣静厌闹底心，一时按下。[2]

当然获得开悟并不是一件轻松的事，大慧希望他的弟子付出超常努力。

1　译文引自李弗林（Miriam Lindsey Levering）：《居士的禅悟：大慧与宋代新宗教文化》（*Ch'an Enlightenment for Laymen: Ta-hui and the New Religious Culture of the Sung*），第38页。笔者对该译文做了小的调整。

2　转引自罗伯特·巴斯韦尔（Robert E. Buswell Jr.）所著《看话禅的捷径：中国禅宗"顿教"的演化》（*The "Short-cut" Approach of K'an-hua Meditation: The Evolution of a Practical Subitism in Chinese Ch'an Buddhism*），第349页。原文见《大慧普觉禅师语录》卷二十六，T 1998A, 47. 921c2–6。

看话禅的出现与定义[1]，大慧之于禅定的紧张甚至残忍的态度，与据称弘忍所撰《修心要论》里提出的慎重实践立场之间，存在显著区别，当然这也许只是一种文字风格的差异。

在大慧时代，将个人特性明确地描述出来或许是一种流行趋势。如果我们暂且放下弘忍或许也有他自己对于禅定的残酷要求这一点——归于弘忍的这个文本确实包含了许多努力精进的训诫——我们可以简单提及如下这点：大慧要求其学徒完全献身于此种禅的修行。上面引文中所提到的诸要求当然是不可能达到的——而这无疑是大慧禅法的要点：修行者必须将自己置于努力中，其程度如此彻底，以至于完全超出了个人努力和个人能力的界限。

其次，什么是"话头"？这个中文复合词只是简单地表达了"点滴言说"或"话题"之意。

然而在禅语的使用中，它指的是"公案"里最关键（通常也是最后）的一句，而"公案"的意思大致是"法律案件"或"判书"。[2]"公案"总是从一些"机缘问答"的誊录中取来，大多来自

1　参见罗伯特·巴斯韦尔（Robert E. Buswell Jr.）《看话禅的捷径：中国禅宗"顿教"的演化》（The "Short-cut" Approach of K'an-hua Meditation: The Evolution of a Practical Subitism in Chinese Ch'an Buddhism）、谢定华（Ding-hwa Evelyn Hsieh）《宋代看话禅演化研究：圆悟克勤（1063—1135）与公案禅的教学和实践功能》[A Study of the Evolution of K'an-hua Ch'an in Sung China: Yüan-wu K'o-ch'in(1063–1135) and the Function of Kung-an in Ch'an Pedagogy and Praxis]。

2　对这些术语的使用存在深度的混乱，认识到这一点，对此后的讨论是重要的。"话头"的字面意思是"话＋头"，然而第二个字"头"又可以单纯作为语法后缀使用，意思是"前一个字的一小部分"。类似的例子是"石头"，意思是"一小块石头"。在包括僧人所使用的现代中国口语里，"公案"仅仅意味着"故事"，而在中国通俗文学里，它指的是"推理小说"这种文学类型。"公案"一词来源于审判官在"桌

《景德传灯录》等灯史文献。在宋代，禅师收集编纂其所喜爱的禅问答是一种流行趋势，这些内容被用来对他们"钝根"的弟子进行口头指导，并为出版物增加一些反偶像的禅语。

当然，在此过程中最著名的例子，是大慧宗杲之师圆悟克勤编纂的《碧岩录》，它包括此类公案中的一百例，并附加上了圆悟之师雪窦重显（980—1052）的"颂古"和圆悟自己的"评唱"。大慧似乎对伴随禅修的这些文字活动有些担忧，有一个著名的传闻，说的是大慧在其生涯较后的时期最终将自己手中的《碧岩录》烧掉了。当然就重要性而言，这个传闻"真实与否"的问题，没有"许多人信其为真"重要。

如欲理解"看话禅"，我们就必须在一个完整的"公案"文脉中理解话头的本质。我本人非常喜爱《碧岩录》第63则的例子，即"南泉斩猫"。这个文本包括圆悟克勤自己简单的"垂示""本则"及圆悟之师雪窦重显的"颂古"，并以圆悟光彩的"评唱"结束。下文是该则公案在大多数中文版本中的缩略形式，圆悟的"著语"是以行间注形式呈现出来的（也就是说，它是一种双行小半号字夹注，而公案本文和"颂"则是大字）：

垂示

垂示云：意路不到，正好提撕。言诠不及，宜急着眼。若也电转星飞，便可倾湫倒岳。众中莫有辨得底么，试举看？

案"前，其上置放判决所参考使用的"前例"，所以转喻为"判例集"的意思。

本则

举：南泉一日东西两堂争猫儿，（不是今日合闹，也一场漏逗。）
南泉见，遂提起云："道得即不斩。"（正令当行，十方坐断。这老汉
有定龙蛇手脚。）众无对。（可惜放过，一队漆桶堪作什么！杜撰禅和，如麻
似粟。）泉斩猫儿为两段。（快哉快哉！若不如此，尽是弄泥团汉。贼过后
张弓，已是第二头，未举起时好打。）

颂

两堂俱是杜禅和，（亲言出亲口，一句道断，据款结案。）拨动烟尘
不奈何。（看尔作什么折合？现成公案，也有些子。）赖得南泉能举令，（举
拂子云：一似这个。王老师犹较些子，好个金刚王宝剑，用切泥去也。）一刀
两断任偏颇。（百杂碎，忽有人按住刀，看他作什么？不可放过也，便打。）[1]

　　大慧教导说要着重理解"泉斩猫儿为两段"这句话，而它也是
本则公案里最残忍和费解的一句。这是一种什么样的精神修行？
　　我在大学课堂里的学生都被和尚真的可以杀猫这一点惊得目瞪
口呆，那些热心禅修的人一度也有相同的反应，但是他们最后都对
这个暴力的事例无动于衷了。毕竟他们已经长期沉浸于临济义玄曾
说过的"杀佛""杀父母"的故事。因此该猫最后真的被杀害与否
不可避免地不甚重要了。多么令人伤悲呀！
　　在我个人的意识里，该事件无论如何不会如所记录的那样发

---

[1]　参见《碧岩录》，T.48. 194c7–95a13。译文引自关田一喜（Katsuki Sekida）的《〈无
　　门关〉与〈碧岩录〉》（*Two Zen Classics: Mumonkan and Hekiganroku*），第319—
　　320页。细字的评语（著语）是原文。

生过——坦白地说，佛教僧侣并不像这样随身携带刀具，他们也不会砍下自己的胳膊，或斩断其他有情众生的手足。手指或臂膀的斫断，是一种献身和苦行方面的高度仪式化的行为，当然，这是另外一个问题。[1] 然而，这个故事被从大量机缘问答文献纂集中撷取出来，正是因其"冲击性"的价值，其目的是使弟子们去思考：为何此类事情恰好发生过？

经由思考"南泉斩猫为两段"，僧人被迫想知道和尚们一开始争论的是什么问题，是在争论他们的小家畜像狗一样有（或没有）佛性吗？或者说，东西两堂的僧人都宣称对这只猫具有所有权，因其有捕鼠功能？在上述任何一种情形下，东堂的寺院行政管理和西堂的坐禅修行场之间是否存在重要的关系？因为背景信息甚为稀缺，在麦克卢汉的意味上，禅修者在这个问题上的思索又一次需要自己"观想"故事的原初环境。

实际上，关键的正是"观想"过程。

禅修者在"观想"哪些内容，得到的是什么？在看话禅里，僧人被要求去观想那些开悟者（即上文的南泉普愿）的行为之图像，而其表达是如此令人困惑，并超出了正常人理解的范畴。然而，正是这种非常暧昧的方式，被认为包含了某些更重要的真理。同时，对历代祖师们业已开悟的行动之关注，就成为他们对自己内在本质认同的一面镜子。在这种意味上，重要的是僧人被教导利用他们自己所属禅系里传说中的祖师的文本，而非一般意义上的中国佛教其他传统的文本。《碧岩录》里的故事主题当然来自唐五代时期传说

1　参见本书第42页注释对研究文献的介绍。

中的禅师，他们几乎都被描述为雪窦、圆悟、大慧及其弟子们的直系祖师。僧人观想其直系祖师的开悟行为，其目的是理解自身的本质，与自己精神上祖师的邂逅是理解"当前"的关键。

大慧自己的开悟经验就出现在与其师圆悟进行上述"问答"的场合。他们扮演问答参与者角色，代替他们进行对话。圆悟对公案及其师雪窦重显的"颂古"加以"著语"和"评唱"，是要传授某种观念：他试图让这些文字作为媒介，来达到相同的目的。也就是说，似乎通过"书写"可以进入禅问答，生活在理想化的唐代禅的自发性互动场域。实际上，《碧岩录》并非是圆悟"书写"出来的文本，而是对其就一百则公案和其师雪窦"颂古"的演说的誊录产品。

这种书写的副产品在文字方面的影响无疑是有趣的，至少在上面介绍的例子中。

圆悟克勤的评注在南泉及其弟子们的师徒间划出一条截然的界限，圆悟认同南泉普愿的立场，斥责普通僧侣的凡庸。圆悟的姿态可以从作为夹注文字的"著语"中读出来，或者说，可以从其最初说法的高姿态中读出来。圆悟克勤的评唱里没有任何疑问，甚至没有对南泉的行为表示出任何深入探究的意图。难道这种好奇是某种知性或宗教的肤浅形式？或者说，当圆悟教法的主要意图是要激励其弟子和听众表现出某种开放的姿态时，却进一步将"古则"的意味固定化了。

我们将永远无法知晓大慧对该文本沮丧的原因（如果他确实如此的话），但是我们可以推测，大慧认识到：书写文本已被自身封锁了其主题，从而与其师圆悟的创造性不相匹配。[1]

在一篇论述禅的精神修行演化过程的重要论文里，罗伯特·巴斯韦尔（Robert E. Buswell Jr.）从禅宗真正的顿悟方法的创造角度，解释了"看话禅"的出现。[2] 在这篇论文里，巴斯韦尔认为"看话禅"是禅僧自觉探究的产物，是一种适合"顿悟"立场的技艺。确定的是，"顿"（suddenness）扮演了可以说是"禅定修行标准"的角色。然而，简直存在太多可能的方法可以称之为或此或彼的"顿"，如果不是无限多的话，那么显然是无法确定数量的"多"。

根据笔者自身的判断，"顿悟"的修辞至关重要的条件，是"看话禅"的"系谱框架"（genealogical framework）。修行的程式是以对修行者的检查为依据的，而这种依据来自自己所属的"祖先法系"（ancestral lineage）内的觉悟行为模式。

大慧"看话禅"很大程度上是经由其与有涵养的文士的互动发展起来的，并演化成俘获文士群体集体想象的形式。有种观点认为大慧的文士朋友群为大慧提供了思想，然而事实并非如此。情况恰恰相反，大慧经由将法系传统和个人技巧相结合，偶然创造出这种符合文士群体期待的禅定方法（"看话禅"）。这绝非对大慧新禅定方法（"看话禅"）革新性的轻描淡写，反而是凸显了它：经由将

---

1 《碧岩录》有两个版本来源，它们可能产生自圆悟克勤在两种不同的场合就公案进行的"说法"。在这两种版本存在显著差异的情况下，最好将圆悟克勤的诠释特征作为某种回应的风格，而非视其为一套解释体系。参见伊藤猷典对《碧岩录》的批判性编集——伊藤猷典：《〈碧岩集〉定本》，东京：理想社，1963 年。

2 参见罗伯特·巴斯韦尔（Robert E. Buswell Jr.）《看话禅的捷径：中国禅宗"顿教"的演化》（ *The "Short-cut" Approach of K'an-hua Meditation: The Evolution of a Practical Subitism in Chinese Ch'an Buddhism* ），第 321—377 页。

"看话禅"的命运与许多其他禅师思想进行比较,笔者发现,后者并没有如大慧"看话禅"这样俘获世间文士群体的眼球。

大慧的"看话禅"方法最重要的要素有哪些?我们在上文中已经看到了如下特征:

1.同时强调修行过程和开悟。因为如果欠缺前者的话,其所达到的目标就相形见小;如果欠缺后者的话,修行的动机就丧失了。

2.经由将对机缘问答"断片"(公案)的冥想看作对问答的实际参与,将机缘问答中暗示的与系谱中人物的遭遇,还原到内省式冥想修行里去。

3.从开悟的圣者中,创造出一个古老的"典范"。通过这种途径,纯粹的禅的黄金时代的素朴,被归功于自己法系上的祖先。这也符合中国独特的时间观,即将"古人时代"理想化。

4.将过去和现在的禅定修行者合并进某种宗谱意义上的"联盟"。这个"联盟"(个人联合体)与出生和婚姻不相关涉。表面上看,修行者仿佛聚集在他们崇拜的祖师之下,然而实际上,每个人都在为"优位"展开激烈竞争。[1]

我们可以在这些模式中看到"禅的自发性"在宋代语境里的存在方式。实际上他们并非过着这种自由自在的"自主性"生活——

---

[1] 此处的术语"联合体"采用了亚弗朗·博尔兹(Avron Boretz)的研究成果(2002年5月的私人间交流)。其发现主要奠定在对当代中国台湾宗教实践研究的基础上:当面对外部世界时,联合体采取了某种全然支持其领导者的姿态;然而在组织内部,个体们则为地位展开激烈的、不可开交的竞争。在此种语境里,禅的全部法系(如在宗教对话情况下)或其法系的分支(如在寺院内部个体职位任命的情况下)或许可被视为分离的联合组织。我希望在未来能在中古禅和当代中国宗教之间使用这种人类学的分析方法。

如设想中唐代的寒山和拾得所过的生活那样。例如，宋代的禅修者将自主性刻入清晰分界的限制中。他们谈论自主性，想象自主性，争辩自主性，并且思考自主性，然而这些都是在官方建造的、高度仪式化的宋代寺院生活里进行的。他们大概只花了一点宝贵时间来真实地进行"自主地"生活与行动。

然而，大慧至少致力于创造某种新颖的佛教"自力解脱"（self-cultivation）方法。认识其新方法重要性的方式之一，是思考张九成（1092—1159）这位新儒家学者关于"格物"和"正心"的命题，其创造出了对"看话禅"的模仿形态。除了使用一种明显来自佛教禅定理论的静坐方法外，张九成对待儒家经典的态度很显然类似于禅对待其古代圣人的态度。以下是张九成对《春秋》的理解（《横浦集》卷十四《春秋讲义》）：

> 吾夫子以帝王之道、天地之德、日月之明、四时之运，尽发之于《春秋》，果可以凡心窥之乎？慌于一字之间，上识圣心之炉冶，则阳开阴辟，云徂雨流，皆吾夫子之《春秋》也。以修身，以齐家，以治国，以平天下，无不可者。[1]

下文是阿里·伯雷尔（Ari Borrell）对张九成的理解做出的说明：

1　本处翻译引自阿里·伯雷尔（Ari Borrell）的文章《口误还是公案？张九成思想里的修行、证道与教义》（*Ko-wu or Kung-an? Practice, Realization, and Teaching in the Thought of Chang Chiu-ch'eng*）。我对此译文做了小的调整。原文参见张九成：《横浦集》，14.7a（391b）。

经由阅读《春秋》，学生"既得其心，则饮食、寝处、洒扫、应对，无非吾夫子之运用"。[1] 尽管张九成的说法或许过于直白地迎合了大慧的嗜好，然而笔者认为，为了提出某种完美的、可被接受的关于禅修的解释，用菩提达摩或马祖替代孔子是行得通的。

毫无疑问，张九成的方法与大慧宗杲类似。我们也不应该忽略两人政治立场的共通性——他们都强烈主张"鹰派"立场，也就是说，南宋应该通过战争收复北方失地。他们的宗教内省和政治观点之风格的原动力也存在一致之处。然而就本书的目的而言，更重要的是确定禅修和新儒家这两极之间的大体类似性。至少在半个世纪前，禅宗史学界就首次发现了这一点。

假设大慧活泼泼的"看话禅"与道学的"格物致知"存在类似之处，那么更寂静的曹洞宗系的"默照禅"就与道学程朱一派的"居敬穷理"相类似。[2] 我们将很快返回到禅与新儒学类似性的讨论，然而在此之前，我们应该首先考察一下宋代禅定修行的另一支主要潮流——曹洞禅。

---

1 本处翻译引自阿里·伯雷尔（Ari Borrell）的文章《口误还是公案？张九成思想里的修行、证道与教义》（*Ko-wu or Kung-an? Practice, Realization, and Teaching in the Thought of Chang Chiu-ch'eng*）。我对此译文做了小的调整。原文参见张九成：《横浦集》，14.4a-b（3990a）。

2 我在这里是从伯雷尔处借用了这个术语，而伯雷尔又引用了楠本正繼在《宋明両思想の葛藤》里的一项观察，尤请参见该书第 177 页。我并未见过楠本正繼的著作（因此，我对日文字母的改写及对日文标题的解释或许存在错误），然而我意识到这是关于该主题的最早观察。

四、"默照"与12世纪曹洞禅

大慧宗杲的出现，并考虑到他在道元（1200—1253）创立的日本曹洞宗里扮演的角色，那么，将其禅学批评作为宋代禅宗修行风格的起点，会带来某种便利。大慧所激烈批评的，是以"默照"闻名的曹洞禅修行。虽然大慧的批评确实是无可指责的，我们却可以把这种批评及其时代语境，理解成曹洞禅修行更重要的一个前提。

宋代曹洞法系里，最关键的成员是真歇清了和宏智正觉（1091—1157）。大慧对"默照禅"的最初指责发生在1134年，该指责或许来自临近的、由真歇清了住持的某个寺院的刺激。[1]

宏智正觉在此前几年已写下了《默照铭》，《默照铭》序言的时间被标为1131年。

长期以来，学者们都在猜测宏智正觉是否即大慧批评的对象。因为只有极少数其他曹洞宗文本实际地使用"默照"这个术语，因此似乎没有比宏智正觉更为适合的批评对象了。

然而也存在一些积极的反面证据：虽然大慧宗杲和宏智正觉两人仅仅见了一面，但是他们像佛教伙伴一样互相推崇。大慧也在批判"默照"修行方式的期间数次褒奖宏智，而在对方去世后，大慧也以诗偈的方式赞扬宏智的品德。在宏智的生涯里，曾推荐大慧担

---

1 参见本书第205页。

任南宋最有威望的一个寺院的住持之职，并且在自己即将离开人间的时候，请大慧主持自己的葬礼仪式。[1] 那么，大慧怎么会如此激烈地反对宏智的标志性思想，同时却与他维持如此热烈的关系呢？[2]

在大慧的生涯里，曹洞禅曾一度濒临灭绝，后来又恢复了生机。回溯到 1037 年，随着与该宗派创始者相对应的法系里最后一位继承者的去世，曹洞禅已经确定地后继无人了。然而最后一位曹洞宗僧人大阳警玄（942—1027）请求自己在临济宗里的一位修道同人浮山法远（991—1067），以托管的方式维持其曹洞传承，然后将其托付于适合的弟子。这个被选中的弟子就是投子义青（1032—1083），义青在其设想中的"师父"去世之时甚至尚未降临人世。[3] 投子义青的弟子芙蓉道楷（1043—1118）似乎是一位具有革新精神和创造精神的人物，其门下第二代弟子真歇清了和宏智正觉是曹洞宗复兴过程里最活跃、姿态最鲜明的两位。他们在世时，至少有五十四位活跃的禅师尊芙蓉道楷为系谱上的"太老师"（grand-master）。据猜测，真歇清了和宏智正觉都各自有数千名追随者。就

1　参见莫舒特（Morten Schlütter）的论文《宋代禅宗里的默照禅、公案禅，以及它们争夺俗世资助的竞争》（*Silent Illumination, Kung-an Introspection, and the Competition for Lay Patronage in Sung Dynasty Ch'an*），收入格利高里（Peter N. Gregory）与格茨（Daniel A. Getz Jr.）合编《宋代佛教》（*Buddhism in the Sung*）一书，第 109 页。

2　莫舒特（Morten Schlütter）以双管齐下的方式解决了这个困境。首先，分析临济和曹洞法系在该时间点上的竞争状况；其次，分析不同的曹洞宗禅师所强调的、各自不同的禅定重点。下面的概括是以莫舒特老练的分析为基础的，同时部分地参考了石井修道的贡献。

3　尽管莫舒特表明这种论证方式"在禅史上是唯一的"，参见莫舒特所著《默照禅》（*Silent Illumination*），第 127 页。类似的方法其实在牛头宗演化过程里也存在——除非这个宗派的六代传承法系完全是虚构的。

法嗣弟子而言，真歇清了有十四位，宏智正觉则有二十八位。

1126 年，由于女真族建立的金朝侵占中国北部，政府继而减少了对禅宗的支持，曹洞宗的复兴正发生在这段时期。政府支持力度的下降，表现在减少官赐度牒数量、限制僧侣受戒等方面。禅师们因感觉到越来越大的压力，遂将自己"说法"的对象转向文士群体，在这部分群体里，有志进行禅修的人为数众多。正如我们业已看到的那样，大慧的"说法"许多是面向士大夫阶层的，曹洞宗活动的高涨无疑也激化了竞争。

尽管曹洞宗禅师芙蓉道楷、真歇清了和宏智正觉各自的禅定修行方式略有不同，但其中的一个关键因素决定了大慧宗杲回应的积极或消极特质，这就是"努力求悟"。[1] 如果修行的风格可以被特征化为仅是等待开悟的发生，或者甚至放弃实际开悟经验的重要性，那么大慧的攻击就是猛烈的。如果有持续不断并且精力充沛地寻求开悟的需求，大慧也会支持这种与自己存在深度差异的禅定风格。

例如，芙蓉道楷写道（《续古尊宿语要》第二集《地》的《芙蓉道楷禅师语》）：

> 你若向空劫时悟明自己，譬如百千日月光明无量，无边众生一时度脱。你若未明，直须退步就己始得。自休休去，自歇歇去，似古庙香炉去，一念万年去，似一息不来底人去。你若

---

1 大慧对修行努力的强调，参见罗伯特·巴斯韦尔（Robert E. Buswell Jr.）的《看话禅的捷径：中国禅宗"顿教"的演化》（The "Short-cut" Approach of K'an-hua Meditation: The Evolution of a Practical Subitism in Chinese Ch'an Buddhism），第 354—355 页。

能长年岁月如此，若不得道果，山僧妄语诳你诸人，自生陷地狱。劝汝诸人莫错用身心，辨取前程道路，莫待临时。须是自家着力，无人替代。[1]

在该篇中，道楷劝告他的弟子们去努力开悟，而这种方式或许大慧也会欣赏。然而，此处所推荐的"努力"是将自身维持在持续不停的"止息"状态，并不是精力充沛地投入，耗竭全力，直迄突破性开悟。后者正是大慧所主张的开悟类型。

然而，清了关于禅定修行的见解实际上拒绝了有意识"开悟努力"的概念：

不动步常在屋里。但忘教似枯木石头墙壁瓦砾，绝知绝解，自然虚明历历，无一丝毫特地费心力处。（《真歇清了禅师语录·劫外录》）

纯纯地如婴儿相似，东西不辨南北不分，六根门头一时休歇，自然虚明自照。（《真歇清了禅师语录·拈古·信心铭》"任性合道逍遥绝恼"）

居动而常寂，处暗而愈明，不堕二边机。（《真歇清了禅师语录·劫外录》）[2]

1　这是莫舒特（Morten Schlütter）翻译的，参见莫舒特所著《默照禅》（*Silent Illumination*），第124—125页。原文见《续古尊宿语要》，收入《续藏经》，118.453d11–16。

2　这三段是由莫舒特（Morten Schlütter）翻译的，参见莫舒特的论文《宋代禅宗里的默照禅、公案禅，以及它们争夺俗世资助的竞争》（*Silent Illumination, Kung-*

由于清了仅谈及活动中的"六根门头一时休歇",且"常寂",很显然没有在"寂静"内部对抗性地注入任何积极面,这种"精进"没有任何有意识的"努力开悟"的成分。这种禅修方式引起大慧的愤怒是可以理解的。

宏智正觉的《默照铭》(《宏智禅师广录》卷八)包括了一个类似的、在冥想的静寂和活泼泼的努力之间维持平衡的意图:

> 妙存默处,
>
> 功忘照中。
>
> 妙存何存,
>
> 惺惺破昏。
>
> 默照之道,
>
> 离微之根。[1]

对于宏智正觉而言,一旦"照"出现了,"功"(努力)必须被忘却。然而它也意味着,"功"是"照"的获得的必要条件。宏智

---

an Introspection, and the Competition for Lay Patronage in Sung Dynasty Ch'an),收入格利高里(Peter N. Gregory)与格茨(Daniel A. Getz Jr.)合编《宋代佛教》(Buddhism in the Sung)一书,第121—122、124页。原文分别见《真歇清了禅师语录》X 124.314a18-b2、323c13-14 及 311b3。

1 这是莫舒特(Morten Schlütter)翻译的(格式略做修改),参见莫舒特的论文《宋代禅宗里的默照禅、公案禅,以及它们争夺俗世资助的竞争》(Silent Illumination, Kung-an Introspection, and the Competition for Lay Patronage in Sung Dynasty Ch'an),收入格利高里(Peter N. Gregory)与格茨(Daniel A. Getz Jr.)合编《宋代佛教》(Buddhism in the Sung)一书,第117页。原文见《宏智禅师广录》T 2001, 48. 100a26-b1。

正觉对机敏地打破无明的暗阁（惺惺破昏）的描述，也以直接努力为目标：

《默照铭》里也有如下表述：

万象森罗，
放光说法。
彼彼证明，
各各问答。

问答证明，
恰恰相应。
照中失默，
便见侵凌。

证明问答，
相应恰恰。
默中失照，
浑成剩法。

默照理圆，
莲开梦觉。
百川赴海，
千峰向岳。

如鹅择乳，

如蜂采花。

默照至得，

输我宗家。[1]

宏智正觉在此强调的是"默"和"照"的均衡，这种方式清晰
地回应了4世纪及后期中国佛教，以及8世纪神会著作里的"体/用"
两极性。两极性里的前者（体）可以在许多人的作品里找到，被用
来分析本质上被认为是单一的"状态"（states）或"实相"（realities），
如"涅槃"或"开悟"，然而根据所采用的不同视角，似乎特征也
相应地不一样。因此，觉悟的心灵可以被说成是本质上静止的，甚
至当它发挥"知"的功能时也是如此。类似地，神会表明禅定和智
慧的范围不能被认为是相互分离的，因此寂止的禅定的功能是智慧，
而表面上动的智慧的本质是寂止的禅定。[2]

然而与神会所持的、禅定和智慧的必须同一且同时出现这种哲

1　这也是莫舒特（Morten Schlütter）翻译的（格式略做修改），参见莫舒特的论文《宋
代禅宗里的默照禅、公案禅，以及它们争夺俗世资助的竞争》（*Silent Illumination,
Kung-an Introspection, and the Competition for Lay Patronage in Sung Dynasty
Ch'an*），收入格利高里（Peter N. Gregory）与格茨（Daniel A. Getz Jr.）合编《宋
代佛教》（*Buddhism in the Sung*）一书，第 117 页。原文见《宏智禅师广录》T 2001,
48. 100b5–11。

2　关于"体用"之分，请参见本书第 69 页的讨论。神会在《坛语》里对"禅定"与
"智慧"的关系做出了如下表述："定慧双修，不相去离。定不异慧，慧不异定，如
世间灯光不相去离……即定之时即是慧，即慧之时即是定。"参见笔者著《禅的布
教师：荷泽神会——顿悟思想与中国禅的南宗》（*Zen Evangelist: Shenhui, Sudden
Enlightenment, and the Southern School of Chan Buddhism*）一书。

学立场相对立，宏智正觉追求的是禅修者所获致的"默"与"照"之间的平衡。此外，正如莫舒特（Morten Schlütter）恰如其分地观察到的，宏智正觉看起来就像"将开悟描述为某个时间里的事件，例如，当他说'莲花开放，梦者觉醒'时，就是如此"。[1]"开悟作为一个突破性事件被轻描淡写了"，并且正是此"开悟"观念被认为是一种障碍。宏智正觉并没有如大慧宗杲那样强调这种"英雄式的努力"（heroic effort），似乎他将默照看成是心灵的内在觉悟的特性，将开悟看成某种自然和喜悦的状态，并且这种状态已经全部敞露给修行者了。在其他某处，宏智写道："本自圆成不劳修证。"[2]（《宏智禅师广录》卷一）

然而，宏智正觉认为，"确有"某些事情需要完成。他写道（《宏智禅师广录》卷六《法语》）：

> 默默自住，如如离缘，豁明无尘，直下透脱。元来到个处，不是今日新有底。从旧家旷大劫前，历历不昏，灵灵独耀。虽然恁么，不得不为。当恁么为时，直教一毫不生，一尘

1　参见莫舒特（Morten Schlütter）的论文《宋代禅宗里的默照禅、公案禅，以及它们争夺俗世资助的竞争》（*Silent Illumination, Kung-an Introspection, and the Competition for Lay Patronage in Sung Dynasty Ch'an*），收入格利高里（Peter N. Gregory）与格茨（Daniel A. Getz Jr.）合编《宋代佛教》（*Buddhism in the Sung*）一书，第119页。

2　参见莫舒特（Morten Schlütter）的论文《宋代禅宗里的默照禅、公案禅，以及它们争夺俗世资助的竞争》（*Silent Illumination, Kung-an Introspection, and the Competition for Lay Patronage in Sung Dynasty Ch'an*），收入格利高里（Peter N. Gregory）与格茨（Daniel A. Getz Jr.）合编《宋代佛教》（*Buddhism in the Sung*）一书，第123页。原文出自《宏智禅师广录》T 2001, 48. 1 c2–3。

不翳，枯寒大休，廓彻明白。若休歇不尽，欲到个境界出生死，无有是处。直下打得透，了无思尘，净无缘虑。[1]

即使是对短篇小文（如上）的考察，我们也可以观察到宏智正觉教诫里的敏感性和均衡性，这一点类似于弘忍的《修心要论》。[2]换言之，无论如何要认识到：开悟的目的并非达到涅槃，努力修行是必要的。上面两者之间存在矛盾，因此要进行微妙地协调。

请让我写出自己对大慧宗杲和曹洞宗禅帅之间关系的最后的观察。面对曹洞宗的发展，大慧以非常具有竞争性的精神回应，然而相较于佛教自身的因素、他自身的思想及自身所属法系的再生产方面的考量而言，大慧并没有过多地根据其自身的利益去行动。无疑大慧对于其所察觉到的误导性禅法的愤怒是诚挚的，然而他的行为是防护性的，他意在捍卫自己所属的法系，他的法系在当时的中国僧团里也占据主流和正统的地位。

在第一章里，我不确定的是，禅是否起到了压制整体上的中国

1　参见莫舒特（Morten Schlütter）的论文《宋代禅宗里的默照禅、公案禅，以及它们争夺俗世资助的竞争》（*Silent Illumination, Kung-an Introspection, and the Competition for Lay Patronage in Sung Dynasty Ch'an*），收入格利高里（Peter N. Gregory）与格茨（Daniel A. Getz Jr.）合编《宋代佛教》（*Buddhism in the Sung*）一书，第 123—124 页。原文出自《宏智禅师广录》T 2001, 48. 74 b25–c2。该篇引自石井修道：《宋代禅宗史の研究》，第 345 页。其英译文见莱顿（Taigen Dan Leighton）等翻译的《"空"的修行：宏智禅师的"默照"》（*Cultivating the Empty Field: The Silent Illumination of Zen Master Hongzhi*），第 10 页。

2　参见本书第 63 页。

宗教修行者，或者说压制这些修行者中的部分群体的功能。[1] 以下正是问题的关键所在：大慧实际上致力于去控制宋代禅僧团的"语艺社群"（rhetorical community）[2]，确保他自身的禅修方法被公认为是有效的，其他的方法则应该被当作无效的而抛弃。

大慧门下的弟子有开悟的经验，那么反过来说，其余法系禅师门下的弟子必定无法开悟。在最相关的意味上，这指的是曹洞系的禅者。

然而在更宽广的语境里，其所涵盖的对象甚至更多：大慧的修行方法在佛教范围内的相对成功，暗示了天台、华严、净土和其他佛教修行方法被相对地削弱了。

五、佛教与新儒学的配对模式

迄今为止的篇章内，我们已经触及许多"争斗/两极性"（duels/polarities），现在已经到了以综合的方式讨论它们的时候了。[3] 探讨的起点或许应该是在不同的修行模式之间建构一套齐整的相似关系，这些修行模式出现在原型禅、初期禅、古典禅和宋代禅修实践里的曹洞禅和临济禅里，也出现在宋代新儒学的两个主要潮流里。

---

1   参见本书第 15 页。

2   指有共享的符号、信仰、价值和行为目标的社群。——译者注

3   关于"争斗/两极性"，尤其请参见本书第 64 页开始的讨论。

这些相似性呈现如下：

原型禅	理入	行入
初期禅·古典禅	守心	机缘问答
宋代禅	默照	看话
新儒学	静坐	格物

正如在第二章所讨论的那样，归属于菩提达摩的"理入"和"行入"的具体实践的含义，并没有得到明确的解释，然而这两者之间的联系是相当清楚的：前者代表了对众生本具的佛性存在的不可动摇的信念之基本态度，后者是一种连续的过程，暗示众生的每个行为或活动是如何可能被调整的，以与其内在之悟相契合。[1]

在据说为弘忍所撰的《修心要论》里，曾解释初期禅的"守心"劝诫，这是对菩提达摩"理入"思想中的"佛性"概念的精心论述。正如菩提达摩《二入四行论》嘱咐人要有"深信"一样，也就是说，要对于众生内部存在"本性"有"坚定的信念"，尽管这种"本性"或许被迷妄和烦恼所覆盖。与"本性"或"佛性"同样，"守心"这种珍贵的实践也是如此。《修心要论》也包含了两种相当不同的禅定修行方式，其一就是我们刚刚提及的崇高精神的具体表达，其二就是聚焦于迷妄之心的活动。

"理入"和"守心"这两种情况，如同宋代曹洞禅和新儒学的"默照"和"静坐"，有一个基本的假定："真实心"自身存在"照"

---

1 此处的"行"应该被理解为"过程"或"行动"。参见第 53 页注释 1。

的光辉，如果人能仅是去除日常的分别心，思考施诸心上的限制，那么它将回归到完美觉悟的本来状态。用中国大乘佛教的术语来说，内在的"真心"处于"平常"或根本的觉悟状态，称为"本觉"（temporal enlightenment）。"本觉"的意思是本来就有的根本的觉悟，而去除假象、恢复这种本来的光辉被称为"始觉"，"始觉"只是一种暂时性的开悟。因而在菩提达摩的理入、初期禅的佛性理解和曹洞禅的默照之间存在着某种深刻的连续性。为了方便起见，我将把这种连续性称为"内在论"（immanentist）立场，因为它强调的是内心固有的特质。

在刚刚论及的"内在论"姿态和外在的"范例"之间，存在着某种根本性的区别。我将用"范例"这个术语来谈论"行入"、古典禅的机缘问答、宋代临济禅的"看话"方法，以及新儒学的"格物"。

以往的作者倾向于用动与静的两极对立来分析这两种方法，将内在论立场描述为更占优势的"静的"，而"范例"的风格被视为典型的"动的"。我们应该避免这种分析方式——因为它的价值取向如此地根深蒂固。

实际上，这种"二元对立"通常是斗争性的，尽管它们看起来具有包容性。其原因在于：正是包容的行动隐藏着某种压制和控制的"霸权修辞"。当然，这与现代价值观存在潜在的对立统一，古代和中古时期的中国作者当然宁愿将他们与更本质的"体"联系起来，而非看起来是派生性的"用"。[1]

---

1 我非常感谢罗伯特·康儒博（Robert F. Campany）在这一点上的观察（我们在2002年5月2日曾有过交流）。

正如"顿渐"分类学为传统及许多现代的禅僧注入斗争性的性格，"动静"范畴也是如此，这对范畴似乎也为现代作家注入好战的性格。在多方面原因的联合作用下，那些使用这种简单分类学的作者似乎总是赋予"动"以优势地位，并对"静"抱有偏见。实际上，我将要表明的是，与其使用"动静"的区分，不如将中国佛教"体用"的两极性作为一个更为强大的分析工具。[1]

实际上我们可以列举数种将"范型"从"内在论"里区分出来的方法。首先，取代向内聚焦的内在论立场的是，存在某种向外聚焦行为、活动、对话和互动的立场。这种向外聚焦以各种方式显示了自身，然而它总体上，或许也是普遍地，伴随着对导向并获得"（始）觉"自身的实际行动过程的强调。众生需要实际地经历开悟，而同样重要的是，修行者需要向有经验的禅师证明开悟经验的有效性。自身的行动和与他者的互动同样是必要的。

其次，在人的文化的重要性和修行者身份问题上，"内在论"和外在"范型"这两种风格有根本不同的立场。也就是说，"内在论"的姿态需要的仅仅是修行者及其心灵，外在"范型"立场则依赖于修行者在其参与的特定类型传统中所扮演的角色。当然在禅宗里，存在系谱学语境，在其中，修行者经由思考其法系里祖先的开悟活动而获致开悟，然后将自己的开悟体验，与某位法系上的先人相合以获得合法性。

以上述方式，修道者从孩童/外行转变成为成人/继承者。就新儒学而言，"传统"则指具体体现在儒家的经典和圣人方面的传

---

1 本书最初在第 69 页对此进行了讨论，并在第 225 页论及宏智正觉的思想。

统，而经典文献是从私人和公众这两种当代情境角度加以理解的。对中国儒学传统的理解似乎也存在深刻的系谱学风格，这个方面体现在张九成和其他积极倡导"格物"风格的人那里。

在此需要注意的一点是，存在某种尽可能填满上述对应表的倾向。在这种情况下，修行者或许会考虑为表格增加第五行，即"顿"和"渐"。当然，这样做的目的是去列举"顿渐配对"的最大数额，并认为它们都具有相似性。是要利用那些看上去有效的、或仅仅作为工具提出来的相似性，来获得更多更好的辨析其间微妙差异的理解。认识到这种相似性应该在何处停止其效用，因此也是该"程序"一个有用的结果。[1]

"顿教"之分是一个引起争议的话题，并且就其自身作为分析工具而言，仅具有有限的利用价值。[2] 每一个宋代禅的立场都可以被合法化地描述为"顿"，并将其他禅派批评为"渐"。自然，这种

---

1 最近一项违反良知的研究触犯了这个良好的规则意识，这是一项涉及神经生理学和内观问题的具有不朽价值的研究，即奥斯丁（James H. Austin）的《预见：沉思与冥想的力量》（*Zen and the Brain: Toward an Understanding of Meditation and Consciousness*）（图 1 和图 2，第 10、31 页）。例如，奥斯丁极度赞美这种被创造出来的非批判的相似性，整体上过于高度评价了日本的曹洞和临济禅传统。奥斯丁带有非常强烈的宗派属性的禅理解严重地侵蚀了他的神经生理学假定，远远超出了经验证据的领域。参见德克曼（Arther J. Deikman）在《泰晤士报文学副刊》（*Times Literary Supplement*）第 30 期上发表的书评。（在发表该篇书评时，德克曼是美国加州大学旧金山分校精神病学教授。）令人感到有希望的是，未来将会出现夏富（Robert H. Sharf）和奥斯丁这两种方法的中间派。

2 正如罗伯特·巴斯韦尔（Robert E. Buswell Jr.）指出的那样（2002 年 5 月 10 日的一次私人交流），唐宋时代的禅文献提供了对这些术语的比简单的"顿与渐"之分要复杂得多的分析：宗密、延寿，以及高丽僧人智讷的著作里，在分析不同禅宗派别时对"顿渐""修证"的多种组合进行了考察。

描述所使用的术语来自教派的考量，然而其结果却是没有以任何清楚的方式使得该表格排列起来。"内在论"立场可以被认为是"顿"的，因其承认某种没有任何"阶位"和"限定条件"的"瞬间完成"的禅的风格。

这种风格在日本禅师道元的作品里以最华丽的方式被论证。从该视角看，"范型"方法的过程导向风格令自身看起来是"渐"的，然而实际上许多中国和日本的临济禅修行者业已被描述为经历了许多开悟经验。另一方面，从"范型"视角看，"内在论"风格几乎完全忽略了现实的开悟经验，反而轻描淡写地攻击"顿"的特质。就曹洞僧人而言，他们花费许多时间来修行禅定，几乎从不谈论个人的觉悟，这自然令他们的临济派对手产生疑窦：曹洞宗里的一些人还没获得任何……灵修方面的成就，诸如此类。

再次，作为一个 8 世纪以后的"斗争性"标语，不同的禅指导师皆宣称"顿"，而在宋代，这种做法早已丧失其修辞的新颖性。该议题（顿）依然与修行者的生命相关。

这里的一个例子是，大慧宗杲在其作品里对该术语的意涵进行了全方位地更新，并使用了它。[1]然而作为解释模式，该术语蒙蔽了我们，而非增强了我们的理解力。

顿渐两极区分的不可适用性，不应该抑制我们去尝试寻找其他的关联性。思考上文提到的相似性或许也在传统佛教"止观"两

---

1 参见罗伯特·巴斯韦尔（Robert E. Buswell Jr.）《看话禅的捷径：中国禅宗"顿教"的演化》（*The "Short-cut" Approach of K'an-hua Meditation: The Evolution of a Practical Subitism in Chinese Ch'an Buddhism*），收入格利高里（Peter N. Gregory）主编《顿与渐》（*Sudden and Gradual*），第 321—377 页。

极性理论上体现出来，这确实也具有启发意义。这两者，即顿渐和止观，都不能完全吻合这个表格，然而在考虑到历史时间差的情况下，这并不令人惊异。

人们或许会提出如下论点："内在论"立场类似于"观"，因为它们都依赖于心灵的内省性理解能力。然而"观"需要一个对象，并且它只有在其"大乘"的理解方式里，才可以被运用到"心"自身，至少在根源性或超越性实体意义上是如此。当然，我们在天台智顗的作品里找到了这种立场，智顗花费很大篇幅所详细讨论的正是这个主题。初期禅以后的禅文本清楚地认识到根源于自身思想中的"心"的"返照"观念里存在细微问题。尽管如此，用"心"去"观"某物——甚至包括心自身——不同于"内在论"的立场，后者认为存在某个"向内观照"的心灵，而它应该在一切有情众生那里显现出来。[1]

那么，如将"范型"方法与"止"进行比较，将把我们带到一个更远的远景之中。在此，其目标并非是不间断地静止，而是全力投入到自主性活动里。甚而，修行的"范型"风格需要某个伙伴，这个伙伴通常是某位有资格的指导师，相反，"止"却是孤独的探求。[2] 在倡导渐进的进步意味上，中国的渐教概念和"止"之间存

1　我们不应该将这些立场看成是纯粹东亚的立场，它们更非纯粹属于禅宗的立场。例如，哈维（Peter Harvey）在其《佛教概论：教义、历史与实践》（*An Introduction to Buddhism: Teachings, History, and Practices*）中指出，"自性清净心"的概念在巴利文经典及以后的佛教文献里都能找到，也可以在一些中国主流佛教宗派里找到。参见该书第155—179页，尤其参见第157—160、174—175页。

2　该命题指的是禅传统内对这些立场的理解。在印度主流佛教里，情况可能是如下这样：一位有经验的冥想指导师对"止"的重要性要高于"观"。

在惊人的相似之处。此外，两者都代表了佛教里某种古老的方面，根据这种思想，解脱可以从"苦行之抑制"或"欲望之平息"角度加以解释。然而，尽管"顿教"与"观"具有某种潜在的密切关系（在它们都需要将般若智慧作为自身的绝对条件意味上），却不是绝对相似的。实际上其给予我们最有益的启示在于："内在论"和"范型"，以及"顿渐""止观"等配对中，两者之间并不是完全等同的。

六、宋代天台修行里的主体间性

与其折回到印度佛教禅定思想以理解宋代禅的理论支脉，不若取而代之以考察某种时空上更接近的相似性。

这就是宋代天台思想里的"山家／山外"之分。[1] 在宋代，天台宗被"山家派"和"山外派"所撕裂，前者以天台山为根据地，因此被称为"山家"；后者以天台山以外的场所为根据地，因此被称为"山外"。就我们讨论的目的而言，论述禅宗思想对宋代宗教文化整体影响的方式之一，就是去思考我们刚才讨论的"两极性"在多大程度上可以应用到天台宗这里。

1　这两种立场的一个便利的概要，参见陈志华（Chi-wah Chan）《知礼（960—1028）与宋初天台宗危机》[Chih-li (960-1028) and the Crisis of T'ien-t'ai Buddhism in the Early Sung]，收入格利高里（Peter N. Gregory）与格茨（Daniel A. Getz Jr.）合编的《宋代佛教》（Buddhism in the Sung）一书，第413—418页。

对于此问题的讨论，其最佳引导性著作来自任博克（Brook Ziporyn），他业已分析了从智𫖮到知礼（960—1028）天台宗思想内的"主体间性"（intersubjectivity）这一主题。在该主题里，"主体间性"指的是，精神上的求道并非是各自存在于相互隔绝的宇宙里的个体行为，相反，精神上的求道行为是在如下语境里进行的：不同个体意识之间的功能性联系从一开始就被认识到了。用佛教救赎论的术语来说，对于知礼而言，世界上同时存在无明的众生、觉悟的佛及菩萨，这一点具有重要的哲学意义。无明众生和觉悟圣人二者并不孤立地发挥作用：众生依赖圣人的帮助以获得解脱，觉悟的圣人则全身心地投入解脱的行动中去。就后者而言，任博克提出："菩萨总是与其他经验存在发生联系，并持续地将他者经验作为自身的一部分进行思考，以这种方式不断地体验着这个世界。"[1] 上述道理对于众生也是一样的，下面是知礼的论述（《十不二门指要钞》卷下）：

> 佛法、众生法皆名为他，而各具生佛。若己生佛显，则与他佛、生佛同俱为"能化"，唯他众生生佛而为"所化"，既同

1　参见任博克（Brook Ziporyn）《佛在看什么：知礼所理解的天台思想主体间性的重要性》（*What Is the Buddha Looking at? The Importance of Intersubjectivity in the T'ient'ai Tradition as Understood by Chih-li*）一文，收入格利高里（Peter N. Gregory）与格茨（Daniel A. Getz Jr.）合编的《宋代佛教》（*Buddhism in the Sung*）一书，第 443 页。该篇文章的主题在任博克的书中得到详细讨论，参见任博克（Brook Ziporyn）《恶和 / 或 / 即善：天台佛教思想中的泛中心主义、主体间性与价值悖论》（*Evil and/or/as The Good: Omnicentrism, Intersubjectivity, and Value Paradox in Tiantai Buddhist Thought*），第 199—239 页。（本书已有译名不同的中译本《善与恶：天台佛教思想中的遍中整体论、交互主体性与价值吊诡》，吴忠伟译，周建刚校，上海：上海古籍出版社，2006 年。——译者注）

一念自他岂殊故名不二。[1]

任博克解释道：

　　每一个有情众生和佛都完整地拥有"佛以各种变化身来觉悟一切有情众生"的系统，该系统内在地充满了他或她。佛是引导众生的主体，众生是佛引导的客体，引导者和被引导者互相充满了对方，也就是说，同时具有引导者和被引导者的身份。经验的每个时刻都可以被解释为"互相感应"（stimulus/response），每一次遭遇都使得当事者可以扮演两种角色。[2]

　　对于知礼而言（在知礼的理解中，这也是智顗的观点），生命体验发生在"主体间性"内部。在"主体间性"内，个体意识清晰地保持着，然而他们却以某种多元化种类的联系方式，彼此互动。

<hr>

1　此处的翻译来自任博克（Brook Ziporyn）《佛在看什么：知礼所理解的天台思想主体间性的重要性》（*What Is the Buddha Looking at? The Importance of Intersubjectivity in the T'ien-t'ai Tradition as Understood by Chih-li*）一文，收入格利高里（Peter N. Gregory）与格茨（Daniel A. Getz Jr.）合编的《宋代佛教》（*Buddhism in the Sung*）一书，第 459 页。原文见《法华十妙不二门示珠指》T. 1928, 46. 718a10–12。［该篇也可见于《恶和／或／即善：天台佛教思想中的泛中心主义、主体间性与价值悖论》（*Evil and/or as The Good: Omnicentrism, Intersubjectivity, and Value Paradox in Tiantai Buddhist Thought*），第 218 页。］

2　参见任博克（Brook Ziporyn）《佛在看什么：知礼所理解的天台思想主体间性的重要性》（*What Is the Buddha Looking at? The Importance of Intersubjectivity in the T'ien-t'ai Tradition as Understood by Chih-li*）一文，收入格利高里（Peter N. Gregory）与格茨（Daniel A. Getz Jr.）合编的《宋代佛教》（*Buddhism in the Sung*）一书，第 459 页。

因为有情众生和佛根本上是相即相入的，所以他们在对方内部存在，且以相互联结的方式发挥作用。

所有的现象，都可以从真理（空谛）、假的真理（假谛）、中道（中谛）这三个角度来把握。以天台"三谛"为基础，每一次行动都可以从佛或菩萨的救度行为及无明众生的争斗行为意义上来进行考察。[1] 或者从同时具有（或不具有）这两个侧面的角度进行考察。任博克解释道，任何事件因此可以从如下四种方式来进行解释：

所有的行为，如果从"三谛相即"（三谛圆融不二）的角度进行理解的话，都以敞露自我的方式显现出来，这将是佛对个体产生影响的契机。佛陀的各种影响力本身，与产生那种影响力的动机是一样的。因此所有可能的行为都同时是（1）迷妄之业的显现。（2）引发佛的感应的契机。（3）以此契机为基础展开的救度，亦即佛的教化的种种相。佛的方便（虚假）教化（此处所指的是假谛和真谛本质上同一的思想）同时也是究竟真实的。而任何的教化都可以被说成是（4）佛的自体之究竟的存在。上述四种观点都在"一念"中同时具有，并在上述四种不同的解释语境里被解读出来。[2]

换句话说，在知礼代表的山家思想里，有情众生和佛之间存

1　天台宗"三谛"教义认为，任何现象都可以从空假中三种视角来审视。

2　参见任博克（Brook Ziporyn）《佛在看什么：知礼所理解的天台思想主体间性的重要性》（*What Is the Buddha Looking at? The Importance of Intersubjectivity in the T'ient'ai Tradition as Understood by Chih-li*）一文，收入格利高里（Peter N. Gregory）与格茨（Daniel A. Getz Jr.）合编的《宋代佛教》（*Buddhism in the Sung*）一书，第454页。也可参见《恶和／或／即善：天台佛教思想中的泛中心主义、主体间性与价值悖论》（*Evil and/or as The Good: Omnicentrism, Intersubjectivity, and Value Paradox in Tiantai Buddhist Thought*），第212—213页。

在主体间性，或者说，每一个有情众生和每一尊佛之间存在主体间性。每一对"迷或悟"的个体之间的互动因此可以从不同的视角来加以理解，没有任何主体性可以被化约为他者。

与上述观点相对立，"山外派"一贯重视从真心流溢的过程，而轻视佛与有情众生之间的联系。"山外派"最初期的代表源清（？—997）明确地表达了这种观点：夫佛名真观，生名不觉，心即生佛之心，非离生佛外别有心，但心为生佛之本，经示本末因果不二。[1]"心"因此是一切实相的潜在之源，而这或许也是"山外派"禅定修行所注意的焦点。

天台和禅思想的历史性联系依旧需要进一步阐明，然而，甚至这个简短的概要应该也足以表明：宋代禅宗修行里这两种主要的风格，在某种程度上是对同时期天台思想的回应。尽管从天台"山家派"思想中推测出的主体间性的特征，在类型上不同于禅宗内师徒间的"机缘问答"，也不同于"公案"的"看话"之"系谱学的冥想"（genealogical contemplation），然而其间的相似处也具有启发性。类似地，"山外派"将"心"强调为日常众生和觉悟的众生，这一点可以轻易地与曹洞宗对内在之心"默照"的强调联系起来。禅宗和天台宗的关系一直都是在宗派纷争的背景下讨论的，但值得进一步分析。

1　此处的翻译来自任博克（Brook Ziporyn）《佛在看什么：知礼所理解的天台思想主体间性的重要性》（*What Is the Buddha Looking at? The Importance of Intersubjectivity in the T'ien-t'ai Tradition as Understood by Chih-li*）一文，收入格利高里（Peter N. Gregory）与格茨（Daniel A. Getz Jr.）合编的《宋代佛教》（*Buddhism in the Sung*）一书，第 460 页。原文见《法华十妙不二门示珠指》X 100. 111a15–17。

七、禅宗与中国社会秩序

在此我想就禅宗在唐宋时期中国社会秩序里的角色添加一个新的评论。在本节和下一节里，我希望我们的讨论能够延伸下去，以备今后的探索，而非为讨论给出最终结论。

作为印度要素和中国要素的最高结合体，禅的特定形态（或者说诸形态）受到中国社会发展的限定。如此一来，禅发展的方式是佛教在印度的发展所无法想象的。然而，在尚未沉溺于对这两种文化进行彻底的比较之时，我们应该如何理解它们之间的区别呢？

在该议题上快速地寻找到立足点的方式之一，是思考印度和中国葬仪的区别，并且这种思考是在如下的理论中进行的：葬仪这种风俗揭示了任何社会的本质结构的某些方面。在知晓那些最基本的结构区别的情况下，它允许我们去提出如下问题：我们该如何期待，在中国社会而非印度社会构想出佛教的精神修持？[1]

1　就该问题的提出而言，我受惠于赫肖克（Peter D. Hershock）的著作《亲密关系的释放：觉悟与禅佛教里的社会技艺》（*Liberating Intimacy: Enlightenment and Social Virtuosity in Ch'an Buddhism*）一书，第31—39页。并且，我从他的这本书里转引了印度的材料，这些材料来自夏斯特里（Dakshinaranjan Shastri）的著作《印度祖先崇拜仪式的起源与发展》（*Origin and Development of the Rituals of Ancestor Worship in India*），第290—298页。我也从他那里转引了中国的材料，这些材料来自伊佩霞（Patricia Buckley Ebrey）的著作《帝制中国里的儒学与家礼》（*Confucianism and Family Rituals in Imperial China*），第16—23页。尽管我对伊佩霞的研究项目在整

我的观点是，禅为佛教实践提供了某种程式，并比肩于中国殡葬习俗展现出来的模式。这种分析的起点是乔根森（John Jorgensen）对8世纪禅的法系主张与殡葬实践结构相似性的观察。在禅的殡葬仪式里，禅宗祖师祀堂的组织看来类似于中国传统的祖先祀堂。[1]从一个更广泛的视角看，禅的法系是模仿一般意义上的中国家谱的，并在生者和死者之间创造了某种"父子相承"的类似场域。实际上，传统的家谱致力于个别性地划分出家族，而正是在这种意味上，禅的"传灯"文本也创造了一个完全虚构的空间。因此，每位个体修行者都被牢固地置于世代传承之中，而所有这些传承关系都被联结进具有锁状特征的巨大网络之中。传统的家谱同时展开彼此之间的对话及与同时代社会实践之间的对话，"传灯"文本也为禅的法系系统提供了它自身的宗教身份理想化之总体语境。[2]

中国禅系谱模式的整体影响因而以此种方式，将每位参与进来的个体纳入持续运行的社会关系网络中，创造出某种超越日常社会

体意义上的成功持怀疑态度，但他从殡葬实践的分析发起对中国和印度宗教实践的比较分析非常具有洞察力。参考我对该书的评论《书评：赫肖克著作〈亲密关系的释放〉》（*Review of Hershock, Liberating Intimacy*）和赫肖克对我的反驳，以及我对他的观点的第二次辩驳。

1　参见乔根森（John Jorgensen）《禅宗正统谱系：儒家仪式与祖先崇拜在中唐时期禅宗寻求合法性中的角色》（*The 'Imperial' Lineage of Ch'an Buddhism: The Role of Confucian Ritual and Ancestor Worship in Ch'an's Search for Legitimation in the Mid-T'ang Dynasty*）。

2　关于传统家谱的研究，参见伊佩霞（Patricia Buckley Ebrey）的《帝制中国里的儒学与家礼》（*Confucianism and Family Rituals in Imperial China*）。对于宋代禅宗语录文献的更多研究，使我们可以看到与世俗的个人家谱类似的、禅宗创造法系内部个人身份的努力。

的、宇宙论似的自然社会组织。当然，禅在灵修实践方面的成功有其明确的"现实报酬"（real-world payoff）：被确证为业已开悟的禅师，正式被纳入释迦牟尼和祖师的法系之中。而那些"传灯"文本里记录的瀑布状的法系支脉也扮演了"导游手册"的角色，它告诉禅僧："校友关系网"（old boy network）是如何呈现出来的。禅宗因此以一套包容性关系在某个层面存在着。

在另外一个层面上，禅的系谱网络也作为排斥的手段发挥其功能。正如杰伊（Nancy B. Jay）及其他一些学者注意到的那样，仪式起到了增强团体凝聚力和排斥他者两种功能。更重要的是，在农耕社会里，家长制系谱和祭祀礼仪的联结有助于支持等级制度的力量，而这种力量却将妇女排斥在外。尽管这种类比并不准确，但是我们也可以注意到，禅的系谱模式有效地排除了，或者更鞭辟入里地说，致力于排除许多类型的中国宗教修行者在中国佛教整体制度内接近上述权力的机会。其他自力解脱方式的信徒被边缘化了，或被集中到天台的旗号下。甚至净土宗也被迫采用某种法系系统来使得自身存在合法化。[1] 其他关于佛教史的评估准则因此被系谱模式清除了。当然，妇女也从宋代禅宗里消失了，至少没有如男性"大丈夫"那样被重新配置进系谱模式。[2] 换句话说，禅为中国佛教徒提供了某种将他们的神圣继承权排序的方式，这种方式类似

---

1 参见格茨（Daniel A. Getz Jr.）《天台净土社会与净土宗祖师的构建》（*T'ien-t'ai Pure Land Societies and the Creation of the Pure Land Patriarchate*）。

2 为了引起讨论，我在此对于这些议题的表述采取了某种朴实而有争议的风格。我在此并没有充分的篇幅来讨论它们，所以期待未来能够详细地论证它们，或者由其他学者来加以修订。

于中国社会文化的其他基本特征。

这一切都是相对简单明了的。我们下一步是要探索建构到这种宇宙论之中的具体的期望和禁令。我在此处是在玛丽·道格拉斯（Mary Douglas）的意义上使用"宇宙论"（cosmology）这个术语的，就是说，某个给定文化里的人以"自然真实"（naturally true）的态度来理解世界。[1] 众所周知，中国人的宇宙论极为强调从已故去的祖先到"活着的代表"（representative）之间的连续性。[2] 杰伊业已表明，有某种特殊的力量将父系传承与祭祀联结起来，其结果是："出生"比我们实际的、被污染的、自女性身体里出生的过程更重要。[3]

上述分析自然整体上可以应用到中国社会。[4]

然而，我们此处所要追问的是，杰伊的理论是否可以应用到对中国禅的分析中？禅在某种程度上是否代表了"开悟更重要"或"宗教权威更重要"？禅宗的演化所要颠覆的，去纯净化或改变的，是什么样的人类文化的自然轮廓？我们或许已经搭建了某些必要的砖块，以建构某种讨论上述议题的论证。然而也就到此止步了。还有许多遗留问题等待处理。

最后，假使中国禅在如上根本道路上不同于印度佛教，那么是否可以由此类推到如下问题：是否禅的开悟经验也不同于印度佛教？

---

1 参见玛丽·道格拉斯（Mary Douglas）《自然象征：宇宙学探索》（*Natural Symbols: Explorations in Cosmology*）。

2 Representative 此处指"生者"。——译者注

3 参见杰伊（Nancy B. Jay）《代代相传：祭献、宗教与父权》（*Throughout Your Generations Forever: Sacrifice, Religion, and Paternity*）。

4 杰伊的成果在她故去之后才出版，因此她也无法处理中国的案例。

当然我们在此问题上必须小心，不要去假定禅文本所描述的事物与我们现代的"经验"概念等同。或者，我们可以预言中国中古佛教徒开悟的实际"感受"是什么。然而，尽管不去设想我们能够接近真实个体的实际经验，将印度哲学文本里关于"菩提"（bodhi）的描述与中国禅文本里的开悟经验进行比较也有其用处。[1]在前者以智慧和超越描述终极目标之处，我猜想中国禅文本更强调认识到万物互相依赖这一点。或者，人们可以考察"空"之修辞在印度和中国文本里是否在不同的意义上被使用，前者被用来泯灭世间的差别，后者的使用结果是将它们具体化（日本中世佛教的本觉理论似乎吻合后者的情况）。

显然，我们所能得到的南亚和东亚文献资料存在类型的巨大差异，使得任何的文化比较都困难重重。但是，这些理论问题最终能够得以解决。

八、范式的清除

阅读至此，大家或许在期待着某个宏大结论，它包括关于宋代禅这个巅峰范式的一个简明的轮廓。然而我所致力于做的却是转移这种期待，而非满足它。在本书最后几个段落里，请允许我建议一

1　参见本书第 12 页注释 1，第 231 页注释 1，它们提供了进入个人宗教体验的两种差异很大的方法。

下：本书中的分析，如何在未来获得最好的发展和应用。

本书所肩负的基本任务是：刺激那些关于中国禅宗不同思考方式的出现。在实施这个计划的过程中，我创造出多种解释的策略或战略，"巅峰范式"这个修辞的使用仅仅是计划的一部分。此类术语学的使用是彻底隐喻性的、启发式的，并且我不认为它是某种历史事实，甚至是历史性解释。如果我们能领悟该观念的意涵，那么我们接下来应该忘记这个词汇。[1]

"巅峰范式"这个术语以如下几种方式被加以限制：首先，因为我自己的研究领域是初期禅，在初期禅范围内，我遇到了许多问题，因而在本书中，我试图通过扩大研究范围来验证后世是如何解决这些问题的。

本书的讨论已经受到从初期禅到宋代禅的连续和非连续性的限制。由此，本书的基本策略是预期式的，是用某个时代的主题和格调来探索其他时代的主题和格调。用这种风格来撰写禅宗历史有其好处，尤其是以这种方式，我们可以对早期作者的作品中明显存在的许多误解进行批判。然而这种方式本身也并非没有缺陷，从技术角度讲，这些某种程度上属于先入为主的分析，很可能是费舍尔（David Hackett Fischer）所言"历史学家的谬误"之一。[2] 换句话说，

1　当然，作为作者，我对自己的思想和措辞为读者和同人所接受的程度很感兴趣。在此，最好让中国的佛光山尼众拥有最后的发言权。在1992年我在佛光山讲课的最后时刻，她们给了我一张"谢谢"的卡片，上面写着一些感人的话："马克瑞教授，你所教的内容都不是真的，然而它们因此更为重要！"

2　参见费舍尔（David Hackett Fischer）所著《历史学家的推理谬误：寻找史学思维的逻辑》（*Historians' Fallacies: Toward a Logic of Historical Thought*），第20—22页。

用初期禅时代的尺度来判断宋代禅时，我们已经不可能看到宋代禅宗了，因此这里存在"方法论的无效性"。

其次，如果说宋代相较于唐五代时期，活力和生命力都多得多，强大得多，宗教活动的规模更大，范围更广，那么本书的范围就太小了，太受局限了，无法对宋代禅进行一个合理的评价。在探讨这个问题时，我痛苦地意识到自己尚未触及宋代禅的太多方面，例如：

> 北宋的文字禅
>
> 朝廷和地方政府及民间对禅的襄助模式
>
> 寺院制度里的真实内容和虚构内容
>
> 代表禅的不同家系的禅僧之间不间断的论战
>
> （或者与上面相反）各种对话、教义、实践的诠释方式的精心论证
>
> 禅宗的地域差异和社会地位的变化
>
> ……

如果平等对待所有值得探究的主题的话，那么至少需要写一到两部有相当分量的书才行。

改变的不仅是对宋代禅的评价。最近一个重要学术贡献来自戴维斯（Ned Davis），他提出：主流汉学处理宋代社会和超自然力的方法需要进行根本性的修改。也就是说，取代那种将前现代中国社会分为儒者和其他任何人这两个基本群体的思路的是，我们应该更进一步考察现实中的人们在处理超自然议题方面的实际表现。

戴维斯提倡某种三重性社会区分，如就道教而言，他划分出三

类群体：（1）朝廷和其他官僚机构层面运作的道士。（2）日益扩张的操办仪式的道士团体。（3）村落层面活动的灵媒。[1]

宋代关于禅的证据或许在很大程度上也被限制在前两个层面，它可以被界定为：一是正式受戒的佛教僧侣；二是野心家和修行者群体。

然而我们从中国西南部所见的证据表明，至少从 12 世纪开始，禅的修辞已经被纳入某种复杂的仪式实践混合物里。我们可以期待未来的研究去呈现在村落修行者这第三个层面中，禅的主题渗透的程度及其时间。由于需要大量资源来支撑寺院禅修中心，因此不太可能在村落层面维持禅的修行。尽管这并非意味着，禅的宗教主题无法越出寺院围墙。

图四正是这种运动的一个例子，它表明菩提达摩图像在今日云南省某个当地村落中被崇拜。

我们讨论的这个厅堂供奉着三种宗教，可以同时看

图四　菩提达摩被作为当地神灵崇拜。1996 年，云南剑川三教堂。作者拍摄。

1　参见戴维斯（Edward L. Davis）《宋代中国社会及法界》（*Society and the Supernatural in Song China*）。

到释迦牟尼、孔子和老子的塑像（图五）。除此之外，当地的神灵"大黑天"正坐在主祭坛的左边，与坐在正右边的菩提达摩一起被当地居民确定为"祖师"。

戴维斯的著作非常重要，不仅因为它提供了对不同社会层面的宗教实践的深刻洞察，还因为它揭示了宗教实践从唐代之前至唐代，再从唐代至宋代所表现的连续性。笔者认为，只能经由如此这般的分析，才能解决中国宗教史的根本问题。这个根本问题就是，宋代文献里第一次出现的内容是否才真正地表明某种"唐宋变革"？——

图五　三教堂内释迦牟尼、孔子、老子塑像。
1996 年，云南剑川三教堂。作者拍摄。

如大众宗教和大众文化的专家们频繁断言的那样，或许它仅是从中古时期就开始的、长时间的连续性的证据之爆发？当我们意识到这种迹象之后，未来将有可能展开更复杂的分析。此处所提供的初步解释因此类似于"指月之指"，而不应该被错当作对宋代禅宗所有根本性的主题和细腻纷繁之处的最终的评定。这些问题极为复杂。

再次，宋代禅有没有接近"巅峰范式"，最终只能通过审视禅宗在后期的发展及其他语境中的演化来得知。如果换一个比喻来说，我认为，宋代禅可被视为一个主镜头，通过它，禅在宋代以后的发展就能被理解，无论这种发展是在中国，还是在韩国、日本，甚至包括在现代的非亚洲世界。因此，为了领略宋代"巅峰范式"的真正维度，我们将不得不评估那种控制后期及其他区域禅宗的演化和传承的动力机制。

事实证明，传统的中国禅宗研究，是基于虚假的浪漫主义和简单假设而开展的研究。以往的中国禅（Chan）、韩国禅（Seon）、日本禅（Zen）和越南禅（Thien）研究，也是在这些有所欠缺的基础上发展起来的。因此，可能有必要改变对这些地区和时代禅宗发展状况的流行的解释。

禅宗在中国宋代以后，以及其在韩国、日本和越南发展的历史条件和可能性分别是什么？如果那些时代、那些地区的人试图进入禅传统时，是通过宋代禅的镜头来看待禅，他们究竟能看到什么？要回答上述问题，我们将不得不思考这些文化里禅传统的参与者是如何看待自身、他们自己的过去，以及佛教在自己生活里的作用的。事实上，探索是无止境的。在未来的探索里，有各种令人兴奋的可能性，并且存在无数种不同的、透视禅的方式（Seeing through Zen）。

参考文献

（一）原典资料

《佛果圆悟禅师碧岩录》：参见《大正新修大藏经》（以下简称《大正藏》）第
　　2003 号，第 48 卷，第 139 页 a1—第 225 页 c14。

《五方便》：参见马克瑞（John R. McRae）《北宗与初期禅的形成》（*The Northern
　　School and the Formation of Early Ch'an Buddhism*），第 171—196 页。文本
　　信息参见该书第 327—330 页及注释 161。中文参见《大正藏》第 2834 号，
　　第 85 卷，第 1273 页 b9—第 1278 页 a7。

《摩诃止观》：参见《大正藏》第 1911 号，第 46 卷，第 1 页 a1—第 140 页 c19。

《放光般若经》：参见《大正藏》第 221 号，第 8 卷，第 1 页 a1—第 146 页 c29。

《小品般若波罗蜜经》：参见《大正藏》第 227 号，第 8 卷，第 536 页 c14—第
　　586 页 c7。

《景德传灯录》：参见《大正藏》第 2076 号，第 51 卷，196 页 b9—第 467 页
　　a28。

《大正新修大藏经》：高楠顺次郎、渡边海旭编，东京：大正一切经刊行会，

1924—1932 年。

《易筋经》:《易筋经》编写小组编，北京：人民体育出版社，1977 年。

《物不迁论》: 参见《大正藏》第 1858 号，第 45 卷，第 151 页 a8—c29。

《修心要论》，参见马克瑞（John R. McRae）《北宗与初期禅的形成》(*The Northern School and the Formation of Early Ch'an Buddhism*)，第 121—132 页，中文参见该书第 1—16 页（书后附）。

《二入四行论》，参见柳田圣山：《達摩の語録》，东京：筑摩书房，1969 年。

《续藏经》，前田慧云、中野达慧编，京都：藏经书院刊行，1905—1912 年；重印本，中国台北：新文丰出版公司，1968—1970 年。

（二）先行研究

Abé, Ryuichi. *The Weaving of Mantra: Kūkai and the Construction of Esoteric Buddhist Discourse.* New York: Columbia University Press. 1999.

App, Urs. *Master Yunmen: From the Record of the Chan Teacher "Gate of the Clouds."* New York, Tōkyō, and London: Kodansha International, 1994.

Austin, James H., M. D. *Zen and the Brain: Toward an Understanding of Meditation and Consciousness.* Cambridge, MA, and London: MIT Press, 1998.

Basham, A. L. *The Wonder That Was India: A Survey of the Culture of the Indian Sub-Continent before the Coming of the Muslims.* London: Sidgwick and Jackson, 1954.

Baxandall, Michael. *Patterns of Intention: On the Historical Explanation of Pictures.* New Haven, CT, and London: Yale University Press, 1985.

Benn, James A. "Where Text Meets Flesh: Burning the Body as an Apocryphal Practice in Chinese Buddhism." *History of Religions* 37, no. 4 (May 1998): 295-322.

Bokenkamp, Stephen R. "Medieval Feminist Critique of the Chinese World Order: The Case of Wu Zhao." *Religions* 28 (1998): 383-92.

Borrell, Ari. " *Ko-wu or Kung-an* ? Practice, Realization, and Teaching in the Thought of Chang Chiu-ch'eng." In Gregory and Getz, *Buddhism in the Sung*, 62-108.

Broughton, Jeffrey L. *The Bodhidharma Anthology: The Earliest Records of Zen.* Berkeley and Los Angeles: University of California Press, 1999.

Buswell, Robert E., Jr. *The Korean Approach to Zen: The Collected Works of Chinul.* Honolulu: University of Hawai'i Press, 1983.

——. "The 'Short-cut' Approach of *K'an-hua* Meditation: The Evolution of a Practical Subitism in Chinese Ch'an Buddhism." In Gregory, *Sudden and Gradual*, 321-77.

Campany, Robert F. *To Live as Long as Heaven and Earth: A Translation and Study of Ge Hong's* Traditions of Divine Transcendents. Berkeley and Los Angeles: University of California Press, 2001.

CBETA. Electronic texts of the *Taisho* canon, published by the Chinese Buddhist Electronic Texts Association. (www.cbeta.org).

Chan, Chi-wah. "Chih-li(960-1028) and the Crisis of T'ien-t'ai Buddhism in the Early Sung." In Gregory and Getz, *Buddhism in the Sung*, 409-41.

Chappell, David W."The Teachings of the Fourth Ch'an Patriarch Tao-hsin(580-651)." In Whalen Lai and Lewis R. Lancaster, eds., *Early Ch'an in China and Tibet.* Berkeley: Asian Humanities Press, 1983, 89-129.

Ch'en, Kenneth K. S. *Buddhism in China: A Historical Survey.* Princeton, NJ: Princeton University Press, 1964.

——. *The Chinese Transformation of Buddhism.* Princeton, NJ: Princeton University Press, 1973.

Cohen, David William. *The Combing of History.* Chicago and London: University of Chicago Press, 1994.

Davis, Edward L. *Society and the Supernatural in Song China.* Honolulu: University of Hawai'i Press, 2001.

de Bary, Wm. Theodore. *East Asian Civilizations: A Dialogue in Five Stages.* Cambridge, MA: Harvard University Press, 1988.

DeCaroli, Robert. *Haunting the Buddha: Popular Religion and the Formation of Indian Buddhism.* New York: Oxford University Press, forthcoming (2004).

DeFrancis, John, ed. *ABC Chinese Dictionary.* Hong Kong: Chinese University of Hong

Kong; Honolulu: University of Hawai'i Press, 1996.

Deikman, Arthur J.Review of James H. Austin, M.D., *Zen and the Brain.* In *Times Literary Supplement*, August 6, 1999, 30.

Derrida, Jacques.Of Grammatology. Trans. Gayatri C. Spivak. Baltimore, MD: Johns Hopkins University Press, 1974.

Douglas, Mary. *Natural Symbols: Explorations in Cosmology.* New York: Vintage Books, 1973.

Dumoulin, Heinrich, S. J. *Zen Buddhism: A History.* 2 vols. Trans. James W. Heisig and Paul Knitter. New York: Macmillan, 1988-89; rev. ed., vol. 1, 1994.

Durt, Hubert. "Du lambeau de chair au démembrement: Le renoncement au corps dans le bouddhisme ancien." *Bulletin de l'École Française d'Extrême-Orient* 87 (2000): 7-22.

Ebrey, Patricia. *Confucianism and Family Rituals in Imperial China.* Princeton, NJ: Princeton University Press, 1991.

——. "The Early Stages in the Development of Descent Group Organization." In Patricia Buckley Ebrey and James L. Watson, eds., *Kinship Organization in Late Imperial China, 1000-1940.* Berkeley and Los Angeles: University of California Press, 1986, 16-61.

Eckel, Malcolm David. *To See the Buddha: A Philosopher's Quest for the Meaning of Emptiness.* Princeton, NJ: Princeton University Press, 1992.

Faure, Bernard. "Bodhidharma as Textual and Religious Paradigm." *History of Religions* 25, no. 3 (1986): 187-98.

——. "The Daruma-shū, Dōgen, and Sōtō Zen." *Monumenta Nipponica* 42, no. 1 (spring 1987): 25-55.

——. *The Rhetoric of Immediacy: A Cultural Critique of Chan/Zen Buddhism.* Princeton, NJ: Princeton University Press, 1991.

——. *The Will to Orthodoxy: A Critical Genealogy of Northern Chan Buddhism.* Stanford, CA: Stanford University Press, 1997.

Fischer, David Hackett. *Historians' Fallacies: Toward a Logic of Historical Thought.* New York: Harper & Row, 1970.

FitzGerald, C. P. *The Southern Expansion of the Chinese People.* New York: Praeger, 1972.

Forte, Antonino. *Mingtang and Buddhist Utopias in the History of the Astronomical Clock: The Tower, Statue, and Armillary Sphere Constructed by Empress Wu.* Roma: Istituto italiano per il Medio ed Estremo Oriente; Paris: Ecole française d'Extrême-Orient, 1988.

——. *Political Propaganda and Ideology in China at the End of the Seventh Century: Inquiry into the Nature, Authors and Function of the Tunhuang Document S. 6502, Followed by an Annotated Translation.* Napoli: Istituto universitario orientale, Seminario di studi asiatici, 1976.

Foulk, T. Griffith. "The Ch'an School and Its Place in the Buddhist Monastic Tradition." Ph.D. diss. University of Michigan, 1987.

——. "Myth, Ritual, and Monastic Practice in Sung Ch'an Buddhism." In Patricia Buckley Ebrey and Peter N. Gregory, eds., *Religion and Society in T'ang and Sung China.* Honolulu: University of Hawai'i Press, 1993, 147-208.

Gernet, Jacques. *Chinese Society: An Economic History from the Fifth to the Tenth Centuries.* Trans. Franciscus Verellen. New York: Columbia University Press, 1995.

Getz, Daniel A., Jr. "T'ien-t'ai Pure Land Societies and the Creation of the Pure Land Patriarchate." In Gregory and Getz, *Buddhism in the Sung*, 477-523.

Gimello, Robert M. "Mysticism and Meditation." In Steven T. Katz, ed., *Mysticism and Philosophical Analysis.* London: Oxford University Press, 1978, 170-99.

Goffman, Erving. *The Presentation of Self in Everyday Life.* Garden City, NY: Doubleday, 1959.

Gómez, Luis O. "Purifying Gold: The Metaphor of Effort and Intuition in Buddhist Thought and Practice." In Gregory, ed., *Sudden and Gradual*, 67-165.

Graham, A. C. *Chuang-tzu: The Inner Chapters.* London: Unwin Paperbacks, 1986.

——. *Disputers of Tao: Philosophical Argument in Ancient China.* La Salle, IL: Open Court, 1989.

Gregory, Peter N., ed. *Sudden and Gradual: Approaches to Enlightenment in Chinese*

Thought. Kuroda Institute, Studies in East Asian Buddhism, no. 5. Honolulu: University of Hawai'i Press, 1987.

——. *Tsung-mi and the Sinification of Buddhism.* Princeton, NJ: Princeton University Press, 1991.

Gregory, Peter N., and Daniel A. Getz, Jr., eds. *Buddhism in the Sung.* Honolulu: University of Hawai'i Press, 1999.

Groner, Paul. "Shortening the Path: Early Tendai Interpretations of the Realization of Buddhahood with This Very Body (*Sokushin Jōbutsu*)." In Robert E. Buswell Jr. and Robert M. Gimello, eds., *Paths to Liberation: The Marga and Its Transformations in Buddhist Thought.* Honolulu: University of Hawai'i Press, 1992, 439-73.

Hakeda, Yoshito S. *Kūkai: Major Works Translated, with an Account of His Life and a Study of His Thought.* New York: Columbia University Press, 1972.

Harvey, Peter. *An Introduction to Buddhism: Teachings, History, and Practices.* Cambridge, U.K.: Cambridge University Press, 1990.

——. *The Selfless Mind: Personality, Consciousness and Nirvāna in Early Buddhism.* Surrey, U.K.: Curzon Press, 1995.

Herrigel, Eugen. *Zen and the Art of Archery.* Trans. Richard F. C. Hull, with an introduction by D. T. Suzuki. New York: Pantheon Books, 1953.

Hershock, Peter D. *Liberating Intimacy: Enlightenment and Social Virtuosity in Ch'an Buddhism.* Albany: State University of New York Press, 1996.

——. Rejoinder to McRae, review of *Liberating Intimacy. Journal of Asian Studies* 57, no. 1 (February 1998): 161-67.

Hobsbawm, Eric, and Terence Ranger, eds. *The Invention of Tradition.* Cambridge and New York: Cambridge University Press, 1992.

Hopkirk, Peter. *Foreign Devils on the Silk Road: The Search for the Lost Cities and Treasures of Chinese Central Asia.* Amherst: University of Massachusetts Press, 1980.

Hsieh, Ding-hwa Evelyn. "A Study of the Evolution of K'an-hua Ch'an in Sung China: Yüan-wu K'o-ch'in (1063-1135) and the Function of Kung-an in Ch'an Pedagogy and Praxis." Ph.D. diss. University of California, Los Angeles, 1993.

——. "Yüan-wu K'o-ch'in's (1063-1135) Teaching of Ch'an Kung-an Practice: A Transition from Literary Study of Ch'an Kung-an and the Practical K'an-hua Ch'an." *Journal of the International Association of Buddhist Studies* 17, no. 1 (1994): 66-95.

黄启江：《北宋的译经润文官与佛教》，《北宋佛教史论稿》，中国台北：商务印书馆，1997 年，第 68—92 页。

入矢义高、古贺英彦：《禅语辞典》，京都：思文阁出版社，1991 年。

石井修道：《宋代禪宗史の研究》，东京：大东出版社，1987 年。

伊藤猷典：《碧岩集定本》，东京：理想社，1963 年。

Jay, Nancy B. *Throughout Your Generations Forever: Sacrifice, Religion, and Paternity.* Chicago: University of Chicago Press, 1992.

Jorgensen, John. "The 'Imperial' Lineage of Ch'an Buddhism: The Role of Confucian Ritual and Ancestor Worship in Ch'an's Search for Legitimation in the Mid-T'ang Dynasty." *Papers on Far Eastern History* 35 (March 1987): 89-133.

Junker, Andrew. "Clergy, Clan, and Country: Tang Dynasty Monastic Obeisance and Sacrificial Religion." M.A. thesis. Department of Religious Studies, Indiana University, 2000.

Keenan, John P. *How Master Mou Removes Our Doubts: A Reader-Response Study and Translation of the Mou-tzu Li-huo lun.* Albany: State University of New York Press, 1994.

Kieschnick, John. *The Eminent Monk: Buddhist Ideals in Medieval Chinese Hagiography.* Kuroda Institute, Studies in East Asian Buddhism, no. 10. Honolulu: University of Hawai'i Press, 1997.

KUBO Tsugunari and YUYAMA Akira, trans. *The Lotus Sutra*, BDK English Tripitaka 13-I. Berkeley, CA: Numata Center for Buddhist Translation and Research, 1993.

楠本正繼：《宋明両思想の葛藤》，《楠本正繼先生中国哲学研究》，东京：国士馆大学附属图书馆，1975 年，第 167—192 页。

Lancaster, Lewis R., with Sung-bae Park. *The Korean Buddhist Canon: A Descriptive*

Catalogue. Berkeley and Los Angeles: University of California Press, 1979.

Leighton, Taigen Dan, with Yi Wu, trans., *Cultivating the Empty Field: The Silent Illumination of Zen Master Hongzhi.* Boston, MA: Tuttle, 2000.

Levering, Miriam Lindsey. "Ch'an Enlightenment for Laymen: Ta-hui and the New Religious Culture of the Sung." Ph.D. diss. Harvard University, 1978.

——. "Miao-tao and Her Teacher Ta-hui." In Gregory and Getz, eds., *Buddhism in the Sung*, 188-219.

Lévi-Strauss, Claude. *The Raw and the Cooked.* New York: Harper & Row, 1969.

Lincoln, Bruce. *Theorizing Myth: Narrative, Ideology, and Scholarship.* Chicago: University of Chicago Press, 1999.

Lincoln, Roger J.; Geoff Boxshall; and Paul Clark. *A Dictionary of Ecology, Evolution, and Systematics.* Cambridge and New York: Cambridge University Press, 1998.

Mather, Richard B., trans. *A New Account of Tales of the World.* By Liu I-ch'ing, with commentary by Liu Chün. Minneapolis: University of Minnesota Press, 1976.

McLuhan, Marshall. *Understanding Media: The Extensions of Man.* New York: McGraw-Hill, 1964.

McRae, John R.［John Robert McRae］. "The Antecedents of Encounter Dialogue in Chinese Ch'an Buddhism." In Steven Heine and Dale S. Wright, eds., *The Koan: Texts and Contexts in Zen Buddhism.* New York: Oxford University Press, 2000, 46-74.

——. "Encounter Dialogue and the Transformation of the Spiritual Path in Chinese Ch'an." In Robert E. Buswell Jr. and Robert M. Gimello, eds., *Paths to Liberation: The Marga and Its Transformations in Buddhist Thought.* Honolulu: University of Hawai'i Press, 1992, 339-69.

——. "The Legend of Hui-neng and the Mandate of Heaven." In *Fo Kuang Shan Report of International Conference on Ch'an Buddhism.* Kaohsiung, Taiwan: Fo Kuang Publisher, 1990, 69-82.

——. *The Northern School and the Formation of Early Ch'an Buddhism.* Kuroda Institute, Studies in East Asian Buddhism, no. 3. Honolulu: University of Hawai'i Press, 1986.

——. "The Northern School of Chinese Ch'an Buddhism." Ph.D. diss. Yale University, 1983.

——. "The Ox-head School of Chinese Buddhism: From Early Ch'an to the Golden Age." In Robert M. Gimello and Peter N. Gregory, eds., *Studies in Ch'an and Hua-yen*. Kuroda Institute, Studies in East Asian Buddhism, no. 1. Honolulu: University of Hawai'i Press, 1983, 169-253.

——. "Religion as Revolution in Chinese Historiography: Hu Shih (1891-1962) on Shen-hui (684-758)." *Cahiers d'Extrême-Asie*,12 (2001): 59-102.

——. Review of Broughton, *The Bodhidharma Anthology.*In *Journal of Chinese Religions* 28 (2000): 193-99.

——. Review of Hershock, *Liberating Intimacy.*In *Journal of Asian Studies* 56, no. 2 (May 1997): 474-76; surrejoinder in *Journal of Asian Studies* 57, no. 1 (February 1998): 167-68.

——. Review of Orzech, *Politics and Transcendent Wisdom.*In *Journal of Chinese Religions* 27 (1999): 113-21.

——. "Shenhui and the Teaching of Sudden Enlightenment in Early Chan Buddhism." In Gregory, *Sudden and Gradual*, 227-78.

——. "Shenhui's Vocation on the Ordination Platform and Our Visualization of Medieval Chinese Ch'an Buddhism." *Annual Report of the Institute for Zen Studies*, Hanazono University 24 (December 1998): 43-66.

——.《审视传承：陈述禅宗的另一种方式》，关则富译，《中华佛学学报》2000年第 13 期，第 281—298 页。

——. "The Story of Early Ch'an." In Kenneth Kraft, ed., *Zen: Tradition and Transition.* New York: Grove Press, 1988, 125-39.

——. "Up Front, Out Back, and in the Field: Three Models of Buddhist Endeavor in East Asia." Oral presentation, Association for Asian Studies, November 1988. Unpublished.

——. "Yanagida Seizan's Landmark Works on Chinese Ch'an." *Cahiers d'ExtêmeAsie* 7 (1993-1994): 51-103.

——. *Zen Evangelist: Shenhui (684-758), Sudden Enlightenment, and the Southern*

School of Chinese Chan Buddhism. Honolulu: University of Hawai'i Press, forthcoming (2004).

McRae, John R., trans. "The Development of the 'Recorded Sayings' Texts of the Chinese Ch'an School." See under YANAGIDA Seizan.

Meskill, Johanna M. "The Chinese Genealogy as a Research Source." In Maurice Freeman, ed., *Family and Kinship in Chinese Society.* Stanford, CA: Stanford University Press, 1970, esp. 143-47.

水野弘元：《禪宗成立以前のツナの禪定思想史序説》,《驹泽大学佛教学部研究纪要》1957 年 3 月第 15 期，第 15—54 页。

中村元：《仏教語大辞典》，东京：东京书籍，1981 年。

Nattier, Jan. *A Few Good Men: The Bodhisattva Path according to* The Inquiry of Ugra (*Ugrapariprcchā*). Honolulu: University of Hawai'i Press, 2003.

——. *Once Upon a Future Time: Studies in a Buddhist Prophecy of Decline.* Nanzan Studies in Asian Religions, no. 1. Berkeley: Asian Humanities Press, 1991.

小川环树：《角川新字源》改订版，东京：角川书店，1994 年。

Ong, Walter J. *Orality and Literacy: The Technologizing of the Word.* New York: Methuen, 1982.

小野玄妙：《仏書解說大辞典》，东京：大东出版社，1933—1936 年。

Ortner, Sherry B. *High Religion: A Cultural and Political History of Sherpa Buddhism.* Princeton, NJ: Princeton University Press, 1989.

——. "On Key Symbols." *American Anthropologist* 75 (1973): 1338-46.

——. "Patterns of History: Cultural Schemas in the Foundings of Sherpa Religious Institutions." In Emiko Ohnuki-Tierney, ed., *Culture Through Time: Anthropological Approaches.* Stanford, CA: Stanford University Press, 1990, 57-93.

Orzech, Charles D. *Politics and Transcendent Wisdom: The Scripture for Humane Kings in the Creation of Chinese Buddhism.* University Park: Pennsylvania State University Press, 1998.

《角川大字源》，尾崎雄二郎编，东京：角川书店，1992 年。

Poceski, Mario. "The Hongzhou School of Chan Buddhism during the Mid-Tang Period." Ph.D. diss. University of California, Los Angeles, 2000.

Pulleyblank, Edwin G. *Lexicon of Reconstructed Pronunciation in Early Middle Chinese, Late Middle Chinese, and Early Mandarin.* Vancouver, B.C.: UBC Press, 1991.

Robinet, Isabelle. *Taoist Meditation: The Mao-Shan Tradition of Great Purity.* Trans. Julian F. Pas and Norman J. Girardot. Albany: State University of New York Press, 1993.

Roth, Harold D. *Original Tao: Inward Training and the Foundations of Taoist Mysticism.* New York: Columbia University Press, 1999.

Sasaki, Ruth Fuller, trans. *The Recorded Sayings of Ch'an Master Lin-chi Hui-chao of Chen Prefecture.* Kyōto: The Institute for Zen Studies, 1975.

Schaberg, David. *A Patterned Past: Form and Thought in Early Chinese Historiography.* Cambridge, MA, and London: Harvard University Asia Center and Harvard University Press, 2001.

Schlütter, Morten. "Silent Illumination, Kung-an Introspection, and the Competition for Lay Patronage in Sung Dynasty Ch'an." In Gregory and Getz, *Buddhism in the Sung,* 109-47.

——. "Vinaya Monasteries, Public Abbacies, and State Control of Buddhism under the Sung Dynasty (960-1279)." In William Bodiford and Paul Groner, eds., *Going Forth: Vinaya and Monastic Power in East Asian Buddhism.* Honolulu: University of Hawai'i Press, forthcoming.

Schopen, Gregory. "Filial Piety and the Monk in the Practice of Indian Buddhism: A Question of 'Sinicization' Viewed from the Other Side." *T'oung Pao* 70 (1984): 110-26.

Sekida, Katsuki. *Two Zen Classics: Mumonkan and Hekiganroku.* Ed. A. V. Grimstone. New York and Tōkyō: Weatherhill, 1977.

関口真大:《達磨の研究》, 東京: 岩波书店, 1967 年。

Sharf, Robert H. "Buddhist Modernism and the Rhetoric of Meditative Experience." *Numen* 42 (1995): 228-83.

——. *Coming to Terms with Chinese Buddhism: A Reading of the Treasure Store Treatise.* Kuroda Institute, Studies in East Asian Buddhism, 14. Honolulu: University of Hawai'i Press, 2002.

——. "Experience." In Mark C. Taylor, ed., *Critical Terms for Religious Studies.* Chicago and London: University of Chicago Press, 1998, 94-116.

——. "On the Buddha-nature of Insentient Things (or: How to Think about a Ch'an Kung-an)." Unpublished paper, 1998.

——. "The Zen of Japanese Nationalism." In Donald S. Lopez Jr., ed., *Curators of the Buddha: The Study of Buddhism Under Colonialism.* Chicago: University of Chicago Press, 1995, 107-60.

Shastri, Dakshinaranjan. *Origin and Development of the Rituals of Ancestor Worship in India.* Calcutta: Bookland, 1963.

Skjærvø, Prods Oktor. "Khotan, An Early Center of Buddhism in Chinese Turkestan." In John R. McRae and Jan Nattier, eds., *Buddhism Across Boundaries: Chinese Buddhism and the Western Regions. Collection of Essays, 1993.* Taipei: Fo Guang Shan Foundation for Buddhist and Culture Education, 1999, 265-345.

Stein, Rolf A. "Religious Taoism and Popular Religion from the Second to the Seventh Centuries." In Holmes Welch and Anna Seidel, eds., *Facets of Taoism: Essays in Chinese Religion.* New Haven, CT: Yale University Press, 1979, 53-82.

Stone, Jacqueline. *Original Enlightenment and the Transformation of Medieval Japanese Buddhism.* Kuroda Institute, Studies in East Asian Buddhism, no. 12. Honolulu: University of Hawai'i Press, 1999.

Strickmann, Michel. "Saintly Fools and Chinese Masters (Holy Fools)." *Asia Major* 3rd ser., 7, no. 1 (1994): 35-57.

——. "The Tao among the Yao: Taoism and the Sinification of South China." 酒井忠夫先生古稀祝贺紀念の会编, 《歴史における民衆と文化：酒井忠夫先生古稀祝贺記念論集》, 東京：国书刊行会, 1982 年, 第 23—30 页。

铃木哲雄：《唐五代の禪宗——湖南江西篇》, 東京：大东出版社, 1984 年。

——.《唐五代の禪宗》, 山喜房仏书林, 1985 年。

Swanson, Paul. *Foundations of T'ien-t'ai Philosophy: The Flowering of the Two Truths*

Theory in Chinese Buddhism. Berkeley, CA: Asian Humanities Press, 1989.

——. "Wall-gazing, *Vipaśyanā*, and Mixed Binomes." Unpublished paper presented at the Japan Forum of The Edwin O. Reischauer Institute of Japanese Studies, October 2, 1997.

汤用彤：《汉魏两晋南北朝佛教史》，长沙、重庆：商务印书馆，1938 年；重印，中国台北："国史"研究室，1974 年。

Tatz, Mark, and Jody Kent. *Rebirth: The Tibetan Game of Liberation.* Garden City, NY: Anchor, 1977.

Turner, Victor. *Dramas, Fields, and Metaphors: Symbolic Action in Human Society.* Ithaca, NY: Cornell University Press, 1975.

Watson, Burton, trans. *The Zen Teachings of Master Lin-chi: A Translation of the Lin-chi lu.* Boston, MA, and London: Shambala, 1993.

Weinstein, Stanley. *Buddhism under the T'ang.* Cambridge: Cambridge University Press, 1987.

Welch, Holmes. *The Practice of Chinese Buddhism, 1900-1950.* Cambridge, MA: Harvard University Press, 1967.

Williams, Paul. *Mahāyāna Buddhism: The Doctrinal Foundations.* London: Routledge, 1989.

Wittern, Christian. *Das Yulu des Chan-Buddhismus: die Entwicklung vom 8.-11. Jahrhundert am Beispiel des 28. Kapitels des* Jingde Chuandenglu *(1004).* Schweizer asiatische Studien, Monographien, Bd. 31. Bern and New York: P. Lang, 1998.

Wright, Arthur F. *Buddhism in Chinese History.* Stanford, CA: Stanford University Press, 1959; New York: Atheneum, 1965.

Wright, Dale S. *Philosophical Meditations on Zen Buddhism.* Cambridge: Cambridge University Press, 1998.

Wu, Pei-yi. *The Confucian's Progress: Autobiographical Writings in Traditional China.* Princeton, NJ: Princeton University Press, 1990.

Yamabe, Nobuyoshi(山部能宜)."*The Sūtra on the Ocean-like Samádhi of the Visualization of the Buddha*: The Interfusion of the Chinese and Indian Cultures in

Central Asia as Reflected in a Fifth-Century Apocryphal Sūtra." Ph. D. diss. Yale University, 1999.

Yamada Shêji.(山田奖治) "The Myth of Zen in the Art of Archery." *Japanese Journal of Religious Studies* 28, nos. 1-2 (2001): 1-30.

Yampolsky, Philip B. *The Platform Sutra of the Sixth Patriarch: The Text of the Tun-Huang Manuscript with Translation.* New York and London: Columbia University Press, 1967.

柳田聖山:《達摩の語録——二入四行論》,参见《禅の語録》(1/20),东京:筑摩书房,1969 年。

——.《禪宗語録の形成》,《印度学仏教学研究》18, no. 1(December 1969): 39-47. Reprinted in Lewis Lancaster and Whalen Lai, eds., *Early Ch'an in China and Tibet*, trans. John R. McRae. Berkeley Buddhist Studies, no. 5. Berkeley, CA: Lancaster-Miller Press, 1983, 185-205.

——《語録の歴史》,《东方学报》,京都:57 (1985.3),第 211—663 页。

——.《北宗禅の思想》,《禅文化研究所纪要》(6),1974 年,第 67—104 页。

——. "The Life of Lin-chi I-hsüan." *Eastern Buddhist* n.s. 5, no. 2 (October 1972): 70-94.

——. "The Li-tai fa-pao chi and the Ch'an Doctrine of Sudden Awakening." In Whalen Lai and Lewis Lancaster, eds., *Early Ch'an in China and Tibet*, trans. Carl Bielefeldt. Berkeley Buddhist Studies Series, no. 5. Berkeley, CA: Asian Humanities Press, 1983, 13-49.

——.《初期禪宗史書の研究》,法藏馆,1967 年。

——《祖堂集》,中文出版社,1972 年。

Yifa. *The Origins of Buddhist Monastic Codes in China: An Annotated Translation and Study of the* Chanyuan qinggui. Kuroda Institute, Classics in East Asian Buddhism. Honolulu: University of Hawai'i Press, 2002.

周建南:《武术中少林派之研究》,《中国武术史料集刊》,1979 年第 4 期,第 125—157 页。

——《形意拳之研究》,《中国武术史料集刊》,1975 年第 2 期,第 88—107 页。

Ziporyn, Brook. *Evil and/or/as The Good: Omnicentrism, Intersubjectivity, and Value Paradox in Tiantai Buddhist Thought. Cambridge*, MA, and London: Harvard University Asia Center and Harvard University Press, 2000.

——. "What Is the Buddha Looking At? The Importance of Intersubjectivity in the T'ien-t'ai Tradition as Understood by Chih-li." In Gregory and Getz, *Buddhism in the Sung*, 442-76.

Zürcher, E. *The Buddhist Conquest of China: The Spread and Adaptation of Buddhism in Early Medieval China.* Leiden: E. J. Brill, 1959.

索引

C

D

M

马克瑞禅学研究四原则 05, 023, 024

玛丽·道格拉斯（Douglas, Mary）242

马瑟（Mather, Richard B.）134

马祖道一 006, 029, 031, 070, 126, 128, 131, 132, 154, 177, 178

麦克卢汉（McLuhan, Marshall）005, 131, 212

梅斯基尔（Meskill, Johanna M.）186

密教 083, 111, 112, 113, 114, 191

密室 153, 157, 158

妙道 205, 208

妙法莲华经 005

摩诃止观 050

末法 181

莫舒特（Schlütter, Morten）187, 205, 219, 221, 222, 224, 225, 226

默照铭 218, 222, 223

牟子 151

募金 088, 090, 105, 161, 166, 168, 174, 176, 177

N

那体慧（Nattier, Jan）129, 145, 181, 182, 204

楠本正繼 217

南泉普愿 029, 126, 212, 213

南泉斩猫 210, 212

南宋 205, 206, 217, 219

南阳慧忠 132

南宗 006, 021, 022, 023, 028, 029, 043, 065, 087, 088, 090, 091, 092, 093, 100, 107, 111, 174, 224

能仁寺 205

涅槃经 042, 089, 131, 138

牛头宗 006, 022, 023, 028, 029, 080, 091, 092, 093, 095, 096, 104, 105, 141, 150, 219

女真 220

O

偶像破坏 030, 060, 110, 111, 125, 175, 176

P

庞居士 003

评唱 204, 210, 213

菩提 085, 087, 089, 099, 107, 243

菩提达摩 02, 003, 006, 007, 009, 013, 018, 022, 023, 025, 026, 029, 032,

033, 035, 036, 037, 038, 039, 040,
041, 042, 043, 044, 045, 046, 047,
049, 050, 051, 052, 055, 059, 060,
062, 065, 068, 069, 070, 075, 078,
087, 088, 092, 095, 105, 109, 121,
126, 136, 137, 140, 144, 146, 149,
154, 175, 178, 183, 196, 197, 198,
217, 228, 229, 246, 247

R

S

Z

译后记

　　域外著名禅宗史学家马克瑞（John R. McRae，1947—2011），其青年气质，脱胎于 20 世纪 60 年代西方"反文化运动"里的"嬉皮"（Hippy/Hippie）。之后，其个人思想上接受了彼时欧美社会里流行的东方禅学。对边缘和非主流的亲近，是那个时代的精神特征。20 世纪 80 年代前后，马克瑞先后师从美国著名东亚佛教史学者威斯坦因（Stanley Weinstein，1929—2017）和日本禅宗史学权威柳田圣山（1922—2006）。在此后的三十年，直至其临终，作者一直都是域外禅宗史学的积极参与者，以及某种程度上的本学术领域引领者。以上所列，大致可观察到作为对象物的"禅"，在马克瑞精神气质、思想意识和学术研究里的意义。

　　作者的学术成就及相关评价，可参阅其三位友人所撰文字，它们分别是小川隆教授为本书日文版所写的《破家散宅の書——"Seeing through Zen"日本語版解説》、何燕生教授刊载于《澎湃新闻·上海书评》的《追忆：马克瑞与日本禅史研究传统》及龚隽教授在《读书》杂志发表的《虚构与真实之间的禅史书写》。

　　作为晚辈学人，我仅在某个国际会议场合见过马克瑞教授，虽也曾书信往复数次，但深入学习其著作，却在作者故去以后。2015 年我赴美国哥伦比亚大学东亚系，展开为期一年的学术请益，期间常常听到柳田另一弟子、美国国家人文与科学院院士佛尔（Bernard Faure）谈论他的这位挚友。2022 年，在我赴驹泽大学佛教学部访学并担任研究员期间，所至之所，也多为马克瑞教授的故履所往。小川隆教授关于马克瑞的回忆，常令我倍增感慨。程正教授也屡次谈及他的这位禅宗史同道。甚至就在今天，驹泽大学佛教学部原部长、名誉教授石井公成先生还在来信里告知马克瑞教授在驹泽大学的授课情况，最后阐述了自己的一个独特见解：马克瑞禅学研究第一原则"因其非事实，反而更为重要"，实际上简要表达出了其所继承的柳田学术精神，甚至与津田左右吉思想之间也存在关联。

本书由上海玉佛禅寺觉群人间佛教研究中心购买英文版权，青年学者庞仕影联络译事，青年学者王丰硕帮忙校正本书最初英译稿，对于觉群人间佛教研究中心及两位青年学者的付出，谨在此表达谢意。感谢李建欣教授和青年学者孙国柱副教授，他们在今年将本书引至中国大百科全书出版社出版。定明法师和能仁法师为此书的出版给予了多方面推进，中国大百科全书出版社社科学术分社曾辉社长和编辑程园女史做了许多工作，力求此书顺利出版，译者诚挚感谢。

自六年前承担译事，前文所提及的佛尔先生，以及马克瑞教授的诸多友人屡屡询及本书的面世时间，然因出版过程波折颇多，译者皆无言以对。本书终将出版，非天遂人愿无以形容也。

2023 年 6 月 26 日夜　杭州

纵横百家

"纵横百家"丛书书单

　　"纵横百家"是中国大百科全书出版社旗下的社科学术出版品牌。"纵横百家"丛书主要出版人文社科通识读物和有思想、有创见的学人专著。

01 《我的父亲顾颉刚》 顾潮著　88.00 元

02 《沈尹默传》 郦千明著　88.00 元

03 《梁启超和他的儿女们》（增订本） 吴荔明著　88.00 元

04 《但有温情在世间：爸爸丰子恺》 丰一吟著　98.00 元

05 《九十年沧桑：我的文学之路》 乐黛云著　79.00 元

06 《字字有文化》 张闻玉著　69.00 元

07 《一个教书人的心史：宁宗一九十口述》 宁宗一口述，陈鑫采访整理　99.00 元

08 《乾隆帝：盛世光环下的多面人生》 郭成康著　118.00 元

09 《但愿世界会更好：我的父亲梁漱溟》 梁培恕著　88.00 元

10 《中国的人文信仰》 楼宇烈著　68.00 元

11 《"李"解故宫之美》 李文儒撰文，李少白摄影 88.00 元

12 《法律、立法与自由》（全三册）［英］弗里德利希·冯·哈耶克著，
   邓正来、张守东、李静冰译 258.00 元

13 《戴逸看清史1：破解三百年历史谜团》 戴逸著 59.00 元

14 《戴逸看清史2：探寻历史走向与细节》 戴逸著 59.00 元

15 《太和充满：郑欣淼说故宫》 郑欣淼著 108.00 元

16 《变局之下：晚清十大风云人物启示录》 迟云飞著 88.00 元

17 《我的老师启功先生》（增订本） 柴剑虹著 78.00 元

18 《林徽因集》（增订本） 林徽因著 356.00 元

19 《中国经济改革进程》（第2版） 吴敬琏著 88.00 元

20 《中国的智慧》 楼宇烈著 79.00 元

21 《巴金：激流一百年》 林贤治著 108.00 元

22 《杨度与梁启超：我们的祖父和外祖父》（增订本） 杨友麒、吴荔
   明著 99.00 元

23 《论禅宗与人文》 杨曾文著 88.00 元

24 《经济学读书笔记》 厉以宁著 128.00 元

25 《道元与中国禅思想》 何燕生著 88.00 元

26 《中国禅宗史》［美］马克瑞著，蒋海怒译 88.00 元

纵横百家视频号，欢迎关注！

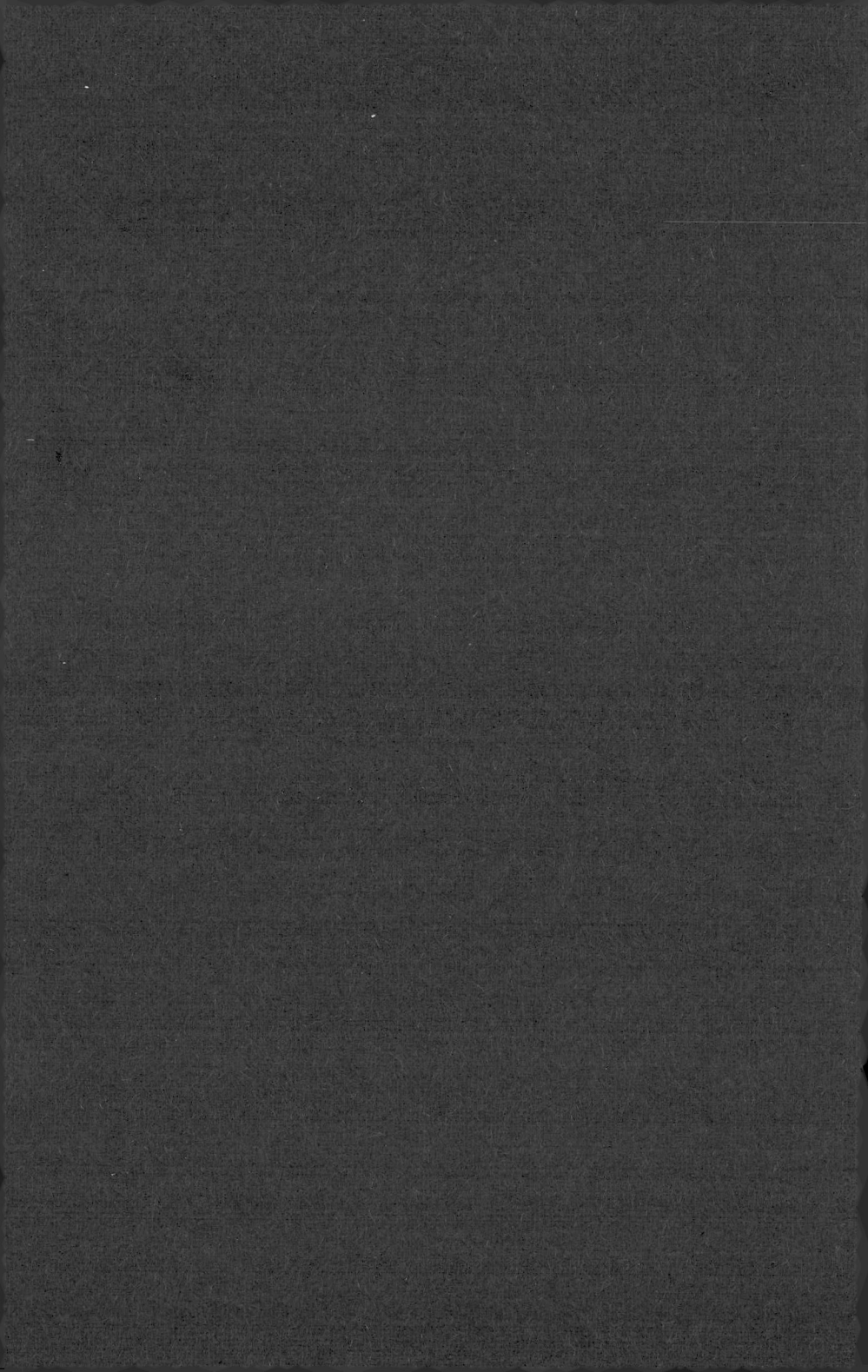